江苏理工学院企业委托项目（KYH19582，企业社会责任
视角下法迪尔克公司再制造运作调查研究）

江苏绿色再制造产业
运作策略研究

RESEARCH ON THE OPERATION STRATEGY OF
GREEN REMANUFACTURING INDUSTRY IN
JIANGSU PROVINCE

高　鹏　彭荷芳　朱宾欣◎著

经济管理出版社
ECONOMY & MANAGEMENT PUBLISHING HOUSE

图书在版编目（CIP）数据

江苏绿色再制造产业运作策略研究/高鹏，彭荷芳，朱宾欣著 . —北京：经济管理出版社，2019.12

ISBN 978 - 7 - 5096 - 6352 - 3

Ⅰ . ①江…　Ⅱ . ①高…　②彭…　③朱…　Ⅲ . ①制造工业—工业发展—研究—江苏　Ⅳ . ①F426.4

中国版本图书馆 CIP 数据核字（2019）第 015008 号

组稿编辑：申桂萍
责任编辑：申桂萍　钱雨荷
责任印制：黄章平
责任校对：董杉珊

出版发行：经济管理出版社
　　　　　（北京市海淀区北蜂窝 8 号中雅大厦 A 座 11 层　100038）
网　　　址：www. E－mp. com. cn
电　　　话：（010）51915602
印　　　刷：北京晨旭印刷厂
经　　　销：新华书店
开　　　本：720mm×1000mm/16
印　　　张：17.75
字　　　数：291 千字
版　　　次：2019 年 12 月第 1 版　　2019 年 12 月第 1 次印刷
书　　　号：ISBN 978 - 7 - 5096 - 6352 - 3
定　　　价：68.00 元

前　言

　　环境与资源问题已经成为全人类共同关注的问题。提高制造业的绿色效应，大力发展绿色再制造业是解决这一问题的重要途径。据国外权威数据显示，与一般制造业相比，绿色再制造业能平均降低50%的能源消耗、85%的耗材以及33%的劳动力价值，已越来越受到各国政府以及一些企业的重视。江苏是制造业大省，制造业在江苏整个工业体系中占比已达到90%以上，涵盖了国民经济的大部分行业。江苏汽车制造、工程机械、医疗机械等产业面广量大，再制造业发展空间相当广阔，再制造产业已成为江苏工业体系转型的重要因素。但与再制造业先进的国家相比，仍然处于发展的初级阶段，回收再制造产业链不完整、成本较高、再制造创新体系不完善，消费者认可度不高成为制约江苏再制造产业发展的主要"瓶颈"。

　　本书在介绍江苏绿色再制造产业发展现状的情况下，采用实地调研、博弈论、决策优化理论、多Agent建模技术、计算机仿真等多种研究方法，遵循现状分析、理论探讨、实践运作、对策建议的研究框架，以供应链为视角，详细研究各种企业运作策略对再制造业发展的重要性。充分考虑消费者绿色意识，探讨信息分享策略、专利经营策略、研发策略以及竞争策略对企业经济价值和社会效应的影响，从市场运作的角度解释江苏相关制造业企业开展再制造的经济动力。最后在结论的基础上，结合实际提出江苏再制造产业发展战略及具体对策，为解决江苏再制造产业发展的"瓶颈"问题，进而推动资源节约型社会的构建提供科学依据。具体内容为：第一，江苏再制造产业发展现状。从绿色再制造产业定义出发，详细阐述再制造产业链的构成及其巨大的经济社会价值，分析江苏绿色再制造产业发展中存在的问题，总结制约江苏再制造产业发展的内外部因素。第二，绿色再制造供应链的需求信息分享策略。从零售商需求信息预测和分享的角度研究绿色再制造供应链的运作效率问题。重点考虑产品绿色度、消费者的绿色偏好，制造商竞争程度、绿色消费者份额等因素下各种不同信息分享模式产生的经济社会价值。第三，扩展再制造供应链专利授权经营策略。在前人关于专利授权经营模式研究的基础上，研究多个供应链节点企业、制造商在风险规避、公平关切等心理特征下再制造供应链的专利授权经营策略和协调机制将会产生的变化。第四，绿色再制造供应链研发投资策略研究。针对江苏再制造研发创新体系不健全这一问题，从企业的新产品合作研发投资出发，综合考虑研发投资成本、研发溢出效应、研发模式等因素对再制造供应链研发投资的影响，并提出江苏再制造企业开展合作研发的可行模式。第五，新因素影响下的再制造供应链竞争策略。本部分基于部分企业开展独立再制造的现实，从渠道权力结构、质量竞争、消费者特殊的心理特征等方面研究再制造供应链的竞争策略。

本书得出的具有代表性的结论有：第一，江苏制造业发达，绿色再制造产业有广阔的市场发展潜力。再制造产业的发展对于培育新经济增长点、稳固制造业的强市地位、实现经济结构转型、推进国家循环经济战略有重大的意义。但是，江苏再制造产业的发展受到各类因素的制约，仍处于发展的初级阶段。第二，与不开展回收再制造相比，开展回收再制造尽管能提高逆向利润，但会挤兑新产品的市场份额，不一定对系统整体利润有利。第三，从经济效益角度讲，在合作模式下信息分享对原制造商和供应链是不利的，对再制造商有利；在竞争模式下信息分享对原制造商、再制造商、供应链均有利。第四，在专利授权经营策略中，采用收益分享机制可以实现和集中决策下相同的零售价、废旧品回收价，并实现双方效用的帕累托改进。如果制造商具有风险规避或者公平关切心理特征，绿色再制造供应链无法实现完全协调。第五，在合作模式下再制造商的研发投资额始终最低，当再制造成本较小时，一体化模式下的研发投资额高于竞争模式，再制造成本较高时则相反。第六，在再制造供应链竞争策略中，新产品价格和需求均与消费者后悔预期敏感度负相关；再制品价格与消费者后悔预期敏感度、消费者异质性负相关，再制品需求与消费者后悔预期敏感度、消费者异质性均正相关。

本书的主要特色和创新点如下：第一，内容前沿性。主要研究内容都是针对与绿色再制造供应链有关的国际前沿问题或者与江苏绿色再制造产业现状有关的问题展开的，与以往研究只关注逆向供应链中废旧品回收模式、定价机制等有显著的区别。比如，互联网技术下的信息预测、再制造研发创新策略等。第二，理论价值。紧紧围绕江苏再制造产业的现状，研究需求分享策略、专利授权经营策略、研发创新策略以及质量和价格竞争策略等运作策略，致力于探讨各种运作策略下如何实现绿色再制造供应链经济效益和环境效应最大化，并协调供应链各方利益，提出优化措施。这不仅从学术上扩展了供应链理论，也进一步丰富了区域产业经济理论和循环经济理论，为研究产业创新升级提供了一种新的视角。第三，研究方法创新。本书以系统科学为方法论基础，把实证分析和博弈论、计算机仿真相结合，综合消费者心理和行为理论、运筹学、经济信息学等多学科理论与方法，基于效用分析法、临界支付法等推导产品需求，具有明显的研究方法创新。

最后，本书部分内容已经修改后发表在《管理工程学报》《中国管理科学》《研究与发展管理》《计算机集成制造系统》《系统科学与数学》等重要期刊中，发表过程中受到国家社会科学基金项目（14BGL198）、国家自然科学基金项目（71471076，71673118，71672153）、教育部人文社科基金项目（10YJC630183）的资助，在此对这些基金项目的负责人表示诚挚的感谢！

目　录

第一篇　导　论

第一章　绪论 …………………………………………………………… 3

第一节　研究背景和研究意义 …………………………………… 3

第二节　研究对象和研究内容 …………………………………… 6

第三节　国内外研究概况 ………………………………………… 9

第四节　本书主要特色及创新 …………………………………… 14

第二章　江苏绿色再制造产业发展现状 …………………………… 16

第一节　绿色再制造产业概述 …………………………………… 16

第二节　我国再制造产业的发展历程和特点分析 ……………… 18

第三节　江苏循环经济和绿色再制造产业发展概况 …………… 23

第四节　江苏再制造产业发展情况详细分析 …………………… 24

第五节　江苏再制造产业发展的现状和问题分析 ……………… 29

第六节　本章小结 ………………………………………………… 33

第二篇　绿色再制造供应链的需求信息分享策略

第三章　考虑产品绿色度的绿色供应链信息分享 ………………… 39

第一节　引言 ……………………………………………………… 39

第二节　模型描述 …………………………………………… 41

第三节　集中决策模式 ……………………………………… 43

第四节　分散决策模式 ……………………………………… 44

第五节　信息预测与分享的价值分析 ……………………… 46

第六节　均衡价格和均衡绿色度比较分析 ………………… 48

第七节　信息分享补偿机制 ………………………………… 49

第八节　数值仿真 …………………………………………… 51

第九节　本章小结 …………………………………………… 54

第四章　考虑制造商竞争的绿色供应链信息分享策略 …… 55

第一节　引言 ………………………………………………… 55

第二节　模型的描述 ………………………………………… 56

第三节　无信息分享模式（NI） …………………………… 58

第四节　仅与绿色成本高的制造商 X 分享信息模式（ISX） …… 60

第五节　仅与绿色成本低的制造商 Y 分享信息模式（ISY） … 61

第六节　与两制造商均分享信息模式（IS） ……………… 62

第七节　信息分享对制造商的价值分析 …………………… 63

第八节　制造商对信息共享模式的偏好分析 ……………… 65

第九节　数值仿真 …………………………………………… 66

第十节　本章小结 …………………………………………… 71

第五章　存在异质消费者的竞争型再制造供应链信息分享策略 … 72

第一节　引言 ………………………………………………… 72

第二节　模型的描述和假设 ………………………………… 74

第三节　集中决策模式 ……………………………………… 76

第四节　分散决策模式 ……………………………………… 77

第五节　模型均衡价格分析 ………………………………… 81

第六节　信息分享的价值分析 ……………………………… 82

第七节　数值仿真 …………………………………………… 84

第八节　本章小结 …………………………………………… 89

第三篇　扩展的再制造供应链专利授权经营策略

第六章　考虑专利许可费的三级闭环供应链协作机制 ················ 95

第一节　引言 ··· 95

第二节　模型描述 ··· 96

第三节　集中决策模型 ··· 98

第四节　分散决策模型 ··· 99

第五节　协作机制模型（RAESC） ··································· 101

第六节　算例分析 ··· 103

第七节　本章小结 ··· 105

第七章　制造商风险规避下再制造供应链专利授权经营策略 ········· 106

第一节　引言 ··· 106

第二节　模型描述与符号说明 ······································· 107

第三节　分散决策模型分析 ··· 109

第四节　集中决策模型分析 ··· 112

第五节　利润共享费用共担协作机制模型 ····························· 113

第六节　数值仿真 ··· 116

第七节　本章结论和建议 ··· 118

第八章　制造商公平关切下的再制造供应链专利授权经营策略 ······· 120

第一节　引言 ··· 120

第二节　模型描述、符号说明及效用函数 ····························· 121

第三节　分散决策模型 ··· 122

第四节　集中决策模型分析 ··· 124

第五节　制造商公平关切下的收益费用共享协作机制 ··················· 125

第六节　数值仿真 ··· 128

第七节　本章小结 ··· 130

第四篇　再制造供应链 R&D 投资策略分析

第九章　资金投入决策对新产品合作研发模式的影响 …………… 137

第一节　引言 ……………………………………………… 137

第二节　模型描述 ………………………………………… 139

第三节　独立研发模式（NS） …………………………… 140

第四节　资金分担模式（CS） …………………………… 141

第五节　共同研发模式（WIS） ………………………… 144

第六节　模式比较分析 …………………………………… 147

第七节　数值仿真 ………………………………………… 149

第八节　本章小结 ………………………………………… 153

第十章　R&D 投资对再制造供应链运作模式的影响 ………… 154

第一节　引言 ……………………………………………… 154

第二节　模型的建立 ……………………………………… 155

第三节　分散模式下的研发决策 ………………………… 157

第四节　一体化决策模式（C） ………………………… 160

第五节　分散决策下再制造商 R&D 投资效应分析 …… 161

第六节　三种模式比较分析 ……………………………… 163

第七节　数值仿真 ………………………………………… 166

第八节　本章小结 ………………………………………… 170

第十一章　不同研发模式下的再制造供应链 R&D 投资策略 …… 172

第一节　引言 ……………………………………………… 172

第二节　模型描述与假设 ………………………………… 174

第三节　R&D 溢出下的三阶段博弈模型求解 ………… 175

第四节　模型结果分析 …………………………………… 179

第五节　数值仿真 ………………………………………… 186

第六节　本章结论和政策建议 …………………………… 189

第十二章　专利授权型再制造供应链的 R&D 投资策略 ………… 192

第一节　引言 ……………………………………………………… 192

第二节　模型描述与假设 ………………………………………… 193

第三节　R&D 溢出下的三阶段博弈模型求解 ………………… 194

第四节　再制造节约成本对决策参数的影响分析 …………… 199

第五节　数值仿真 ………………………………………………… 200

第六节　本章小结 ………………………………………………… 207

第五篇　新因素影响下的再制造供应链竞争策略

第十三章　考虑质量影响再制品成本的再制造供应链竞争策略 ……… 213

第一节　引言 ……………………………………………………… 213

第二节　模型的建立 ……………………………………………… 214

第三节　价格博弈模型 …………………………………………… 216

第四节　数量博弈模型 …………………………………………… 218

第五节　结果分析 ………………………………………………… 220

第六节　数值仿真 ………………………………………………… 224

第七节　本章小结 ………………………………………………… 227

第十四章　消费者后悔预期对再制造供应链竞争策略的影响 ……… 228

第一节　引言 ……………………………………………………… 228

第二节　问题描述和需求函数 ………………………………… 229

第三节　无领导市场（NL） …………………………………… 232

第四节　OEM 为价格主导者（OL） ………………………… 233

第五节　IR 为价格主导者（IRL） …………………………… 234

第六节　结果分析 ………………………………………………… 235

第七节　数值仿真 ………………………………………………… 237

第八节　本章小结 ………………………………………………… 244

第六篇　江苏再制造产业发展战略及具体对策

第十五章　江苏再制造产业战略路线及对策建议 ·················· 249

第一节　江苏再制造产业发展战略路线图 ·················· 249

第二节　江苏再制造产业发展的具体政策建议 ·················· 251

第三节　江苏再制造产业发展的保障措施 ·················· 256

第四节　本章小结 ·················· 257

参考文献 ·················· 258

第一篇

导　论

近年来，高碳排放、资源短缺已成为制约我国工业经济实现可持续发展的"瓶颈"。绿色供应链是以绿色制造理论和供应链技术为基础，使产品在物料获取、加工、包装、运输、使用至报废处理的整个过程中达到对环境影响最小、资源利用效率最高的一种管理模式。它是现代企业实现可持续发展的有效途径，也是增强企业社会效益和核心竞争力的重要手段。再制造是绿色供应链的一种具体实现形式，是循环经济的高级发展阶段，已经被我国列入未来发展的重点产业之一。江苏作为制造大省、资源小省，大力发展绿色再制造产业是其经济结构转型、实现地区低碳发展的重要途径。然而发展现状却不容乐观，根本原因在于企业开展绿色再制造的动力不足。研究绿色再制造产业的运作策略，从企业自身的角度探讨绿色再制造产业带来的经济效益和环境效应，对于江苏实现绿色低碳发展，构建和谐社会具有重大意义。

本篇为本书的导论部分，包括绪论和现状分析两章。第一章绪论将对本书的研究背景、研究内容、研究意义以及国内外研究现状进行详细阐述，特别强调本书的主要特色。第二章产业发展现状在对再制造产业进行详细定义的基础上，分析我国和江苏再制造产业的发展历程和产业现状，归纳发展的特点并总结存在的问题及原因，为后面研究绿色再制造产业运作策略打下实践基础。

第一章　绪　论

第一节　研究背景和研究意义

一、研究背景

1. 再制造具有巨大的经济价值和环境价值

环境污染、资源短缺已成为制约世界各国经济发展的重要问题。进入 21 世纪以来，随着产品生产和消费周期的日渐缩短，人们环保意识的不断增强以及各国政府环保法规的日益完善，许多生产企业开始对产品生产周期的全过程负责，尤其是废旧品的回收处理。在各种废旧品回收处理活动中，实施再制造是最普遍也是最能体现循环经济本质要求的一种方式。再制造是以优质、高效、节能、环保为准则，先进技术和产业化生产为手段，进行清洗、拆解、修复、改造废旧设备产品的一系列技术措施或工程活动的总和（徐滨士，2007）。一方面，通过再制造技术可以以较少的成本延长产品寿命，实际成本不到原来的 50%，体现了巨大的经济效益。另一方面，由于再制造的原材料来自报废旧件的回收，且再制造过程可以充分利用废旧件中的部分整件而不必所有部件都进行重新制造，产生的工业粉尘、有毒气体等污染物以及用水、用电、用煤等消耗的能源均大大低于新品制造过程。因此，再制造还有助于环境保护和节省能源。例如，施乐公司在1998 年通过对复印机实施再制造管理，使 1.45 亿磅将要掩埋的垃圾废物重新回归市场，产品回收率达到了 65%。另外，该公司从产品生命周期的角度考虑，在新产品开发与设计的过程中，将 90% 的零部件设计为可以再利用。通过这些再制造工程，每年可以为施乐公司节约资金 2 亿美元。据国外权威数据显示，再制造能平均降低 50% 的能源消耗、85% 的耗材以及 33% 的劳动力价值,被视为一种能实现可持续发展的开发机制,是名副其实的"绿色产业"。

另外,从消费者的角度而言,一方面,实施再制造供应链可以将具有相同质量的再制品以更低的价格卖给消费者,使一些原本没有足够消费能力的消费者购买到企业产品,从而提高该企业的市场份额。另一方面,随着人们社会环保意识的增强,社会上绿色消费者的比例越来越大,他们更偏好具有环保效应的产品,愿意为再制品支付与原产品相同甚至更高的价格。因此,再制造不仅能为企业树立良好的"绿色形象",也能给企业带来可观的经济收入,增强企业的市场竞争力。例如,Codington 通过大样本调研与统计分析得到,79% 的美国人认为自己是环保主义者,而 67% 的人认为愿意为消费与环境相容的产品多支付 5% ~ 10% 的费用。由此可见,无论从企业角度还是从消费者角度,再制造产业都具有巨大的经济价值和环境价值。

2. 江苏再制造产业发展形势不容乐观

世界上许多国家认识到回收再制造的重要性。例如,荷兰早在 1995 年就实施生产责任延伸制(EPR),要求汽车行业必须回收和重新利用旧汽车;美国、日本等发达国家已在汽车发动机、机械工程、打印机配件等领域形成包含废旧品回收、产品再制造以及再制品销售在内的较为完善的再制造产业体系,产业规模已超过千亿美元。我国的再制造产业从 2000 年起步,发展至今已经有 15 年的历史。目前,我国在实践的基础上形成了"以高新技术为支撑、产学研融合、既循环又经济、自主创新的中国特色再制造模式"。《全国循环经济发展总体规划(2011 ~ 2015)》《战略性新兴产业规划》等都把绿色再制造产业化作为重要内容,体现政府对发展绿色再制造产业的重视和扶持。再制造产业环境不断优化,再制造试点企业数量不断扩大,再制品产品目录不断丰富,政府对"以旧换再"工作的大力支持,这些都凸显出我国再制造产业的巨大潜力。

江苏是我国经济大省也是资源小省,面临着突出的资源环境"瓶颈"制约,作为国家首批循环经济试点省份,进入"十二五"时期以来,江苏省委省政府把发展循环经济作为推进生态文明建设的战略任务。然而,与国外再制造先进国家以及再制造先进省份相比,江苏的绿色再制造产业仍然处于发展的初级阶段,发展形势极为严峻。首先,尽管张家港再制造产业园区已初步建立,但园区内企业尚未发挥出产业集群应有的优势,企业之间缺乏信息交流和关键技术共享,呈现出规模较小、产品单一、产能较小的态势,完整的废旧品回收体系和再制品营销体系尚未构建完成。其次，尽管再制造产品技术研发实力不断加强，一批再制造技术创新中心纷纷在江苏高校成立开展不同领域再制造的研发工作，但总体而言技术创新体系并不完整，实际投入再制造的研发力量仍然比较薄弱，再制造新技术的实践应用普及方面的工作非常缺乏，协同创新能力不足。再次，尽管各级政府在多个政策文件中提及要支持再制造产业的发展，但大多停留在产业规划方面，缺乏促进再制造发展的具体可操作性政策文件的出台。特别是缺乏再制造专利技术标准支持，使对再制品的产权认定方面存在较大分歧。最后，江苏地区经济发达，人民生活普遍比较富裕，再加上政府对再制品属性宣传方面的工作不够，江苏消费者再制品偏见严重，导致再制品在市场竞争中明显处于劣势。再制造的经济效益和环境效应没有得到充分发挥。这些都严重制约了江苏能源节约型社会的构建目标，与江苏绿色循环经济的发展要求相去甚远。因此，对江苏绿色再制造产业发展动力和运作策略的研究刻不容缓。

二、研究意义

1. 理论意义

再制造产业的经济效应和环境效益是否能充分发挥，不仅取决于政府对再制造产业的重视和各项扶持政策的制定，更取决于再制造企业面对各种政府政策以及消费者行为如何以战略眼光制定各种运作策略。如何从经济收益和社会福利两个角度审视绿色再制造运作策略所产生的价值，这才是再制造产业发展的内生动力。本书结合信息经济学、系统科学、供应链管理的最新研究成果，采用实证调研、博弈理论、数理推导、计算实验等方法分析各种条件下再制造企业的信息分享策略、专利经营策略、研发投资策略及价格质量竞争策略，以及这些策略产生的价值，对于进一步完善供应链理论、市场竞争理论，拓展信息经济学的应用范围具有重大理论意义。

2. 实践意义

本书紧紧围绕江苏绿色再制造产业发展中的各类现实问题：一是未形成完善的再制品营销体系。二是研发和协同创新能力较弱。三是再制品法律地位的不确定性。四是消费者对再制品偏见严重。江苏循环经济发展的大趋势，国家和地区法规的强制要求，企业经济收益提升的客观要求都使绿色再制造供应链运作策略的研究具有重大的实践价值。本书成果不仅能对江苏再制造企业之间实现充分的信息共享，构建合理的产品营销体系和技术创新体系，实现企业经济效益的最大化产生重要意义，更能为相关部门制定再制造产业引导政策提供依据，有助于构建较为完善的循环经济产业体系，实现社会绿色效应最大化。

<h1 style="text-align:center">第二节　研究对象和研究内容</h1>

一、研究对象

本书的主要研究对象为江苏绿色再制造产业。绿色再制造产业的微观基础是绿色再制造供应链，属于闭环供应链的范畴。闭环供应链是在逆向供应链基础之上发展起来的一个全新领域，它是通过产品的正向交付和逆向回收再利用，使传统的"资源—生产—消费—废弃"的开环过程变成"资源—生产—消费—资源再生"的闭环反馈式循环过程，呈现出"从源到汇，再由汇到源"的特征。在其运作过程中涉及供应商、制造商、零售商、消费者、回收商、再制造商等众多有各自利益需求又相互合作的实体，因而是一个非常复杂的系统工程问题。其完整流程如图 1 - 1 所示：

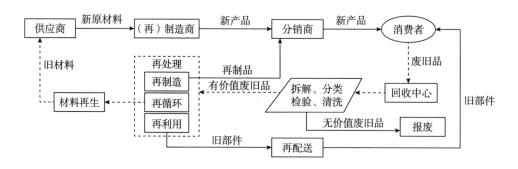

图 1 - 1　再制造闭环供应链完整流程

在图 1 - 1 中，实线箭头表示将新产品或再制品从生产地运往消费者的过程，称为正向物流。虚线表示将废旧品从消费低运往生产地的过程，称为逆向物流。由此可见，再制造涉及供应商、制造商、分销商、回收中心，再制造商、消费者等众多实体，包含废旧产品收集、检测/分类、再制造、再利用、再配送、再分

销等环节，是一个完整的闭环供应链环节。总体而言，再制造供应链的主要环节
分为以下三个：

（1）废旧品回收和拆解。该环节是再制造先行环节，对再制造效率的高低
起着非常重要的作用。回收是指顾客将所持有的产品通过有偿或无偿的方式返回
收集中心，再由收集中心运送到再制造工厂。这里的收集中心可能是供应链上任
何一个节点，如来自顾客的产品可能返回到上游的供应商、制造商，也可能是下
游的配送商、零售商，还有可能是专门为再制造设立的收集点或者专门的第三方
回收商。废旧品回收通常包括收集、运输、仓储等活动。

废旧品回收后需要对回收产品进行初步拆解、测试分析和产品检验，并根据
产品结构特点以及各零部件的性能确定可行的处理方案。这主要建立在对回收品
再制造性的客观评估基础之上。对回收产品的评估，大致可分为以下三类：产品
整机可再制造、产品整机不可再制造、产品核心部件可再制造。对产品核心部件
可再制造的要进行拆卸，取出可再制造部件。然后将可再制造的回收产品、不可
再制造的回收产品和回收产品中拆卸的部件分开储存。对回收产品的初步拆解分
类与储存，可以避免将无再制造价值的产品输送到再制造企业，减少不必要的运
输，从而降低运输成本。

（2）生产再制造。再制造加工包括产品级和零部件级的再制造，最终形成
质量等同或高于新品的再制造产品和零部件。其过程包括恢复尺寸及性能、技术
改造、再加工、替换、再装配等步骤。由于回收物流的到达时间、质量和数量的
不确定性，产品拆卸程度与拆卸时间的不确定性，增加再制造生产计划的难度，
可以借助逆向物流信息网络，提供产品特征（如产品结构、制造厂家、使用历史
等）的数据资料，编制再制造生产作业计划，优化再制造业务流程。

（3）再制品销售与服务。再制造产品的销售与服务指将再制造产品送到有
此需求的用户手中并提供相应售后服务。一般包括销售、运输、仓储等步骤。影
响再制造产品销售的主要因素是顾客对再制造产品的接纳程度，因此在销售时必
须强调再制造产品的高质量，并在价格上予以优惠。

二、研究内容

本书在对江苏循环经济及再制造产业发展现状进行调研的基础上，具体研究
绿色再制造供应链的运作策略。具体而言包括以下基本内容：

第一，江苏再制造产业发展现状分析（第二章）。在介绍绿色再制造产业链

的定义和我国再制造产业发展历程的基础上，对江苏地区开展再制造的可行性、必然性以及现状进行详细分析和概括。通过数据调研和案例分析发现江苏再制造产业发展过程中存在的主要问题有：①废弃资源综合利用行业发展速度不快。②尚未建立起再制造完整产业体系。③再制造技术创新能力不断加强，但应用于企业再制造实践较少，研发模式单一且技术共享程度较低。④再制造产业政策法不健全，消费者对再制品歧视严重。

第二，绿色供应链的信息分享策略（第三章至第五章）。以再制品的绿色度以及消费者的绿色意识为研究焦点，从绿色再制造供应链下游企业需求信息预测和分享的角度探讨供应链其运作效率问题。聚焦于产品绿色度、企业竞争程度、消费者绿色偏好、绿色消费者所占份额等因素对绿色再制造信息分享价值的影响。

第三，专利授权经营策略（第六章至第八章）。基于再制品法律地位的不确定以及独立再制造商所引起的发生在再制造领域的专利纠纷，研究原制造商的这种专利授权经营策略对再制造供应链运作效率的影响。包含是否进行专利授权、专利许可费如何收取、单位专利许可费如何制定、如何进行供应链协调等。本书深入探讨消费者风险规避、公平关切等心理特征行为对专利经营策略的影响。

第四，研发投资策略（第九章至第十二章）。再制造产业其实是一种高技术修复和改造产业，其中蕴含大量的技术创新活动，研发创新是该产业的"生命线"。研发投资策略是提高再制造竞争力的根本手段。该策略包含资金合作模式和研发模式的选择，研发投资额、投资收益的决策、研发创新经济价值及环境价值的确定、研发模式的演化路径等内容。本书将聚焦于技术创新溢出率、再制造节约成本大小、消费者绿色偏好、废旧品回收率、专利授权等因素对研发投资策略的影响。

第五，市场竞争策略（第十三章至第十四章）。再制品和新产品之间的价格竞争和质量竞争是再制造供应链市场竞争力提升的主要途径。市场竞争策略主要包括再制品和新产品价格、再制品和新产品销售量、产品质量水平的制定，OEM和独立再制造商（IR）的经济利润、消费者剩余以及社会福利的衡量。本书重点研究再制造成本价值比、消费者对再制品的估值水平、消费者后悔预期敏感度及异质性等消费者心理行为特征对市场竞争策略的影响。

第六，江苏再制造产业发展战略及具体对策（第十五章）。在考虑江苏再制造产业发展实际情况的基础上，借鉴前面运作策略部分理论分析得出的结论以及国外先进国家再制造发展的实践经验，提出适合江苏再制造产业的发展总体战略和具体的对策建议及保障措施，为江苏循环经济的发展和资源节约型社会的构建提供实际参考。

第三节　国内外研究概况

在学术研究方面，Thierry 等（1995）、Guide（2000）、Guide 和 Wassenhove（2001）来源于实践的研究为经济管理方法研究再制造供应链运作策略奠定基础，在此之上产生了大量的学术研究。现关于再制造供应链的文献主要集中在以下三个方面：一是废旧品回收网络和回收渠道的研究。二是再制造供应链定价及协调机制方面的研究。三是再制造产品竞争策略研究。以下分别进行详细阐述。

一、逆向物流和废旧品回收决策的研究

再制造供应链是逆向供应链的一种具体模式，而逆向供应链则是由逆向物流发展而来的。逆向物流的研究始于库存管理。Heymann（1977）最早在不考虑提前期和固定费用，并且在回收量和需求相互独立的情境下，利用动态规划等方法得到关于制造、再制造、废弃处理物的最佳库存策略。Laan 等（1999）把 Heymann（1977）的研究进行了扩展，考虑了存在固定费用的逆向物流库存问题。近年来关于废旧品回收决策与库存管理和生产计划相结合的研究逐渐增多。最经典的是 Guide 等（2003）、Bakal 和 Akcali（2009）的研究。前者假设废旧品回收量和产品销售量分别为回收价格以及销售价格的确定性函数，给出单周期集中模式下废旧品回收管理定量模型，采用博弈方法求解出回收价格、回收量、销售价格、销售数量以及企业利润的表达式，指出要对回收产品按照不同质量进行分拣、分类管理，并在此基础上再考虑生产计划；后者在考虑由回收质量不确定性形成的随机产率的基础上研究了回收产品价格、数量及质量的决策问题，分析集中式决策下的单阶段模型下的最优回收价格决策和不确定产率对系统的影响。Zhou 和 Yu（2011）进一步建立了一个包括回收努力或回收定价在内的多周期动态库存模型，同时考虑回收与需求的随机性，得到相应的最优库存策略和生产计划。他们认为，能否进行高效的回收管理是再制造顺利开展的前提条件。王文宾

和达庆利（2010）考虑了政府奖惩机制对电子类废旧品回收决策的影响，建立并求解四种决策模型，并探讨了奖惩参数的最优机制。

在废旧品回收渠道方面，Savaskan 等（2004）做了比较全面的研究。几乎所有的研究都把回收渠道分为三种：制造商回收、销售方回收和第三方回收。Savaskan（2001）首先提出这三种回收模式，他们的研究发现回收者离消费者越近，回收努力最有效。在此基础上，Savaskan 等（2006）针对两个竞争销售商的闭环供应链回收模式，在给定制造商常用的回收渠道下，利用博弈论的分析框架，研究独立的供应链成员在正向和逆向物流中的决策对闭环供应链的利润影响。研究发现销售商竞争激烈时制造商回收模式最优，反之销售商回收模式最优。这些研究为闭环供应链网络设计和回收渠道选择提供不同以往的视角。在此基础上，国内很多学者也对废旧品回收模式进行详细研究。姚卫新（2004）比较了包括经销商负责回收在内的闭环供应链渠道模式，并将渠道模式划分成五种类型，生产商可选择其中一种模式，也可选择模式组合以适应不断变化的环境。黄宗盛等（2013）在动态环境下，研究再制造闭环供应链的两种回收渠道。通过将产品回收率建立为回收努力投入的微分方程，分别建立制造商负责回收和零售商负责回收的动态闭环供应链模型，利用微分对策理论求解得到不同回收渠道下的最优控制策略。肖复东等（2011）研究了零售商不同的需求风险规避度对三种回收渠道模式下的闭环供应链的影响。聂佳佳（2013）研究了在市场规模信息不对称下，零售商信息分享对制造商回收模式选择的影响。分别建立集中式回收模式下的信息分享模型以及零售商不分享和分享信息下的三种分散式回收模型。

二、关于再制造供应链协调机制方面的研究

现有常见的供应链协调契约有：批发价契约、回购契约、收益分享契约、二部定价契约、提前期契约及销售折扣契约等。其中研究最多的是收益分享契约。Dana（2001）、Mortimer（2002）分别研究该契约对降低制造商和经销商之间的价格竞争、提高供应链利润的作用。Giannoccaro 和 Pontrandolfo（2004）探讨如何在三级供应链中采用收益分享契约。Kong 等（2013）进一步研究了收益分享契约在促进供应链成员信息分享以及减轻信息泄露负面影响方面的作用。他们考虑一个制造商同时为两个零售商提供收益分享合同，其中一个零售商拥有关于市场规模和订单的私有信息。研究发现信息分享契约比批发价契约更能协调三者收益，并且降低制造商信息泄露的动机。在再制造供应链方面，Ackali 等（2007）

分别考虑了废旧耐用产品回收和再制造的再制造供应链系统，分为集中决策和分散决策两种模式，当消费者对废旧产品数量及再制造品需求量都价格敏感性的前提下确定最优的回收价格和再制造品价格，并提出一种二部关税合同协调供应链机制。该文分析了 OEM 倾向于再制造或者回收的原因及时机。研究得出当废旧品同质情况下，自建回收渠道是制造商的最优选择。Kaya（2010）在单纯靠再制品满足需求、同时靠新品和再制品满足需求以及新品和再制品拥有异质消费者三种情况下分别考虑了集中式和分散式回收决策，并在确定性和随机性两种情况下分别进行供应链协调；张建军等（2009）分析了两阶段闭环供应链中上下游双方在批发价格竞争供应链的均衡与协调策略研究的幂函数，设计了在供应链实践中具有可操作性的、能够实现供应链协调的两阶段关税策略与批量折扣策略，给出这两种策略的具体形式。易余胤和袁江（2012）在渠道冲突情形下，提出了一个改进的两部定价协调契约；与收益分享有关的协调机制也应用得比较广泛。针对再制造供应链中的"双重边际化"问题，徐红和施国洪（2012）利用博弈论对集中决策和分散决策进行分析，通过设计收入费用共享契约机制，实现了闭环供应链系统的完美协调。陈彦如等（2011）把收入费用共享契约进一步引申，探究了在多市场零售条件下的闭环供应链协调方法。张克勇和周国华（2011）则研究在第三方负责回收下的闭环供应链收益分享协调契约。孙浩和达庆利（2012）将废旧品回收问题扩展到回收商或制造商的设施有容量限制的情形，并分别针对回收商或制造商租用设施的两种情况，研究了相应的回收价格及设施容量决策，并证明了一种收入费用共享契约可以有效地进行逆向供应链协调。

三、关于再制造供应链产品竞争策略方面的研究

再制造供应链的产品竞争策略主要包含运作模式、各种竞争手段、市场主导权等方面的内容。Ferrer（1997）分析了垄断性制造商在稳定环境中同时开辟新产品和再制品市场时的利润情况，给出了三种运作策略。结合定价机制，该研究发现即使个别零件是新的，制造商也应该进行再制造。Savaskan（2001）研究了 OEM 和逆向物流网络商之间的渠道合作动机，最早涉及了再制造商和 OEM 商之间合作竞争问题。Groenevelt 和 Majumder（2001）是第一个真正研究再制造竞争策略的。该文假设新产品和再制品可以完全替代，分为两个运作周期的市场运作，第一周期市场只存在新产品，第二周期同时销售新产品和再制品，且两种产品间存在价格竞争。Ferrer 和 Swaminathan（2006）对 Groenevelt 和 Majumder

（2001）进行了扩展，考虑消费者对新产品和再制品的认知不存在差异，研究了再制造商竞争给 OEM 利润带来的影响，探讨了 OEM 进入再制品市场的临界条件，并进一步分析在双寡头垄断条件下，OEM 为抵御 IR 竞争采取的制造和强制收购废旧品等竞争策略。该研究指出，OEM 从事再制造有可能是一个阻止 IR 从事再制造切实可行的策略但不是唯一手段。Webster 和 Mitra（2007）同样考虑了第一周期只有新产品、第二周期再制造产品和新品进行竞争的两周期模型，但他们假设在第二周期只有再制造商获得废旧产品而原始制造商并不进行再制造活动。Atasu 等（2008）作了第一篇考虑再制品和新产品完全差异定价的文献，他们假设市场中消费者对再制造品的估价低于新产品，研究了 OEM 是否提供再制造品的决策问题，发现再制造不仅可以提高收益，还可以实现降低成本，从而成为有效的竞争手段之一。Mitra 和 Webster（2008）研究了在两周期的模型中，既从事新产品生产又从事再制造的制造商与只从事新产品生产的制造商的竞争，并讨论了政府补贴在促进生产商再制造的作用，该文也假设消费者对新产品和再制品的接受度存在差异。徐峰等（2008）对再制造产品具有不同接受度的异质性消费群体分别建立了再制造产品差异化定价模型和单一定价策略模型。Ferrer 和 Swaminathan（2010）在假设新产品和再制造品存在差异的基础上，考察了再制造竞争带来的盈利损失以及制造商为抵御再制造竞争采取再制造和优先强制收购废旧产品的进入威慑策略。

王凯等（2012）学者基于现代再制造实践，对一些具体的再制品生产及销售模式进行了深入探讨。熊中楷等（2011）首次研究了制造商作为再制造商的经销商的合作模式和竞争模式。研究发现，竞争模式对再制造商有利对制造商不利，合作模式对再制造商不利而对制造商有利。王凯等（2012）同样也研究了制造商经销再制品的模式，但是他们把时间范围扩展到两个周期。熊中楷等（2011）继续在两周期范围内，首次研究了经销商从事再制造的闭环供应链运作模式，从批发价格、新产品零售价格、再制造产品零售价格、制造商与经销商盈利等角度将经销商从事再制造模式与经销商未从事再制造模式以及制造商从事再制造模式进行比较研究。王凯（2011）以类似的范式研究了制造商将再制造产品交由专营店销售的模式，并与经销商既销售新产品也销售再制造产品的模式进行比较研究。分别从制造商为领导、再制造商为领导、纳什均衡三种渠道结构下分析最优价格决策。

以上所有研究都是建立在纯价格竞争机制的基础上。然而，随着再制造竞争的深入，供应链成员开始在生产过程中采用模块化产品设计、质量决策、技术创新等多元化手段谋求竞争优势。Subramanian 等（2013）描述了 HP 在其商务喷墨打印机上安装一种很难被拆解的特制打印设备，在提高产品质量的同时获得了对 IR 的巨大竞争优势。Atalay 和 Souza（2013）同样描述了施乐和柯达在设计产品时所考虑的产品再制造问题。在运作管理领域，新产品和再制品的竞争对产品质量决策的影响引起了很多学者的关注。Moorthy（1988）的研究表明，在双寡头垄断的环境下若公司在价格决策前先决定产品的质量水平，那么消费者剩余将高于寡头垄断的情景。Banker 等（1998）建立了两个制造商之间的质量和价格竞争模型。他们发现当市场先行者具有需求优势时，若低成本后入者进入市场，那么产品的质量将有提升。Desai（2001）考虑在信息均衡条件下的双寡头质量竞争模型。Bernstein 和 Federgruen（2004）的研究考虑了产品质量和供需参数之间的交互影响，因此供需之间的不平衡性将降低产品质量。Debo 等（2005）和 Robotis 等（2012）虽然也考虑了再制造供应链中的质量决策问题，但他们所指的"质量"只是指回收产品的可再造性，而不是指再制品的质量。前者研究了双寡头垄断的 OEM 是否销售再制品以及其"质量"水平如何。他们同时在模型中考虑了独立再制造商（IR）的竞争，发现随着 IR 竞争的激烈，回收品再造"质量"显著下降。后者发现再制品成本的不确定性将提高企业在回收品可再造方面的投资。Subramanian 等（2013）研究了 IR 的再制造威胁如何影响销售两个具有垂直差异化产品组件的 OEM 进行通用性质量决策的问题。Atalay 和 Souza（2013）考虑了一个内部再制造的垄断企业，研究了其三种废旧品恢复形式：质量恢复（以再制造为表现形式）、有利可图的原材料恢复以及成本性恢复。与 Atalay 和 Souza（2013）的研究相比，Adem 等（2014）尽管只考虑了质量恢复一种形式，但进一步考虑了 OEM 和 IR 之间的质量竞争。该文献采用库诺德模型，假设由 OEM 首先决定新产品的质量，但新产品的质量同时会影响再制品的质量。然后 OEM 和 IR 同时进行数量博弈。研究表明，当 OEM 处于竞争强势（由再制品价值及成本的相对比率决定）时会更多依赖质量决策，而处于竞争弱势时则更多依赖数量决策。研究还发现当 IR 处于较强或者较弱的市场地位时都将降低环境效应。因为 IR 地位较弱时 OEM 会阻止其进入市场，OEM 地位较强时会降低再制品数量。因此鼓励 IR 参与产品竞争并不一定有利于环境，这为监管者制定合理的再制造支持政策提供了另类的视角。高鹏等（2016）把 Adem 等（2014）的研究又进行了扩展，研究了三种渠道结构下新产品质量影响再制品成本下

OEM 的质量决策对竞争型再制造供应链的影响，并同时考虑了价格博弈和数量博弈。研究表明，再制品活动成本价值比例越高，OEM 制定的产品均衡质量水平越高。价格博弈下，"经济"产品制造商主导的供应链更有利于产品质量和价格的提升，数量博弈下某产品制造商主导的供应链更有利于提高该产品数量。再制造效率越高对 IR 越有利，对 OEM 和价格博弈下的供应链越不利。价格博弈下决策者具有"后动优势"，数量博弈下则变为"先动优势"。

第四节 本书主要特色及创新

由以上文献综述可以看出，现有关于再制造供应链方面的研究已经较为充分。然而，一些新问题的出现赋予了再制造供应链一些新的研究方向。本书在对江苏绿色再制造产业发展现状以及存在问题进行分析的基础上，以系统科学理论为基础，采用实地调研法、数据收集法、动态博弈论和计算实验法等供应链管理主流研究方法，重点研究再制造供应链的四种运作策略：信息分享策略、专利授权经营策略、研发投资策略和质量价格竞争策略。主要特色有：

第一，这些策略都是针对绿色再制造供应链有关的国际前沿问题或者紧密结合江苏绿色再制造产业发展现状，并且特别关注消费者心理行为（如风险规避、公平偏好、估值差异、预期后悔等）的影响。比如信息分享策略主要来源于近年来互联网信息技术，特别是大数据技术的发展，绿色供应链成员可以利用这些技术对市场需求信息进行预测并选择和其他成员分享这一信息。专利授权策略主要源于江苏再制造产业发展薄弱，政府对再制品缺乏明确的法律鉴定，使制造商可以利用专利武器对抗再制品竞争。研发投资策略主要源于江苏地区尚未建立起再制造研发创新体系，研发机构在循环再制造方面资金投入不够，且研发模式较为单一的现状。竞争策略则主要源于江苏消费者对再制品接受度不高，且风险规避度较高的现实。这与以往研究只关注逆向供应链中废旧品回收模式、定价机制等有显著的区别。因此，本书不仅从学术上扩展了供应链理论，也进一步丰富了区域产业经济理论和循环经济理论，为研究产业创新升级提供了一种新的视角。

第二，在研究过程中不仅进行传统的本量利分析，更注重于运作策略相对价值的研究。这里的相对价值是指特定的运作策略给企业带来的利润增量，或者某种运作模式与另一种模式相比较的收益差异。例如在第三章和第四章研究绿色供应链信息分享策略时，不仅分析信息分享后制造商和零售商的利润，而是分别求解信息分享前和信息分享后两者的利润，通过作差法求解出信息分享对制造商和零售商的价值。第十章和第十一章讨论各种研发模式的价值时，也是先分别求解多种可能的研发模式下企业的绝对收益，然后通过比较各收益大小确定企业的模式偏好以及不同研发策略的相对价值。相对价值是再制造企业开展各种运作策略的根本动力，比单纯研究绝对利润更有意义。

第三，通过对前沿问题的研究，本书得出了不少具有创新性的观点与结论。具有代表性的有：一是与不开展回收再制造相比，开展回收再制造尽管能提高逆向利润，但会挤兑新产品的市场份额，不一定对系统整体利润有利。二是从经济效益角度讲，合作模式下信息分享对原制造商和供应链是不利的，对再制造商有利；竞争模式下信息分享对原制造商、再制造商、供应链均有利。三是在专利授权经营策略中，采用收益分享机制可以实现和集中决策下相同的零售价，废旧品回收价，并实现双方效用的帕累托改进。如果制造商具有风险规避或者公平关切心理特征，绿色再制造供应链无法实现完全协调。四是合作模式下再制造商的R&D 投资额始终最低，再制造成本较小时一体化模式下的 R&D 投资额高于竞争模式，在制造成本较高时则相反。五是在再制造供应链竞争策略中，新产品价格和需求均与消费者预期后悔敏感度负相关；再制品价格与消费者后悔预期敏感度、消费者异质性负相关；再制品需求与消费者后悔预期敏感度、消费者异质性均正相关。这些观点结论都对实现江苏绿色再制造产业的优化具有重大意义。

第二章　江苏绿色再制造产业发展现状

第一节　绿色再制造产业概述

一、再制造的定义和内涵

再制造是一门前沿科学，至今学术界尚未有统一的定义。Robert 等（2009）从技术规范上对再制造过程定义：通过一系列工业过程，将废旧产品中不能使用的零部件通过再制造技术修复，使修复处理后的零部件的性能与寿命期望值达到或高于原零部件的性能与寿命。我国著名再制造专家，"中国再制造第一人"徐滨士院士对此定义是：以产品全寿命周期理论为指导，进行修复、改造废旧设备产品的一系列技术措施或工程活动的总称。《再制造产品认定管理暂行办法》（工信部节〔2010〕303 号）提出了关于再制造迄今为止最具权威性的定义：再制造是指以产品全寿命周期理论为指导，以实现废旧产品性能提升为目标，以优质、高效、节能、节材、环保为准则，以先进技术和产业化生产为手段，进行修复、改造废旧产品的一系列技术措施或工程活动的总称。

再制造的对象是广义的，既可以是设备、系统、设施，也可以是零部件；既包含硬件，也包含软件。再制造主要包含以下两部分：

第一，再制造加工。针对物理寿命和经济寿命而报废的产品，在失效分析和寿命评估的基础上，把具有剩余寿命的废旧零部件作为再制造毛坯，采用表面工程等先进加工技术，使其性能迅速恢复，甚至超过新品。

第二，过时产品的性能升级。针对已达到技术寿命的产品，或是不符合可持续发展要求的产品，通过技术改造或更新，特别是通过使用新材料、新技术、新工艺等，改善产品技术性能，延长产品使用寿命。

二、再制造价值分析

1. 经济效益高

再制品与新品相比可以节约成本 50% 、节能 60% 、节材 70% ，具有良好的经济效益。图 2-1 清晰地揭示再制品经济价值的本质来源。

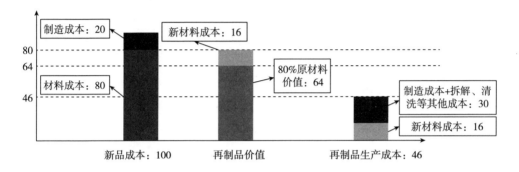

图 2-1　再制品成本构成

由图 2-1 可知，一台新设备的成本主要由材料成本和制造成本构成。当该设备经过多年的使用达到报废标准时，并不意味着所有部件都不可用。例如，对于机床等一些耐用型的装备设备而言，其钢铁材料价值以及机械零部件成本价值等附加值较大，具有较高的回收利用价值，不仅可以整台设备进行再制造，还可以对主要零部件进行再制造。对于一台废旧机床而言，其整体重量的 80% 所有都可以进行再制造，床身、导轨、工作台、立柱、涡轮旋杆等零部件可利用高新加工技术进行处理，恢复其原有功能，而轴承、液压系统、冷却润滑系统、离合器、自动装置等零部件则需要用同种零件进行替代。因此，如图 2-1 所示，再制造机床需要新增材料成本 16。另外，再制造过程中需要对所有恢复零部件以及替代零部件进行加工整合，再加上前期废旧品回收、拆解、清洗、检验等附加费用，再制品的制造费用（30）略高于新产品制造费用（20）。于是一台再制品的总成本为 46，远低于一台新产品的成本（100）。由此可见，废旧品中可再利用部分的价值越高，再制品节约成本也越高，其经济效益也越高。

2. 环境效益高

首先，再制造的原材料来自报废旧件，而很多废旧件会对环境产生极大的污染。如汽车发动机、电视机及手机等电子设备的制造材料成分复杂，废弃物中含有铅、铬、镉、汞等多种重金属和有毒有害物质，如果不经过科学地拆解和回收处理，会污染土壤、地下水和大气环境，还会危害人体健康。再制造产业的回收体系能最大限度地降低环境污染的可能性。

其次，通过再制造性设计，可以在设计阶段就赋予产品减少污染和利用可持续发展的结构和性能特征，如通过模块化设计提高产品可拆解性。

最后，由于再制造过程中可以充分利用废旧件中的部分整件而不必所有部件都进行重新制造，因此再制造过程本身产生的工业粉尘、有毒气体等污染物以及用水、用电、用煤等消耗的能源均大大低于新品制造过程。据统计，再制造能平均节约能源60%以上。

3. 产品性能突出

当某台设备制造出来，使用若干年达到报废时，这期间科学技术飞速发展，新材料、新工艺、新技术不断涌现，再对废旧品进行再制造时可以充分吸纳最新的研究成果，技能提高易损零件、表面的使用寿命，又可对老产品进行全新的技术改造，使其性能大幅提高。再制品的这种特性决定了在再制造工程中，企业能敏锐并不断吸纳和研发最先进的技术（如表面工程技术），使再制品的性能不断提升以获得更大的市场竞争力，使再制造在节能、环保等方面的作用更加突出。而对于原制造商而言，即使仍在从事新产品的生产，也很少进行新材料、新技术、新工艺方面的研发，不愿意吸收这方面的最新成果。这是因为调整工艺流程、更换设备对很多企业将产生巨大的成本。因此，原制造商只是把新科技成果应用到下一代产品中，不轻易改动老产品的制造工艺。这种新产品和再制品的技术差别是造成再制品性能往往高于新产品的一个重要原因。

第二节　我国再制造产业的发展历程和特点分析

一、我国再制造产业的发展历程

我国的再制造产业从 2000 年起步，发展至今已经有近 20 年的历史。目前，我国在实践的基础上形成"以高新技术为支撑、产学研融合、既循环又经济、自主创新的中国特色再制造模式"。我国的再制造产业发展主要经历了萌芽，学术研究、科学论证，国家法律支持及政府权力推进三个阶段。以下列出每个阶段发生的标志性事件。

1. 萌生阶段

20 世纪 90 年代初，中英合资的济南复强动力有限公司、中德合资上海大众汽车有限公司再制造分厂、港商投资的柏科（常熟）电机公司和广州市花都全球自动变速箱有限公司相继成立，分别从事汽车发动机、发电机、电动机、变速箱的再制造，均按国外技术标准进行生产。2001 年，中华人民共和国国务院令（第 307 号）坚决取缔汽车非法拼装市场，规定废旧汽车发动机、发电机、电动机、变速箱等几大总成一律只许回炉炼钢。这切断了上述再制造公司的毛坯来源，使其产量大幅下滑。

2. 学术研究、科学论证阶段

1999 年 6 月，徐滨士院士在西安召开的"先进制造技术国际会议"上在国内首次提出"再制造"的概念，同年 12 月，"再制造工程技术及理论研究"被国家自然科学基金委机械学科列为"十五"优先发展领域，标志着再制造的基础研究已经得到国家的重视和认可。

2004 年 9 月，中华人民共和国国家发展和改革委员会（以下简称国家发展改革委）组织召开"全国循环经济工作会"，徐滨士院士应邀做"发展再制造工程，促进构建循环经济"的专题报告，引起与会者的重视和兴趣，并受到国际上的高度关注。同年 11 月，中国工程院院长徐匡迪在世界工程师大会上创造性地指出"工程科学的基础要从 20 世纪单纯追求规模、效益模式转向建设 4R 循环经济"，从循环经济的角度提出"4R"，即减量化（Reduce）、再利用（Reuse）、再循环（Recycle）、再制造（Remanufacture）的发展战略。

3. 国家法律支持及政府权力推进阶段

2005 年，国务院颁布的 21、22 号文件明确表示国家将支持废旧机电产品再制造，并把"绿色再制造技术"列为"国务院有关部门和地方政府加大经费支持力度的关键、共性项目之一"。

2006 年，国家发改委环资司循环经济处向国务院递交《关于汽车零件再制造产业发展及有关对策措施建议的报告》，时任国务院副总理的曾培炎批示："同意以汽车零部件为再制造产业试点，探索经验，研发技术，同时要考虑定时修订有关法律法规。"

2009 年,《中华人民共和国循环经济促进法》正式生效。该法指出,"国家支持企业开展机动车零部件、工程机械、机床等产品的再制造",正式将再制造列入法律范畴。

2010 年,国务院国发〔2010〕32 号文件《国务院关于加快培育和发展战略性新兴产业的决定》中,将"提高资源综合利用水平和再制造产业化水平"列为今后国家加快培育和发展战略性新兴产业的重要内容之一。同年,国家发改委与机电行业 35 家企业签署承诺书,正式启动机电产品零部件再制造试点工作。工程机械再制造试点企业有 7 家,有三一重工、中联、徐工、卡特彼勒中国等。

2011 年,国家 11 个部委联合发布的〔2010〕991 号《关于推进再制造产业发展的意见》和工信部节〔2010〕303 号关于《再制造产品认定管理暂行办法》规范了再制造产品生产,引导再制造产品消费。

2013 年 1 月,《国务院关于印发循环经济发展战略及近期行动计划的通知》指出,建立旧件逆向回收体系,支持建立以汽车 4S 店、特约维修站点为主渠道,回收拆解企业为补充的企业零部件回收体系。同时,开展消费者交回旧件并以置换价购买再制造产品(以旧换再)的工作,扩大再制造旧件的回收规模。同月,国家发展改革委、中华人民共和国财政部(以下简称财政部)、中华人民共和国工业和信息化部(以下简称工信部)、质检总局联合制定《再制造单位质量技术控制规范(试行)》,这是国家层面上第一个对如何保证再制造产品质量提出的要求,该规范在试点企业具有强制性。

二、我国再制造产业发展特点

从整体上看,我国再制造产业起步较晚,仍处于起步探索阶段。无论从规模到经济效益和社会效益,我国再制造产业与发达国家相比存在着相当大的差距。但是经过 10 多年的发展,我国再制造行业总体发展势头良好,再制造产业蕴含着巨大的市场发展潜力。

1. 再制造产业政策环境和技术环境不断优化

我国再制造政策法规经历一个从无到有、不断完善的过程,再制造产业的发展逐渐走上法制化道路。到 2013 年底在再制造的相关领域,我国已经在法律、行政法规和部门规章等不同层面上制定了 30 余项法律法规,其中国家再制造专项政策法规 20 余项。为我国再制造产业的发展创造了良好的法律环境。

随着国家对再制造产业的发展日益重视,与之相关的国内再制造技术科技文献的中国知网（CNKI）发文数量和专利数量（申请和授权）基本呈逐年增长趋势。2005 年，我国再制造产业专利数量仅为 21 个，到 2012 年增加至 179 个。2005～2013 年，国内再制造技术科技文献的 CNKI 发文数量从 78 篇上升到 443 篇，增长近 5 倍。再制造技术研究和专利数量逐年增长的背后得益于国家大量政策的倾斜和研究经费的投入，我国再制造产业起步较晚，目前国家采取的是政策导向、技术引领产业发展，因此在再制造基础理论和关键技术研发取得突破，我国再制造产业政策环境和技术环境不断优化，已形成"尺寸恢复、性能提升"的中国特色再制造模式。

2. 再制造试点企业数量不断扩大

为推进再制造产业规模化、规范化、专业化发展，充分发挥示范试点作用，我国政府先后发布多个再制造试点相关文件。具体情况见表 2－1：

表 2－1　我国主要再制造试点企业情况

时间	文件名称	企业类型及数量
2009 年 12 月	《机电产品再制造企业名单（第一部）》（工信厅节〔2009〕663 号）	工程机械、工业设备、机床、采矿机械、铁路机车装备等 35 个企业和产业集聚区
2010 年 2 月	《关于启用并加强汽车零部件再制造产品标志管理与保护的通知》（发改环资〔2010〕294 号）	14 家汽车零部件再制造试点企业
2013 年 2 月	《国家发展改革委办公厅关于确定第二批再制造试点的通知》（发改办环资〔2013〕506 号）	北京奥宇可鑫表面工程技术有限公司等 28 家单位

至 2014 年，我国已有 67 家汽车零部件再制造企业，其地区分布和类型分布如图 2－2 和图 2－3 所示。

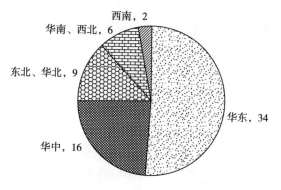

图 2－2　我国再制造试点企业地区分布

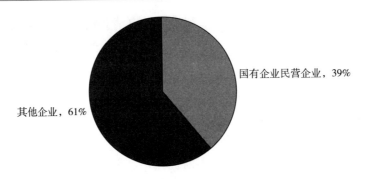

图 2 – 3　我国再制造试点企业类型分布

由此可以看出，我国再制造试点企业数量不断增加，并且呈现出东部沿海发达地区、国有民营企业占主导的特点。

3. 再制造产品目录持续丰富

为规范再制造生产过程，保证再制品质量，促进再制造产业化、规模化健康有序发展，国家对再制品产品目录进行严格控制。2010 年工信部印发了《再制造产品认定管理暂行办法》和《再制造产品认定实施指南》，明确一套严格的再制造产品认定制度，再制造产品认定范围包括通用机械设备、专用机械设备、办公设备、交通运输设备及其零部件等，认定流程包括"申报、初审与推荐、认定评价、结果发布"四个阶段，通过认定的再制造产品应在产品明显位置或包装上使用再制造产品认定标志。2011 ~ 2014 年工信部先后发布四批再制造产品目录，涵盖工程机械、电动机、办公设备、石油机械、机床、矿山机械、内燃机、轨道车辆、汽车零部件九大类 97 种产品，并且再制品产品目录不断丰富中。

4. 政府正大力推进"以旧换再"工作

"以旧换再"是指境内再制造产品购买者交回旧件并以置换价购买再制造产品的行为，这是促进再制造旧件回收，扩大再制造产品份额的有限措施。自从 2013 年来，我国政府就通过各种方式不断推进"以旧换再"工作，拉动节能环保产品消费。2015 年，再制造产品"以旧换再"推广产品包括 84 种型号 17063 台再制造汽车发动机和 39 种型号 39480 台再制造变速箱，并明确规定核定推广置换价格为企业的最高销售限价，企业销售不得超出此价格。国家按照置换价格的 10% 进行补贴，再制造发动机最高补贴 2000 元，再制造变速箱最高补贴达到 1000 元，有力地推进了再制品需求和旧件回收的发展。

第三节　江苏循环经济和绿色再制造产业发展概况

一、江苏循环经济发展简介

江苏是经济大省也是资源小省，面临着突出的资源环境"瓶颈"制约，作为国家首批循环经济试点省份，进入"十二五"时期以来，江苏省委省政府把发展循环经济作为推进生态文明建设的战略任务。坚持科学规划、示范试点引领，突出工作重点、加大政策支持，多措并举，建立健全循环经济发展的推进机制，循环经济发展取得明显成效。积极组织对"十一五"期间确定的15个城市、20个园区、155家循环经济试点单位进行评估考核，190家试点单位中取得优秀成绩的有140家、合格23家、不合格15家。9个国家级试点单位除1家为合格外，其余8家均为优秀，可见江苏大多数企业对循环经济的重视程度有很大的提高。

江苏省政府下发的《全省园区循环化改造实施方案》提出，到"十二五"期末，全省70%的国家级园区、50%的省级园区将完成循环化改造任务，确定36家园区为省级循环化改造示范试点园区。截至2014年8月，江苏省135家省级以上园区，有105家确定实施循环化改造，其中40家国家级园区全部确定，占100%，省级65家，占比68%，超出国家和江苏省政府的目标任务。

二、江苏再制造产业发展简介

再制造是实现循环经济的高级方式，是重要的战略性新兴产业。与一般制造业相比，以发动机再制造为例，再制造能降低50%的能源消耗、85%的耗材以及33%的劳动力价值，能对地区制造业可持续发展起到重要作用。江苏位于华东地区，属于我国再制造发达省份，但与国外再制造先进国家相比，仍然处于发展的初级阶段，呈现出规模较小、产品单一、产能较低的态势。再制造产业链不完整，主要集中在汽车零部件、机床、内燃机再制造领域。

以汽车再制造领域为例，2008年江苏省发改委就转发了国家发改委办公厅发布的《关于组织开展汽车零部件再制造试点工作的通知》，要求各地区政府认真贯彻和落实相关政策，鼓励汽车再制造产业的发展。但截至目前，各地鲜有相关政策出台，全省汽车再制造产业发展缓慢。发展较好的三家汽车再制造企业均为国家发改委公布的第一批汽车再制造试点企业，分别为玉柴再制造工业苏州有限公司、柏科（常熟）电机有限公司和一汽解放锡柴。其主要产品集中在汽车发动机和电机。

玉柴再制造工业苏州有限公司是江苏汽车零部件再制造重点企业，于2012年7月投产，由卡特彼勒投资有限公司和广西玉柴机器股份有限公司合资成立。主要产品为再制造发动机及零部件。工厂拥有近15000平方米的制造基地，目前仍处于生产试验阶段，推进过程并不十分顺利。截至2015年，工厂已全面投产，现已拥有包括技术工程师、生产人员等共1000余人。

柏科（常熟）电机有限公司主要生产汽车电机，其前身为深圳华源汽车再制造电机厂，拥有20多年的再制造生产经验和巨大的汽车再制造技术优势，2008年成为国家发改委公布的首批汽车零部件再制造试点企业。目前公司拥有员工300多人，其中研发人员有20多人，年出口额可达2500万元，每年利用报废零部件模具超过20万个。2012年，柏科电机的年生产能力已达到40多万台，总销售额超4500万元。但该企业主要产品仍为汽车发动机和启动机等部件，与玉柴公司的主营业务相近。

2011年9月，张家港经济开发区招标再制造产业园，计划围绕汽车零部件和工程机械机床等重点领域项目，建设集回收、拆解、检测、制造和研发五大平台一体的国家级再制造基地。2015年1月20日，张家港国家再制造产业示范基地正式成立，基地与清华大学汽车工程系结成战略合作伙伴，由张家港经济技术开发区、清华大学苏州汽车研究院、张家港富瑞特种装备有限公司紧密联合成立张家港清研首创再制造产业投资有限公司，立足张家港，辐射长三角，面向全国，重点打造汽车零部件再制造，冶金及工程机械再制造，机床、模具及切削工具再制造，电子办公设备再制造，再制造设备生产等再制造产品门类。江苏再制造产业的发展由此步入一个新的时期。

第四节　江苏再制造产业发展情况详细分析

一、江苏再制造相关产业发展稳步增长

发达国家以及我国再制造发达地区的再制造产业主要集中在汽车零部件、工

程机械设备、废旧电子产品等方面。江苏地处长江三角洲腹地，是典型的工业发达省份。经过百年努力，江苏制造业形成以设备制造业、机械冶金、纺织服装为主，门类较为齐全的制造工业体系，其中制造业发展速度尤为迅速。近几年江苏工业总产值以及五大适合再制造行业（交通设备制造、电子器械制造、电子设备制造、通用及专用设备制造和橡胶及塑料品制造，以下简称 R 行业）工业产值数据见表 2-2。由该表可见，近三年江苏适合开展再制造的五大制造业（R 行业）总产值保持在高位，且逐年稳步增长，而 R 行业在工业总产值中的比例始终保持在 40% 左右。这些行业产值的增长表明江苏开展再制造活动具有一定的物质基础和技术基础。

表 2-2　2014~2016 年江苏适合再制造的制造业工业总产值

年份	工业总产值（亿元）	交通设备制造（亿元）	电子器械制造（亿元）	通信、计算机及其他电子设备制造（亿元）	通用、专用设备制造（亿元）	橡胶及塑料品制造（亿元）	R 行业占比（%）
2014	82708	4066	13755	4075	10293	1079	40.2
2015	87903	4927	16038	4603	9639	956	41.1
2016	100679	5635	19278	5350	10168	974	41.4

资料来源：《江苏统计年鉴》。

二、江苏耐用品保有量不断攀升

江苏属于长三角经济发达地区，GDP 总量和人均 GDP 不断攀升，人们生活水平普遍较高。这使汽车、家电、计算机等产品的保有量不断上升（见表 2-3）。随着耐用品保有数量的增大，每年淘汰、报废的电子产品、汽车、计算机等数量也不断增加。一方面，这些废弃物若不妥善处理，将会给环境保护带来巨大压力。另一方面，这些废弃物也为再制造产业的发展提供丰富的资源供给。如按照一般标准，每年汽车保有量中的报废率为 3% 左右，报废汽车中将有 30% 可以进行再制造进行计算，则理论上 2016 年江苏仅家用汽车的再制造产业的产值就达到 10 亿元左右，江苏再制造产业的潜力相当巨大。

表 2-3　2011~2016 年江苏每百户居民家庭耐用消费品保有量　单位：亿元

类别 \ 年份	2011	2012	2013	2014	2015	2016
家用汽车	138	163	197	277	313	351
助力车	641	704	745	663	703	723
家用电脑	717	752	827	959	1007	1054
电视机	1893	1917	1953	1887	1913	1932
移动电话	1952	2043	2117	1929	1947	1988

资料来源：《江苏统计年鉴》。

三、江苏劳动力资源充足

国外再制造实践表明，与传统制造企业相比，生产相同产品的再制造企业将需要雇用 3~5 倍的劳动力。江苏劳动力资源充足，从业人员总数不断上升（如图 2-4 所示），2013 年全省失业人员比例仅为 3% 左右。持续保持高位的就业数据为江苏再制造产业的发展提供人力资源基础，同时再制造产业的发展也能充分展示江苏劳动力比较优势。

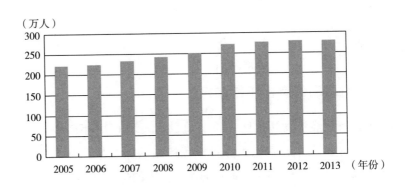

图 2-4　江苏社会从业人员趋势

资料来源：《江苏统计年鉴》。

四、江苏制造业发展能源依赖性高，能源消耗量大

近年来，江苏制造业发展迅速，装备制造业、黑色金属冶炼等产业生产规模

不断加大，已成为江苏省内具有鲜明专业化特征和一定综合发展能力的重要制造业基地。随着政府对环境污染问题的重视，江苏工业废水废气排放情况有所好转，然而江苏制造业发展能源依赖性高，能源消耗大的固有弊端没能根本上消除，制造业仍然是江苏最重要的能源、资源消费主体以及最大的污染源。表2－4列出近年江苏制造业以及五大 R 行业的能源耗用情况，表 2－5 则列出江苏工业主要废物排放量数据。

表 2－4　2014～2016 年江苏制造业及 R 行业主要能源消耗情况

年份		用电量（亿千瓦时）	综合能源消耗量（万吨标准煤）
2014	制造业	2378	14757
	R 行业	673	1142
	占比（%）	28.3	7.7
2015	制造业	2542	15448
	R 行业	749	1070
	占比（%）	29.5	6.9
2016	制造业	2851	16175
	R 行业	860	1096
	占比（%）	30.2	6.8

资料来源：《江苏统计年鉴》。

表 2－5　2014～2016 年江苏主要工业废弃物排放情况

年份	工业废水排放总量（万吨）	工业废气中 SO₂ 排放总量（吨）	工业废气中烟尘排放总量（吨）
2014	173715	437347	385632
2015	146304	359842	275896
2016	120173	358304	249175

资料来源：《江苏统计年鉴》。

如前文所述，再制造产业是循环经济的高级阶段，具有良好的节能和环境效应。若按照一般标准再制造产业平均节能 60%，设江苏五大 R 产业占工业总产值的 40%，并且 R 产业中开展再制造的比例为 30% 进行测算，则 2016 年开展再制造能节约用电量 155 亿千瓦时，节约综合能源消耗量达到 197 万吨标准煤，并且减少工业废水排放量 8658 万吨，减少废气中二氧化硫排放 25790 吨，减少烟尘排放 17940 吨。由此可见，江苏开展再制造产业对于当地循环经济的发展将产生巨大的作用。

五、各级政府对再制造产业及循环经济发展的大力支持

近年来，我国政府和企业大力推动再制造产业化发展，已把再制造列为社会经济发展"十二五"规划中的"战略性新兴产业"。《中华人民共和国循环经济促进法》详细指出："国家支持企业开展机动车零部件、工程机械、机床等产品的再制造"。2013 年国务院发布的《循环经济发展战略及近期行动计划》提出到2015 年末再制造产业各领域的发展目标；2013 年 8 月，国家发改委、财政部、工信部、商务部、质检总局联合印发《再制造产品"以旧换再"试点实施方案》，提出促进再制造产业发展的具体措施，为扩大再制造产品份额提供有利条件。

近年来，江苏政府对循环经济和制造业发展也给予充分重视。2014 年 7 月，政府发布《关于加快发展循环经济的实施意见》（以下简称《意见》），明确提出要建立完善再生资源回收体系，按照"政府推动、企业运作、社会参与、分步实施"的原则，建设由"社区回收点、区域分拣中心、集散交易加工中心"三部分构成的再生资源回收体系，提高废旧商品回收率。《意见》不仅提出实现循环经济的重要途径，也为构建江苏再制造所必需的完善的废品回收体系打下坚实基础。2015 年 9 月，江苏省政府在《关于进一步加强技术改造引领制造业中高端发展的实施意见》中进一步提出"加快绿色产品设计、绿色工艺与装备、废旧产品回收资源化与再制造等关键共性清洁生产技术研发，组织开展产业化应用示范和成熟先进技术的推广示范；以汽车零部件、内燃机、电机和办公信息设备等再制造为主体，培育具有较大规模的再制造企业"。该意见是江苏第一次提及再制造产业涉及范围的相关文件，标志着再制造已正式纳入江苏市政府工作范围之内。

综上所述，江苏制造业的稳步发展、人们耐用品保有量的不断增加、充足的劳动力资源为江苏再制造产业的发展提供可行性；江苏制造业发展过程中较为严重的能源依赖性以及各级政府对循环经济及再制造的支持又使江苏再制造产业的发展具有必然性。

第五节 江苏再制造产业发展的现状和问题分析

尽管江苏再制造产业具有不错的发展环境，但总体而言，江苏再制造产业起步较晚、发展缓慢、产业化程度较低，现在仍处于萌芽阶段，存在着不少问题。总体情况如下：

一、废弃资源综合利用行业有所发展，但速度不快

废旧品交易及利用情况再制造发展的重要体现。随着江苏政府对循环经济的重视以及相关政策的出台，江苏废弃品综合利用效率有所提高，不仅出现诸如江苏废旧金属交易市场等一些专业化的废旧品交易市场，赶集网、百姓网等江苏门户网站也出现专门的废旧品回收交易模块。表2-6列出江苏废旧资源综合利用行业近几年发展情况。从表2-6可以看出，2014年与前几年相比该产业有了较迅速的发展，工业总产值和工人薪酬达到历史最高，但2015年又有所下降，2016年又开始增加。专门从事回收加工的企业数量由2012年的68家减少为2016年的53家，并且职工薪酬也逐渐下降。从该行业吸收社会资本的角度，最高峰也出现在2014年，但仅比最低值2013年增加不到30%，且2015年又出现下滑。尽管废旧资源综合利用行业已被正式列入工业体系，但从2016年创造的工业总产值的角度，该行业在工业体系中所占的比例仅为0.16%，可以说微不足道。由此可见近五年来，江苏废弃资源综合利用行业总体来讲有所发展，但发展速度并不是很快，并且出现了一定波动。江苏专业化废弃资源综合利用行业总体吸引力不够。

表2-6 2012~2016年江苏废弃资源综合利用业发展数据

年份	实收资本合计（万元）	工业销售产值（万元）	实现利税总额（万元）	应付职工薪酬（万元）	企业数量（个）
2012	62041	117711	3521	—	68
2013	60049	818655	38282	—	57
2014	76586	1434264	104542	46911	55

年份	实收资本合计 （万元）	工业销售产值 （万元）	实现利税总额 （万元）	应付职工薪酬 （万元）	企业数量 （个）
2015	61587	691193	52278	33243	53
2016	71328	1611310	95835	24454	53

资料来源：《江苏统计年鉴》。

二、已形成一批废旧品回收及资源再生利用企业，但尚未建立起再制造完整产业体系，更未形成社会化大生产

目前，江苏已形成一批以废旧品回收及资源再生利用为主要业务的独立企业，它们在再制造的两个重要环节（废旧品回收和废旧品拆解领域）已形成一定的产业规模，为江苏再制造产业的全面发展提供资源环境。

1. 江苏翔宇资源再生科技有限公司

江苏翔宇资源再生科技有限公司成立于2008年12月，坐落于江苏省江苏市武进区牛塘工业集中区，是江苏市武进区牛塘资产经营公司、江苏理工学院和泰州兴化智宇有色金属加工厂征地100亩、投资8000多万元成立的高科技公司。其依托资源循环利用实践教育中心所主持的国家"十一五"科技支撑计划项目"废线路板全组分高值化清洁利用关键技术和示范"的项目成果。公司是"十一五"国家科技支撑计划重大项目产业化基地、中国再生资源产业技术创新战略联盟发起单位，目前公司已经通过ISO9001质量管理体系认证。2011年12月转制为民营高科技企业，公司拥有总建筑面积13000平方米的研发中心，内建有江苏省贵金属深加工及应用重点建设实验室等相关实验室、研究室30多个，主要从事贵金属纳米材料及配合物制备方法和性质研究、贵金属深加工工艺和工程研究、贵金属二次资源的无害化处置和再生利用研究等方向。

近年来，公司主要业务开始转向固体废物处置利用，主要业务有以下两个方面：一是废旧电子产品的回收和拆解。主要涉及废旧电子产品的价值评估、上门宣传和回收手续；废旧电子产品的快速集中拆解、电子元器件的分离分选等。二是废旧电子电缆的资源化利用。通过将五金、电线电缆回收与环保处置后，得到金属粉末和塑胶粉末可进一步综合利用。对金属粉末进一步深加工，将银、金、铜、铂等贵金属分离提纯；塑胶粉末经特殊处理后，可作为塑胶改性材料或活性

材料，制作成物流托盘、工业垫板、室外景观材料，资源可全部综合利用。

公司已建成电子废弃物拆解车间、电子废弃物自动化拆解车间、电子废弃物处置车间、铜冶炼和贵金属深加工车间，拥有的废线路板再生利用生产线、废旧高分子材料再生利用生产线等 11 条生产线。2011 年产值已经超过 3 亿元，被江苏市列为重点扶持上市的 12 家企业之一。

2. 江苏常州今创博凡能源新材料有限公司

江苏常州今创博凡能源新材料有限公司是我国废锂离子电池金属回收的领头企业，具有多年行业经验，是江苏今创集团独资公司，固定资产投资 6000 万元，总投资额约 1.5 亿元。同时也是江苏省高新技术企业，主要从事废锂离子电池、电子废弃物等资源综合利用。与江苏理工学院合作，设有中国资源综合利用协会废锂离子电池技术中心，建有年处理量达到 8000 吨的废锂离子电池全封闭清洁回收金属生产线、再生铜生产线、阴极材料再生利用生产线等 12 条生产线。

由以上典型企业介绍可以看出，江苏在资源循环再利用方面已形成一定产业规模。但根据第一章所述，再制造产业是循环经济发展的最高阶段，它涵盖废旧品回收、拆解检验、生产再制造、再制品销售和售后服务环节，其核心在于再制品类型与原产品一致，且质量达到或超过原产品，这样再制造产业才能显示出完全的经济价值和环境效应。而江苏再制造产业参与企业数量很少、资金力量薄弱，没有形成完整的再制造产业链体系。根据《江苏统计年鉴》，2013 年真正从事独立废旧品回收利用的企业数量极其有限，大多数只是附带业务而已，并且这些"资源循环再利用"企业从事的业务也仅仅是再制造的上游环节，即废旧品回收、拆解和清洗，然后直接进行拆解品的销售以获取一定的经济价值，而没有把拆解品作为原材料进行修复和再制造形成新产品，没有建立起独立完善的再制品营销体系，社会化大生产更加无从谈起。这样一方面，再制造巨大的经济价值和节能环保效应无法体现，甚至在废旧品拆解的过程中还会形成新的环境污染，大大降低江苏制造企业参与再制造的积极性。另一方面，由于缺乏专门针对再制品的营销体系，无法对客户的需求进行深度调研和准确预测，更无法了解对消费者对再制品的偏好，导致再制造产业的经济效益没能充分实现。

三、再制造技术创新能力不断加强，但应用于企业再制造实践较少，技术共享程度较低

近年来，江苏再制造产品技术研发实力不断加强，一批再制造技术创新中心纷纷在高校成立开展不同领域再制造的研发工作，这大大加强了再制品自主创新能力和自主知识产权能力，为江苏再制造产业的发展打下了良好的技术基础。

1. 报废汽车绿色拆解与再制造工程技术研究中心

下设汽车绿色设计及发展生态化、传统报废汽车绿色拆解技术及装备、电动汽车报废拆解技术及装备、报废汽车典型零部件再制造技术、报废汽车典型零部件再制造可靠性分析等研发中心，主要进行报废汽车的拆解及再制造技术研发，不断贯彻"自主创新、重点跨越、支撑发展、引领未来"的指导方针，以发展循环经济和国家汽车产业政策需求为导向，实现汽车产品高附加值再利用、再制造的先进适用技术。

2. 智能装备与再制造技术协同创新中心

2013 年 5 月，该中心由江苏理工学院、机械科学研究总院以及再制造技术国家重点实验室牵头组建。该中心立足江苏，面向全国，协同政产学研各方资源及力量，合力构建高端智能装备先进制造与再制造工程的创新机制与模式，共同开展高端智能装备先进制造与再制造工程关键技术的攻关与开发。

然而，江苏再制造技术的研发主要集中在一些高等院校等科研单位，而企业不是技术创新的主体。尽管再制造技术研发中心的数量不断增加，自主研发方面也取得了一定成果，但总体而言技术创新体系并不完整，实际投入再制造的研发力量仍然比较薄弱，并且这些研究中心现在主要从事理论方面研究，而对于再制造新技术的实践应用普及方面的工作非常缺乏。因此，很少有制造企业能真正掌握再制造所必需的诸如表面工程、激光修复等烦琐技术。这使江苏除了几家企业涉及再制造业务（如江苏因诺唯新机电技术服务有限公司）外，根本没有培养真正的再制造骨干企业，当然也无法支撑其整个再制造产业体系。另外，上述企业没有建立完善的信息系统，企业之间的技术交流比较匮乏，再制造技术正向溢出效应较低，再制造产业协同创新体系的建立更是遥遥无期。

四、再制造产业政策不健全，消费者对再制品偏见严重

尽管各级政府在多个政策文件中提及要支持再制造产业的发展，但大多停留在产业规划方面，缺乏促进再制造发展的具体可操作性政策文件的出台，特别是尚未对再制品的法律地位进行明确定义，这大大限制了江苏再制造产业的发展。

首先，再制造产业政策缺失的突出表现是缺乏技术标准支持，对再制品属性宣传不够。技术标准是产业发展的游戏规则。目前我国在再制造领域的关键标准

有报废标准和产品质量标准两项，现在还没有出台关于再制品的国家标准，这使再制品的法律地位尚未得到明确，很多人把再制品与报废品、次品、维修品、翻新品等混淆。另外，政府相关部分对再制品的重要属性宣传不够，造成消费者对再制品歧视现象严重。据笔者2015年在软科学项目《常州再制造产业发展影响因素》的实地调研过程中，发现该地区80%以上的消费者由于担心质量问题而明确表示不会使用再造产品。这从源头上阻止了再制造业务的开展。同时一些现行产业政策在很大程度上束缚了再制造产业的发展。

其次，没有制定详细的再制品目录。尽管国外和我国都制定了相关再制品目录，但在江苏这样一个再制造产业基础并不十分发达的地区，发展再制造必须要在一些重点领域先行开展然后才能加以推广。而现在江苏关于循环经济的相关政策中缺乏具体的可开展再制造业务的具体产品目录，这使再制造产业发展方向并不十分明确。

再次，回收再制造市场缺乏监管。再制造行业缺乏严格的市场准入制度，如对再制造产品的认证、产品信息案，对再制造企业实行生产许可证等行政审批或备案制度。回收再制造监管制度的缺乏不利于再制造产品的合理流通，阻碍再制造企业的健康运行，会制约再制造产业的形成与发展。

最后，也是最重要的，是缺乏对开展再制造业务企业缺乏资金支持。通过和一些回收再制造企业管理人员的谈话了解到，很多企业缺乏开展再制造业务动力的一个重要原因在于再制造环节的成本比较高，例如废旧品拆解、清洗、修复等关键环节，由于再制造技术环节的原因，再制造生产成本和人工成本居高不下。这就要求政府出台一些对再制造业务的资金补贴政策。而江苏至今尚未有相关政策的出台。

第六节 本章小结

本篇在介绍绿色再制造产业链的定义和我国再制造产业发展历程的基础上，对江苏地区开展再制造的可行性、必然性以及现状进行详细分析和概括。首先简单介绍江苏循环经济和再制造产业的发展现状。然后通过数据分析的方法对江苏发展再制造产业的可行性和必然性进行研究。通过研究认为：一是江苏再制造相关产业的稳步发展。二是人们耐用品保有量的不断增加。三是充足的劳动力资源为江苏再制造产业的发展提供可行性。四是江苏制造业发展过程中较为严重的能源依赖性。五是各级政府对循环经济及再制造的支持又使江苏再制造产业的发展具有必然性。其次通过数据调研和案例分析对江苏再制造产业的发展现状和存在问题进行了概括：一是废弃资源综合利用行业有所发展，但速度不快。二是已形成一批废旧品回收及资源再生利用企业，但尚未建立起再制造完整产业体系，更未形成社会化大生产。三是再制造技术创新能力不断加强，但应用于企业再制造实践较低，技术共享程度较低。四是再制造产业政策法不健全，消费者对再制品歧视严重。

第二篇

绿色再制造供应链的需求信息分享策略

近年来，围绕着社会生态环保、资源浪费等方面发生的事件越来越引起人们的关注。例如，江苏每年有 30 多万辆汽车报废，不仅造成严重的土地占用、空气和水域污染，更浪费了很多可用资源。震惊全国的"毒奶粉"事件，更激起了广大民众对食品绿色环保的担忧。2009 年，由中共十一届全国人大常委会四次会议通过的《中华人民共和国循环经济促进法》正式实施，该法不仅有利于培养新的经济增长点，促进我国循环经济尽快形成较大规模，更有利于建设资源节约型环境友好型社会。在党的十八大报告中，环境保护被提到了前所未有的高度，释放强烈的关注环境保护、资源循环利用、节能减排等相关领域的信号。在这种背景下，绿色产品和绿色供应链的概念应运而生。与传统产品相比，绿色产品在设计过程中更多地考虑环境属性，具有技术先进性、材料资源利用最优性、安全性、可拆卸性等重要特征，这些特征也是构成产品"绿色度"的主要因素（张建华等，2000）。自 20 世纪 90 年代起，绿色产品逐渐成为消费者的消费重点。据联合国统计署调查，1999 年全球绿色消费总量达 3000 亿美元，有 80% 的荷兰人、90% 的德国人、89% 的美国人在购物时首先考虑消费品的环境标准，77% 的日本人只挑选有环保标志的产品（王能民，2005）。在实践中，再制造活动被视为一种实现可持续发展的绿色开发机制，是循环经济发展的最高阶段。随着各国政府的大力宣传和消费者绿色意识的提高，再制品的社会需求不断增大，再加上再制品的原料成本和人工成品均大大低于传统产品，开展回收再制造实践的企业将产生很大的销售收入和利润空间。如柯达、佳能、戴尔、克莱斯勒等世界著名公司均为开展绿色再制造的典范，甚至国外出现卡特彼勒、Lexmark 等专门从事再制造的公司。我国的再制造产业虽然发展较晚，但发展势头良好，在汽车、机床等领域初步形成了以高新技术为支撑，既循环又经济的自主创新的再制造模式，再制造产业的前景相当广阔。

已有很多文献对绿色供应链的运作进行了深入分析。Jeremy（2000）提出采用"绿色度"来衡量绿色产品的环保程度，绿色度越高，该产品的环保性能越好。谢家平等（2003）运用基于作业的成本分析 ABC 法，全面论述了绿色产品设计各个阶段的成本分析函数，建立产品全生命周期的成本分析模型；对再制造供应链的研究成果则更加丰富，且相对集中于回收模式选择、产品定价等方面。Savaskan 等（2004）分析了闭环供应链的最优回收模式问题，证明在其假设条件下零售商负责回收模式优于制造商和第三方负责回收模式。易余胤（2009）建立具有竞争零售商的再制造闭环供应链博弈模型，比较分析了不同力量结构对回收率、零售价、渠道成员利润、渠道总利润的影响。顾巧论等（2005）和王玉燕等（2006）分别对废旧品定价这一问题进行了研究，并且后者对这样的供应链系统进行协调。另外黄祖庆和达庆利（2006）以及黄祖庆等（2008）研究再制造闭环供应链在不同决策结构下的供应链收益，并与集成式"超组织"进行了详细比较。

市场需求是供应链成员的利润来源。在绿色再制造供应链中，它强烈地受到消费者绿色偏好、供应链成员竞争程度、绿色消费者所占比例等因素的影响，具有很大的不确定性。随着 EDI、POS、ERP 等信息技术的发展，特别是近两年大数据技术的发展，供应链成员可以对市场需求信息进行预测并选择和其他成员分享这一信息。实践证明，预测信息的分享会对供应链其他成员和供应链整体产生巨大的价值。例如，Campbell Soup 公司和它的零售商在需求信息预测的基础上建立完善的连续补货计划机制（CRP），同时降低库存持有成本和短缺成本。GE公司公司采用 OnStar 系统进行终端需求的预测和信息分享，改善企业与顾客、竞争对手、供应商的关系，成为业界的主要领导者。在供应链结构中，零售商是与终端消费者关联最紧密的环节，新信息技术的发展极大地改进零售商获取产品市场需求，使零售商比制造商掌握了更多的市场需求信息。由第二章的现状分析，我们可以知道完整的绿色再制品营销体系尚未在江苏再制造企业中建立起来，无法对客户的需求进行深度调研和准确预测，更无法了解对消费者对再制品的偏好，这些都导致江苏再制造产业的经济效益没能充分实现。因此，研究零售商是否愿意进行需求信息的预测，是否愿意与制造商分享预测的信息对绿色再制造供应链价值能否充分实现有重大的意义。

　　有一些学者对供应链信息预测和分享的价值展开研究。Li（2002）很好地研究信息分享对横向竞争零售商的直接和间接影响。Yao 等（2008）研究服务竞争情形下零售商分享服务成本信息对供应链的影响，并得到零售商愿意分享成本信息的条件。聂佳佳（2012）和艾兴政等（2008）对信息分享下供应链渠道的选择问题进行分析。这些文献主要集中于正向供应链的信息预测。聂佳佳（2013，2014）和聂佳佳等（2011）成功地把零售商信息预测和分享引入再制造闭环供应链的运作管理中，分别研究零售商负责回收、制造商负责回收以及第三方负责回收三种模式下需求信息分享对再制造供应链各成员的价值。然而，以上供应链信息分享的文献均集中在供应链的运作模式方面，并没有充分考虑影响消费者绿色需求的多种因素的影响。

　　本篇从零售商需求信息预测和分享的角度研究绿色再制造供应链的运作效率问题。突出考虑产品绿色度、消费者的绿色偏好、制造商竞争程度、绿色消费者所占份额等因素对绿色再制造供应链定价机制、产品设计决策、销售策略等的影响。本篇包含第三章至第五章共三章内容。

第三章　考虑产品绿色度的绿色供应链信息分享[①]

本章研究了产品绿色度影响消费者需求的情形下，零售商市场需求预测信息的分享对由一个制造商和一个零售商构成的绿色供应链系统的影响。利用博弈论和信息经济学的相关知识分别建立并求解在集中决策和分散决策下的无信息分享和信息分享的期望利润模型，并对信息分享前后各方利润、最优零售价、最优产品绿色度进行全面比较分析，探讨了信息分享对供应链各方的价值。最后设计了信息补偿机制，并讨论了该机制有效的条件。

第一节　引　言

围绕生态环境问题人们提出了可持续发展战略。可持续发展战略将生态环境与经济发展联结为一个互为因果的有机整体，形成了一种综合性的发展战略。绿色供应链（GSC）是以绿色制造理论和供应链技术为基础，使产品在物料获取、加工、包装、运输、使用到报废处理的整个过程中达到对环境影响最小、资源利用效率最高的一种管理模式（Kerr，1999）。它是现代企业实现可持续发展的有效途径，也是增强企业社会效益和核心竞争力的重要手段。已有很多学者对绿色供应链进行了定量研究，主要集中在两个方面：一是用统计模型对绿色供应商或者绿色供应链的绩效进行评价，如 Choi 和 Hartley（1996）、Noci（1997），顾丽娟等（2012）。二是运用数学模型和博弈论方法对绿色供应链的具体运作过程或方式进行分析，最典型的就是对逆向物流和再制造供应链运作管理的研究。如张

---

① 本章主要内容经修改后发表于《系统科学与数学》2013 年第 33 卷第 12 期。

建军（2009）、Savaskan 等（2004，2006）、易余胤（2009）、彭志强等（2010）分别从价格博弈，不同回收方式、不同领导力量以及制造商专利授权经营等方面对闭环供应链进行了全面的研究。

随着人们生活水平日益提高以及诸如环境污染等问题越来越突出，消费者的绿色环保意识越来越强，他们对产品中所含的"绿色度"的敏感性也越来越高。所谓"绿色度"是指产品对环境的友好程度，是对产品符合环保要求程度，资源利用程度以及能源消耗程度的一种综合评价。为迎合消费者的绿色偏好，现在很多产品中都标注有明确的绿色度标志。如国家规定所有冰箱、空调等耗能较大的电器必须在外壳上贴上醒目的绿色能耗等级标志。由于绿色度意味着额外的绿色投入，因而产品中含有多大的"绿色度"成为很多企业决策的一个重要因素。已有一些文献对消费者绿色意识和产品绿色度进行了研究。陶宇红等（2011）对消费者绿色品牌偏好的形成和变化因素进行详细研究。李红和陈君（2009）对消费者与绿色营销企业和非绿色营销企业之间的博弈进行了分析，并提出建议。Conrad（2005）建立了一个双寡头模型，假设两制造企业生产成本相同，采用博弈论研究消费者的环境意识如何影响产品绿色度、产品价格和企业市场份额。Fanelli（2005）扩展了这一模型，考虑双寡头是异质的，消费者也分为普通型和绿色环保型两种，建立了两阶段双寡头博弈模型并得出了不同的结论。Liu 等（2012）研究了消费者的绿色偏好和企业横向竞争程度对绿色供应链运作的影响，给出了三种网络结构下的均衡解并进行了详细的比较，研究发现随着消费者绿色意识的提高，绿色水平较高的制造商一定会受益，而绿色水平较低制造商是否能受益取决于横向竞争的激烈程度。可以看出，现有对绿色产品和绿色供应链的文献已有很多，但均未涉及供应链对市场需求信息的预测和分享问题。

基于此，本章考虑消费者含有绿色偏好，并且能识别出产品绿色度这类特殊的供应链系统的运作问题。采用博弈论以及比较分析等方法分析在零售商预测信息下，信息分享对零售价、批发价、制造商绿色成本投入、产品绿色度以及供应链的绩效等如何产生影响，并且设计信息分享补偿机制使零售商和制造商实现"双赢"。本章还致力于把绿色供应链与普通供应链的信息分享价值进行对比，细致分析消费者绿色偏好程度、企业绿色制造成本等关键要素对供应链信息分享价值的影响。

第二节　模型描述

考虑一个制造商和一个零售商构成的二级供应链系统，制造商负责生产一种绿色产品，零售商负责将该产品销售给含有绿色偏好的终端市场，结构如图3－1所示。

图3－1　绿色供应链结构示意图

一、符号约定

本章用到的一些主要参数符号如下：

p 为绿色产品的零售价，为零售商的决策变量。

w 为制造商给零售商的绿色产品批发价，为制造商的决策变量。

e 为产品中所含的绿色度，为制造商的决策变量。该值越高说明产品越符合绿色环保要求且能源消耗越低。相应地，在绿色消费市场中越能吸引消费者的购买。

c 为制造商生产绿色产品的单位成本，为常量。

D 为绿色产品需求量。参照 Liu 等（2012）的研究，本章假设产品需求由产品售价和产品绿色度共同决定，即 D（p，e）$= a + \lambda e - bp$。其中，a 为市场潜在规模，b 为价格敏感系数，λ 为绿色敏感系数，代表消费者的绿色偏好程度，λ 越大，消费者对产品中的绿色度越敏感，相同的产品绿色度能够引起更多的消费者购买。

π_j^i（$i = M$，C；$j = m$，r，s）为 i 模式下主体 j 的利润函数。下角标 j 分别为：制造商（m）、零售商（r），供应链整体（s）。上角标 i 分别为不考虑绿色度的集中决策模式（CN）、考虑绿色度的集中决策模式（C）、分散化决策模式（M）；上标中含 * 表示均衡值或最优值。为区分无信息分享和信息分享两种情况，用 π^i_{jNI} 表示无信息分享下的各方利润，用 π^i_{jIS} 表示信息分享下的各方利润。

$V^i_j(i=M，C；j=m，r，s)$ 为 i 模式下信息分享对主体 j 的价值。上下角标的含义同利润函数。

二、信息结构

根据 Li（2002）、艾兴政等（2008）的研究，本章假设市场潜在需求存在随机性，且 $a=a_0+\xi_1$，ξ_1 表示潜在需求中的不确定因素，其期望为 0，方差为 v。为了帮助供应链各主体进行更好的决策，假设零售商可以利用各种工具对市场潜在需求进行预测。设零售商的预测值为 f，且 $f=a+\xi_2$，ξ_2 表示预测误差，其期望为 0，方差为 s。随机变量 ξ_1 和 ξ_2 相互独立，由 Li（2002）、艾兴政等（2008）的研究可得：

$$E(a\mid f)=\frac{s}{v+s}a_0+\frac{v}{v+s}\quad f=A，E((f-a_0)^2)=v+s \tag{3-1}$$

类似于聂佳佳（2012）的描述，本章将 $t=v/（v+s）$ 作为市场信息预测精度的一个度量，显然 $t\in（0，1）$，其值越大说明零售商预测越准确。考虑两种极端情况，当 $s\to 0$ 时，有 $t=1$，表示预测值和实际完全一致，预测精度最高。当 $s\to\infty$ 时，有 $t=0$，表示预测值和实际相去甚远，预测精度最低。显然，有 $E(a\mid f)=（1-t）a_0+tf=a_0-t（a_0-f）=A$。

三、模型假设

本章用到如下假设：

（1）制造商和零售商进行 Stackelberg 主从博弈，制造商为主导者，零售商为追随者。

（2）零售商对市场潜在需求的预测值 f 为零售商私有信息，拥有选择是否和制造商进行信息共享的权利。除此以外，包括市场潜在需求均值 a_0 在内的所有信息均为两者共同所有。

（3）产品中的绿色度 e 与制造商对绿色产品的投入（包括工艺设计、设备更新、人工投入等）密切相关。根据 Liu 等（2012）的研究，设 $e=\sqrt{\dfrac{I}{h}}$，其中 I 为绿色投资成本，h 为绿色投入成本系数，该系数越大表示制造商开展绿色制造的成本越高。于是有 $I=he^2$，即绿色投资成本为产品绿色度的凸函数，即随着绿色度的增加，制造商的投资成本将急剧增加。这与很多企业的实际情况是相符的。

（4）制造商采用按单生产的方式，这意味着产品需求即产品销售量、零售商和制造商均无库存。Li（2002）和聂佳佳等（2009）均进行类似的假设。

第三节　集中决策模式

集中决策模式是建立一个理想化的集权型"超级组织"，制造商和零售商均为该组织的成员，它们以整体期望利润最大化为目标进行决策。可将该模型作为分散决策模型比较的基准。在集中模式下，信息预测即信息共享。

一、不考虑产品绿色度的决策模型

为了与考虑产品绿色度的供应链信息预测模型比较，首先建立不考虑产品绿色度（即忽略消费者绿色偏好）的决策模型。当消费者不具有绿色偏好时，需求量仅与零售价有关，且制造商绿色制造成本为0。故信息预测时供应链整体期望利润目标为：

$$\max_{p} E(\pi_{sIS}^{CN} \mid f) = E((p-c)(a-bp) \mid f) \tag{3-2}$$

求解得到最优零售价为：

$$p_{IS}^{CN*} = \frac{((1-t)a_0 + tf + bc)}{2b} \tag{3-3}$$

代入期望利润表达式，得到无约束条件下的最优期望利润为：

$$E(\pi_{sIS}^{CN*}) = \frac{(a_0 - bc)^2 + tv}{4b} \tag{3-4}$$

在零售商不进行信息预测时，供应链最优利润为$\frac{(a_0 - bc)^2}{4b}$，因此在不进行绿色生产时，零售商进行信息预测的价值为：

$$V_s^{CN} = \frac{tv}{4b} \tag{3-5}$$

二、考虑产品绿色度的决策模型

在考虑产品绿色度时，需求量由零售价和产品绿色度共同决定，且绿色制造成本为产品绿色度的二次凸函数。由模型假设、信息预测时供应链整体期望利润目标为：

$$\max_{p,e} E(\pi_{sIS}^C \mid f) = E((p-c)(a+\lambda e - bp) - he^2 \mid f) \tag{3-6}$$

求解得到最优零售价和产品绿色度为：

$$e_{IS}^{C*} = \frac{((1-t)a_0 + tf - bc)\lambda}{4bh - \lambda^2}, \quad p_{IS}^{C*} = \frac{2h((1-t)a_0 + tf + bc) - \lambda^2 c}{4bh - \lambda^2} \tag{3-7}$$

为使二阶条件大于 0，必须满足 $4bh > \lambda^2$，即绿色投入成本不是很低，这与现实生活中注重社会绿色效应的企业努力花大量成本提高产品绿色度的现实是相符的。后文均假设 $h > \lambda^2/4b$ 成立。把集中模式下的最优绿色度和零售价代入期望利润表达式，得到无约束条件下的最优期望利润为：

$$E(\pi_{sIS}^{C*}) = \frac{h((a_0 - bc)^2 + tv)}{4bh - \lambda^2} \tag{3-8}$$

在零售商不进行信息预测时，供应链最优利润为 $\dfrac{h(a_0 - bc)^2}{4bh - \lambda^2}$，因此在集中决策模式下，零售商进行信息预测的价值为：

$$V_s^C = \frac{htv}{4bh - \lambda^2} \tag{3-9}$$

由此可见，在集中决策模式下，零售商信息预测精度越高，信息预测对供应链的价值越大，因而零售商有动力进行准确的信息预测。

第四节　分散决策模式

在分散决策时，零售商和制造商都是理性的独立决策者，他们分别按照各自期望利润最大化目标进行决策。本章假设制造商为市场领导者，制造商为追随者，具体决策过程可描述为：

（1）制造商首先根据自己的利润目标决定产品批发价 w 和绿色度 e。

（2）零售商根据制造商的决策结果制定产品零售价格 p。

可采用逆向回溯法进行求解。以下对零售商无信息分享和进行信息分享分别进行讨论。

一、无信息分享

给定零售商的需求预测信息为 f，零售商期望利润最大化目标为：

$$\max_{p} E(\pi_{rNI}^{M} \mid f) = E((p - w)(a + \lambda e - bp) \mid f) \qquad (3-10)$$

对 p 求导得驻点方程，求解得到产品最优零售价的反应函数为：

$$p_{NI}^{M}(w, e) = \frac{bw + \lambda e + ((1-t)a_0 + tf)}{2b} \qquad (3-11)$$

由于预测信息不共享，因而制造商对零售价的预期仍为：$\frac{bw + \lambda e + a_0}{2b}$。故制

造商的利润决策目标为：

$$\max_{w,e} E(\pi_{mNI}^{M}) = E((w - c)(a + \lambda e - bp) - he^2) = \frac{(w-c)(a_0 + \lambda e - bw)}{2} - he^2$$
$$(3-12)$$

分别对 w，e 求导，得到两个驻点方程，求解方程组，得到贝叶斯均衡绿色

度和批发价为：

$$e_{NI}^{M*} = \frac{(a_0 - bc)\lambda}{8bh - \lambda^2}, \quad w_{NI}^{M*} = \frac{4ha_0 + (4bh - \lambda^2)c}{8bh - \lambda^2} \qquad (3-13)$$

从而得到贝叶斯均衡零售价格为：

$$p_{NI}^{M*} = \frac{(4bh + \lambda^2)a_0 + 2b(2bh - \lambda^2)c + (8bh - \lambda^2)((1-t)a_0 + tf)}{2b(8bh - \lambda^2)} \qquad (3-14)$$

无信息分享下制造商和零售商的无条件期望利润表达式分别为：

$$E(\pi_{mNI}^{M*}) = \frac{h(a_0 - bc)^2}{8bh - \lambda^2}, \quad E(\pi_{rNI}^{M*}) = \frac{tv}{4b} + \frac{4bh^2(a_0 - bc)^2}{(8bh - \lambda^2)^2} \qquad (3-15)$$

二、信息分享

在信息分享情况下，零售商决策与无信息分享时相同，故反应函数仍为
式（3-11）。由于制造商分享零售商的预测信息，故对零售价的预期也为式
（3-11）。制造商的利润决策目标为：

$$\max_{w,e} E(\pi_{mIS}^{M} \mid f) = E((w - c)(a + \lambda e - bp) - he^2 \mid f)$$
$$= \frac{(w-c)(((1-t)a_0 + tf) + \lambda e - bw)}{2} - he^2 \qquad (3-16)$$

分别对 w，e 求导，得到两个驻点方程，求解方程组，得到贝叶斯均衡绿色

度和批发价为：

$$e_{IS}^{M*} = \frac{((1-t)a_0 + tf - bc)\lambda}{8bh - \lambda^2}, \quad w_{IS}^{M*} = \frac{4h((1-t)a_0 + tf) + (4hb - \lambda^2)c}{8bh - \lambda^2} \qquad (3-17)$$

从而得到信息分享下贝叶斯均衡零售价格表达式为：

$$p_{IS}^{M^*} = \frac{2b(2bh - \lambda^2)c + 12bh((1 - t)a_0 + tf)}{2b(8bh - \lambda^2)} \quad (3-18)$$

则信息分享下制造商和零售商的无条件期望利润分别为：

$$E(\pi_{mIS}^{M^*}) = = \frac{h(tv + (a_0 - bc)^2)}{8bh - \lambda^2}, \quad E(\pi_{rIS}^{M^*}) = = \frac{4bh^2(tv + (a_0 - bc)^2)}{(8bh - \lambda^2)^2} \quad (3-19)$$

第五节　信息预测与分享的价值分析

命题 3-1：考虑产品绿色度的供应链信息预测的价值高于不考虑产品绿色度的供应链。

证明：由式（3-5）和式（3-9）可得：

$$V_s^C - V_s^{CN} = \frac{htv}{4bh - \lambda^2} - \frac{tv}{4b} = \frac{\lambda^2 tv}{4b(4bh - \lambda^2)} > 0 \quad (3-20)$$

该命题表明，在消费者具有绿色偏好的市场中，供应链考虑产品绿色度并进行绿色制造时，信息预测能够提供更有利的决策支持，吸引更多的消费者购买而实现更大的价值。

命题 3-2：在考虑产品绿色度的集中决策模式下：

（1）信息预测价值与消费者绿色偏好程度正相关。

（2）信息预测价值与制造商绿色投入成本系数负相关。

证明：由式（3-9）可得：

$$\frac{\partial V_s^C}{\partial \lambda} = \frac{2\lambda htv}{(4bh - \lambda^2)^2} > 0, \quad \frac{\partial V_s^C}{\partial h} = \frac{-\lambda^2 tv}{(4bh - \lambda^2)^2} < 0 \quad (3-21)$$

该命题表明，在集中决策下，若零售商预测精度一定，消费者绿色偏好程度越高，信息预测的价值越大；制造商绿色制造成本越小，信息预测的价值越大。这是因为消费者绿色偏好的提高以及制造商绿色成本的降低可以更明显地提升产品均衡绿色度，降低均衡价格，吸引更多的消费者购买。因而从信息价值的角度，供应链将努力提升消费者绿色偏好，并积极降低绿色制造成本。

命题 3-3：在分散决策下：

（1）信息分享对零售商的价值为负。

（2）信息分享对制造商的价值为正。

（3）当满足条件$\frac{\lambda^2}{4b} < h < \frac{(3+\sqrt{5})\lambda^2}{8b}$时，信息分享对供应链的价值为正。

证明：由式（3－11）和式（3－15）可得：

$$V_r^M = E(\pi_{rIS}^{M*}) - E(\pi_{rNI}^{M*}) = \frac{-(12bh-\lambda^2)(4bh-\lambda^2)tv}{4b(8bh-\lambda^2)^2} < 0$$

$$V_m^M = E(\pi_{mIS}^{M*}) - E(\pi_{mNI}^{M*}) = \frac{htv}{8bh-\lambda^2} > 0$$

$$V_s^M = V_r^M + V_m^M = \frac{(12bh\lambda^2 - \lambda^4 - 16b^2h^2)tv}{4b(8bh-\lambda^2)^2}$$

$$= \frac{-((6+2\sqrt{5})bh-\lambda^2)((6-2\sqrt{5})bh-\lambda^2)tv}{4b(8bh-\lambda^2)^2} \qquad (3-22)$$

由于$4bh-\lambda^2 > 0$，故$(6+2\sqrt{5})bh-\lambda^2 > 0$恒成立。因而当$[(6-2\sqrt{5})bh-\lambda^2] < 0$，即满足条件$\frac{\lambda^2}{4b} < h < \frac{(3+\sqrt{5})\lambda^2}{8b}$时，$v_s^M > 0$。

该命题表明，在分散决策下，零售商信息分享将损失自身一部分收益，同时将提高制造商的利润。这是因为制造商作为博弈的主导者可以利用零售商预测的信息更好地进行决策，制定出对自己更有利的产品绿色度和批发价，从而获取更多的利润。而零售商只是市场追随者，在供应链中处于劣势地位，不能根据其他成员的决策进行相应的决策。对整体供应链而言，当绿色成本系数适当的情况下，制造商获得的利润超过零售商损失的利润，因而信息分享的价值为正。而当绿色成本系数较高时，制造商为提高产品绿色度将支付太大的成本，从信息分享中获得的利润不能抵消零售商损失的利润，因而对整个供应链价值为负。

命题3－4：在分散决策下，信息分享对零售商、制造商以及供应链整体的价值均与消费者绿色偏好程度正相关。

证明：由式（3－22）中信息分享对各方价值的表达式可得：

$$\frac{\partial V_r^M}{\partial(\lambda^2)} = \frac{8bh^2tv}{(8bh-\lambda^2)^3} > 0,$$

$$\frac{\partial V_m^M}{\partial(\lambda^2)} = \frac{htv}{(8bh-\lambda^2)^2} > 0,$$

$$\frac{\partial V_s^M}{\partial(\lambda^2)} = \frac{\partial V_r^M}{\partial(\lambda^2)} + \frac{\partial V_m^M}{\partial(\lambda^2)} > 0 \qquad (3-23)$$

该命题表明，对于制造商而言，随着消费者绿色偏好程度的提高，信息分享将有助于制定对自己更有利产品均衡绿色度提升信息分享的价值。这种效应会沿供应链传导给零售商，使其制定更有利的零售价以有效降低信息分享引起的利润损失。因而在分散决策下，供应链的主导者和追随者均有动力提升消费者的绿色偏好程度。

第六节　均衡价格和均衡绿色度比较分析

命题 3 – 5： 考虑产品绿色度的供应链制定的均衡零售价高于不考虑产品绿色度的供应链。

证明：由式（3 – 3）和式（3 – 7）式可得：

$$p_{IS}^{C*} - p_{IS}^{CN*} = \frac{2h((1-t)a_0 + tf + bc) - \lambda^2 c}{4bh - \lambda^2} - \frac{((1-t)a_0 + tf + bc)}{2b}$$

$$= \frac{\lambda^2((1-t)a_0 + tf - bc)}{2b(4bh - \lambda^2)} > 0 \tag{3 – 24}$$

该命题表明，当消费者具有绿色偏好时，供应链考虑产品绿色度进行绿色生产将吸引比普通市场更多的消费者，这将使其具备提高零售价的空间，充分获取利润。

命题 3 – 6： 在分散决策下，当零售商预测的潜在需求大于潜在需求均值时，信息分享下的零售价，产品绿色度和产品零售价均大于信息不分享。当零售商预测的潜在需求小于潜在需求均值时，信息分享下的零售价，产品绿色度和产品零售价均小于信息不分享。

证明：由式（3 – 9）、式（3 – 10）、式（3 – 13）和式（3 – 14）可得：

$$p_{IS}^{M*} - p_{NI}^{M*} = \frac{t(8bh + \lambda^2)(f - a_0)}{2b(8bh - \lambda^2)}, \quad e_{IS}^{M*} - e_{NI}^{M*} = \frac{t\lambda(f - a_0)}{8bh - \lambda^2}, \quad w_{IS}^{M*} - w_{NI}^{M*}$$

$$= \frac{4th(f - a_0)}{8bh - \lambda^2} \tag{3 – 25}$$

该命题表明，当零售商对未来需求的预测比较乐观（$f > a_0$）时，信息分享将使零售商对情况的预期也比较乐观，因而将制定更高的零售价，并且将提高对产品绿色度的投入，带来更好的社会效应，这也使零售商能制定更高的产品零售价。而当零售商对销售情况的预测比较悲观时，将通过降低零售价的方式来吸引顾客，相应地，产品批发价和绿色度也将下降。

命题 3 - 7： 在信息分享时，若零售商预测的潜在需求比较大 $f > \dfrac{((1-t)a_0 - bc)}{t}$，则集中模式下的零售价小于分散模式，集中模式下产品的绿色度大于分散模式。若零售商预测的潜在需求比较小 $f < \dfrac{((1-t)a_0 - bc)}{t}$，则集中模式下的零售价大于分散模式，集中模式下产品的绿色度小于分散模式。

证明： 由式（3 - 3）、式（3 - 9）和式（3 - 10）可得：

$$p_{IS}^{C*} - p_{IS}^{M*} = \frac{8bh(2bh - \lambda^2)(bc - (1-t)a_0 - tf)}{2b(8bh - \lambda^2)(4bh - \lambda^2)},$$

$$e_{IS}^{C*} - e_{IS}^{M*} = \frac{4bh((1-t)a_0 + tf - bc)}{(8bh - \lambda^2)(4bh - \lambda^2)} \tag{3-26}$$

该命题表明，只有当零售商对未来需求预测比较乐观时，集中决策的供应链才能为消费者提供绿色度更高、零售价更低的产品，否则集中决策产生的社会效应将比分散决策更差。

命题 3 - 8： 在信息分享时，无论零售商对需求的预测值怎样，集中模式下的供应链总利润均大于分散模式。

证明： 由式（3 - 4）和式（3 - 15）可得：

$$E(\pi_{sIS}^{C*}) - E(\pi_{sIS}^{M*}) = \frac{16b^2 h^3((a_0 - bc)^2 + tv)}{(8bh - \lambda^2)^2(4bh - \lambda^2)} > 0 \tag{3-27}$$

该命题表明，与无信息分享的情况一样，在信息分享时，就供应链整体利润而言，集中模式要大于分散模式，这是因为分散模式下"双重边际效应"的存在使制造商和零售商的决策不一致。可以通过两部合同制、收益分享费用分摊契约等方式实现供应链的协调。这将作为本章的一个后续研究。

第七节　信息分享补偿机制

由以上分析可知，在供应链绿色成本系数适当的情况下，零售商信息分享尽管会增加供应链利润，但会损失自身利润，若不予其一定的利益补偿，零售商无动力分享其预测信息。本章建立的信息分享补偿机制的思路为制造商拿出一定的利润补偿给零售商,使其有动力进行信息分享。要达到目的该机制必须满足以下两个条件:

(1)信息分享补偿后零售商的利润不小于无信息分享时利润(此时零售商的利润必然大于信息分享且不进行补偿时)。

(2)信息分享补偿后制造商的利润不小于无信息分享时。在该机制下,可以对信息分享时供应链价值的增值部分重新分配,从而达到以上两个条件。下面用纳什讨价还价模型来建立这一机制。

设制造商补偿给零售商的利润为 ΔV_r^M,自身从信息分享中获得的利润为 ΔV_m^M,则两者的效用函数分别为 $(\Delta V_r^M)^{\theta_r}$ 和 $(\Delta V_m^M)^{\theta_m}$,其中,$\theta_r$ 和 θ_m 分别为零售商和制造商的风险规避系数。故而纳什讨价还价模型为:

$$\max_{\Delta v_m^M, \Delta v_r^M} u = u_r u_m = (\Delta V_r^M)^{\theta_r} (\Delta V_m^M)^{\theta_m}$$

$$\text{s.t.} \begin{cases} \Delta V_r^M + \Delta V_m^M = V_s^M = \dfrac{-(\lambda^4 - 12bh\lambda^2 + 16b^2h^2) tv}{4b(8bh - \lambda^2)^2} \\ \Delta V_r^M > 0, \ \Delta V_m^M > 0 \end{cases} \quad (3-28)$$

可解得 $\Delta V_r^M = \dfrac{\theta_r}{\theta_r + \theta_m} V_s^M$,$\Delta V_m^M = \dfrac{\theta_m}{\theta_r + \theta_m} V_s^M$。由此可知,当零售商和制造商的风险规避系数的比例确定后,两者从补偿机制中得到的利润也就确定下来了,补偿后零售商和制造商的利润分别变为:$E(\pi_{rIS}^{M*}) + \Delta V_r^M$ 和 $E(\pi_{mIS}^{M*}) - \Delta V_r^M$。分别把这两个表达式代入信息补偿机制的两个条件可以得到该机制能顺利实施的充分条件。

命题 3 - 9:设零售商和制造商的风险规避度相同,则满足条件 $\dfrac{\lambda^2}{4b} < h < \dfrac{(11 + \sqrt{37}) \lambda^2}{56b}$ 时,信息补偿机制能顺利实施。

证明:当 $\theta_r = \theta_m$ 时,$\Delta V_r^M = \Delta V_m^M = \dfrac{V_s^M}{2}$,由于有 $V_m^M - V_s^M > 0$,故:

$$E(\pi_{mIS}^{M*}) - \Delta V_r^M = E(\pi_{mNI}^{M*}) + V_m^M - \frac{V_s^M}{2} = E(\pi_{mNI}^{M*}) + \frac{V_m^M}{2} + \frac{(V_m^M - V_s^M)}{2} > E(\pi_{mNI}^{M*})$$

即信息补偿机制需满足的条件(2)恒成立。条件(1)可化为:

$$E(\pi_{rIS}^{M*}) + \Delta V_r^M = \frac{4bh^2[tv + (a_0 - bc)^2]}{(8bh - \lambda^2)^2} + \frac{(12bh\lambda^2 - \lambda^4 - 16b^2h^2) tv}{8b(8bh - \lambda^2)^2} >$$

$$\frac{tv}{4b} + \frac{4bh^2 (a_0 - bc)^2}{(8bh - \lambda^2)^2}$$

解得：

$$\frac{(11-\sqrt{37})\lambda^2}{56b} < h < \frac{(11+\sqrt{37})\lambda^2}{56b}$$

由于从本章第四部分中可知信息分享下供应链增值的条件为 $\frac{\lambda^2}{4b} < h < \frac{(3+\sqrt{5})\lambda^2}{8b}$，且如下两个不等式是成立的：$\frac{11+\sqrt{37}}{56} < \frac{3+\sqrt{5}}{8}$，同时 $\frac{11-\sqrt{37}}{56} < \frac{1}{4}$。故满足条件 $\frac{\lambda^2}{4b} < h < \frac{(11+\sqrt{37})\lambda^2}{56b}$ 时，零售商和制造商的利润均大于信息分享前，该信息补偿机制能够顺利实施。

第八节　数值仿真

本部分通过数值算例说明绿色供应链中的一些主要参数（消费者绿色偏好系数 λ，制造商绿色投资成本系数 h）对各方实际利润的影响。由于信息共享和无信息共享下所得结果类似，故只给出信息分享下两个参数对各方利润的影响。其他主要参数设定如下：$a_0 = 50$，$c = 6$，$b = 0.8$，$t = 0.6$，$v = 6$。首先固定参数 $\lambda = 5$，观察参数 h 的变化对各方利润的影响，然后再固定参数 $h = 10$，观察 λ 的变化对各方利润的影响。用 Matlab 作图得图 3-2 至图 3-5。

由图 3-2 和图 3-3 可以看出随着制造商绿色投资成本系数的上升，无论对于零售商、制造商还是整个供应链而言利润都会下降，且下降的趋势随着成本系数的增大越来越平缓，因而供应链各方均有动力降低绿色制造成本。当绿色投资成本处于较高水平时，制造商利润始终大于零售商利润。这是因为制造商是市场主导者，当绿色制造成本升高时，能通过降低均衡绿色度的方法把不利影响一部分转嫁给零售商。

从图 3-4 可以看出，随着消费者绿色偏好程度的增大，零售商和制造商的利润都增大。当绿色偏好程度较小时，制造商的利润大于零售商，当绿色偏好程度较大时，零售商利润将超过制造商。这是因为零售商直接面对客户，消费者绿色偏好程度的增大可以使零售商制定更高的零售价，获得更大的销售量，影响要大于制造商。图 3-5 显示在集中模式下的供应链总利润始终大于分散模式，并且无论集中模式还是分散模式，消费者绿色偏好程度的增大均能提升总利润，而在集中决策下这种影响更加明显。

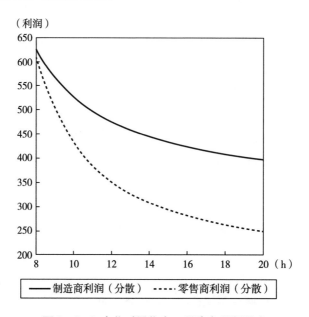

图 3-2　h 变化对零售商、制造商利润影响

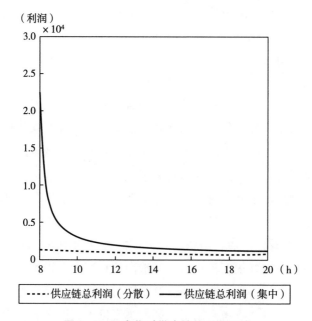

图 3-3　h 变化对供应链总利润影响

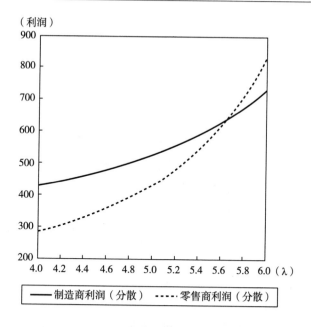

图 3-4　λ 变化对零售商、制造商利润影响

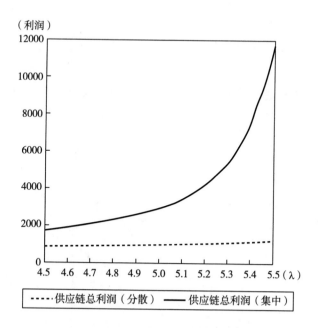

图 3-5　λ 变化对供应链总利润影响

第九节 本章小结

通过博弈论研究零售商预测信息的分享对由一个制造商和一个零售商构成的绿色供应链系统的影响。首先建立并求解在集中模式和分散模式下信息无分享和信息分享两种情况下的期望利润模型，然后对信息分享前后各方利润、最优零售价、最优产品绿色度进行比较分析，最后设计信息补偿机制。研究表明：

（1）与不考虑产品绿色度的供应链相比，绿色供应链的信息预测价值更加明显，产品零售价相应提升。

（2）无论集中模式或分散决策模式，供应链各方的信息分享价值均与消费者绿色偏好程度正相关。

（3）信息分享可以增加制造商和供应链的利润，但会损失零售商的利润。

（4）在分散模式下信息分享前后最优零售价、批发价以及产品绿色度的高低取决于零售商对市场潜在需求预测值的高低。

（5）无论零售商的预测值如何，在集中模式下供应链的总体利润总大于分散模式。

（6）在制造商绿色投资成本系数和消费者价格敏感系数、消费者绿色偏好程度间存在一定关系时，建立在纳什讨价还价模型上的信息补偿机制能够实现制造商和零售商的"双赢"。

第四章 考虑制造商竞争的绿色供应链信息分享策略[①]

本章在上一章研究的基础上进一步研究零售商预测市场需求信息的分享对存在制造商横向竞争的绿色供应链的影响。分别建立和求解四种信息分享模型：无信息分享（NI）、仅与绿色成本高的制造商分享（ISX）、绿色成本低的制造商分享（ISY）以及与两制造商均分享（IS）。比较在各种模式下零售商信息分享对各方产生的价值，重点分析两制造商间的竞争水平、市场份额的差异以及制造商绿色成本制造系数对信息分享价值以及供应链成员模式偏好的影响。

第一节 引言

在第三章里，本书详细分析消费者的绿色偏好和产品绿色度对供应链信息分享的作用。但相关研究仅涉及一个零售商和一个制造商的最简单情况，并没有考虑多个制造商之间的竞争对结果产生的复杂影响，也没有深入分析供应链成员的模式偏好。事实上，竞争是行业发展的重要推动因素，制造商间的价格和数量竞争会对消费者需求产生重要影响，当然也会改变零售商信息分享的价值。近年来，国内学者对绿色供应链中制造商间竞争的研究也比较多，如黄永等（2013）研究制造商竞争环境下基于产品生命周期的闭环供应链的定价和生产策略，发现在无限周期中，制造商在出现竞争后应一直采用相同策略。李晓莉（2012）针对两个竞争型制造商和一个共同零售商所构建的闭环供应链系统在非合作分散决策和集中决策下的定价模型进行比较分析，发现非合作分散决策会造成回收价格、

[①] 本章主要内容经修改后发表于《科技管理研究》2015 年第 35 卷第 8 期。

回收率和系统利润减少。赵道致等（2014）在碳排放总量限制和排放交易政策约束下，分析由两个竞争型制造商和一个占主导地位的零售商组成的两级供应链中联合减排问题。王文宾等（2013）分析集中式决策、分散式决策以及奖惩机制下考虑制造商竞争的闭环供应链的决策问题，得到各种情形下闭环供应链的定价和回收率的决策并进行比较。然而以上这些研究都没有涉及绿色产品市场需求的预测及信息分享问题。

基于此，本章主要研究零售商进行需求预测和分享对存在产品竞争的绿色供应链的影响。不失一般性，考虑两个异质制造商（两者绿色制造成本不同）分别提供两种替代型绿色产品。重点探讨零售商不同信息分享模式对绿色供应链决策产生的不同效应，并详细探讨信息分享价值以及各供应链成员的模式偏好。

第二节　模型的描述

考虑两个制造商（分别设为 X，Y）和一个零售商构成的二级供应链系统，每个制造商生产一种绿色环保型产品（也分别称为产品 X 和产品 Y），制造商之间存在一定的产品竞争。零售商负责将两种产品销售给绿色消费者市场。现实中这种市场结构比较常见，比如在空调市场结构当中存在少数几个大型的空调制造商（如格力、美的等）和一个电器零售商（如国美）组成的市场，制造商生产不同品牌的空调产品，彼此在市场销售相中相互竞争，并委托零售商回收废旧产品以进行再制造。供应链结构如图 4 - 1 所示。

图 4 - 1　竞争型绿色供应链结构示意图

一、符号约定

本章用到的一些主要参数符号如下：

p_x，p_y：绿色产品 X 和 Y 的零售价，为零售商的决策变量。

w_x，w_y：绿色产品 X 和 Y 的批发价，为两个制造商的决策变量。

e_x，e_y：两种产品的绿色度，为两个制造商的决策变量。绿色度越高说明产品越符合绿色环保要求，能源消耗越低，在绿色消费市场中越能吸引消费者的购买。

D_x，D_y：两种绿色产品需求量。参照 Liu 等（2012）的研究，本章假设产品需求由该产品零售价和绿色度以及替代产品的零售价和绿色度共同决定。需求表达式为：

$$D_x(p_x，e_x，p_y，e_y，\theta) = \beta a + re_x - p_x - \theta(re_y - p_y)$$
$$D_y(p_y，e_y，p_x，e_x，\theta) = (1 - \beta)a + re_y - p_y - \theta(re_x - p_x) \qquad (4-1)$$

在式（4-1）中 a 为两种产品市场需求规模，β 表示制造商 X 的市场份额。r 为消费者绿色敏感系数，代表消费者对绿色产品的偏好程度，r 越大，消费者对产品中的绿色度就越敏感，相同的产品绿色度能够引起更多的消费者购买；θ 表示两种产品相互替代程度，代表制造商之间的竞争强度。为使讨论有意义，设定 $0 \leq \theta < 1$。

π_j^i（$i = NI，ISX，ISY，IS$；$j = Mx，My，R，S$）：i 信息模式下主体 j 的利润函数。下角标 j 分别为：制造商 X（Mx）、制造商 Y（My）、零售商（R），供应链整体（S）。上角标 i 分别为无信息分享模式（NI）、仅与制造商 X 分享模式（ISX）、仅与制造商 Y 分享模式（ISY）、与两个制造商均分享模式（IS）。上角标中含 * 表示最优值。

V_j^i（$i = NI，ISX，ISY，IS$；$j = Mx，My，R，S$）：i 信息分享模式下信息分享对主体 j 的价值。下角标 j 和上角标 i 的含义同利润函数。

二、信息结构

信息预测下的市场需求潜在规模公式仍为：

$$E(a \mid f) = \frac{s}{v + s}a_0 + \frac{v}{v + s}f \quad f = A，E((f - a_0)^2) = v + s \qquad (4-2)$$

三、模型假设

本章用到如下假设：

（1）两个制造商和零售商进行 Stackable 主从博弈，两个制造商为主导者，零售商为追随者。

（2）零售商对市场潜在需求的预测值 f 为零售商的私有信息，拥有选择是否和两个制造商进行信息共享的权利。除此以外，包括市场需求均值 a_0 在内的所有信息均为两者共同所有。

（3）两产品绿色度 e_i 与制造商的绿色投入（包括工艺设计、设备更新、人工投入等）密切相关。类似于上一章，设 $e_i = \sqrt{I_i/h_i}$，$i \in (x, y)$ 其中 I_i 为制造商 i 的绿色投资成本，h_i 为制造商 i 的绿色投入成本系数，该系数越大表示开展绿色制造的成本越高。于是有 $I_i = h_i e_i^2$，即绿色投资成本为产品绿色度的凸函数，随着绿色度的增加，制造商的投资成本将急剧增加。这与很多企业的实际情况是相符的。为使讨论具有一般性，本章假设两个制造商是异质的，即两者的绿色投入成本系数有差异，不妨设 $h_x > h_y$，并且这种差异是明显的。

第三节　无信息分享模式（NI）

给定零售商的需求预测信息为 f，零售商期望利润最大化目标为：

$$\max_{p_x, p_y} E(\pi_R^{NI} \mid f) = [\beta A + (re_x - p_x) - \theta(re_y - p_y)](p_x - w_x) +$$
$$[(1 - \beta)A + (re_y - p_y) - \theta(re_x - p_x)](p_y - w_y) \quad (4-3)$$

分别对 p_x，p_y 求导，联立方程组求解得到两种产品最优零售价的反应函数为：

$$p_x^{NI} = (w_x + re_x)/2 + (\beta + \theta - \beta\theta)A/[2(1 - \theta^2)]$$
$$p_y^{NI} = (w_y + re_y)/2 + (1 - \beta + \beta\theta)A/[2(1 - \theta^2)] \quad (4-4)$$

当零售商不进行信息分享时，两个制造商对两种产品零售价的预期分别为 $(w_x + re_x)/2 + (\beta + \theta - \beta\theta)a_0/[2(1 - \theta^2)]$ 和 $(w_y + re_y)/2 + (1 - \beta + \beta\theta)a_0/[2(1 - \theta^2)]$，此时两者的利润决策模型为：

$$\max_{w_x, e_x} E(\pi_{Mx}^{NI}) = [\beta a_0 + (re_x - w_x) - \theta(re_y - w_y)]w_x/2 - h_x e_x^2$$
$$\max_{w_y, e_y} E(\pi_{My}^{NI}) = [(1 - \beta)a_0 + (re_y - w_y) - \theta(re_x - w_x)]w_y/2 - h_y e_y^2 \quad (4-5)$$

解得两个制造商的贝叶斯均衡绿色度和批发价为：

$$e_x^{NI*} = \frac{r[\beta(8h_y - r^2) + \theta(1 - \beta)(4h_y - r^2)]a_0}{(8h_x - r^2)(8h_y - r^2) - \theta^2(4h_x - r^2)(4h_y - r^2)},$$

$$w_x^{NI*} = \frac{4h_x \left[\beta(8h_y - r^2) + \theta(1 - \beta)(4h_y - r^2) \right] a_0}{(8h_x - r^2)(8h_y - r^2) - \theta^2(4h_x - r^2)(4h_y - r^2)}$$

$$e_y^{NI*} = \frac{r \left[(1 - \beta)(8h_x - r^2) + \theta\beta(4h_x - r^2) \right] a_0}{(8h_x - r^2)(8h_y - r^2) - \theta^2(4h_x - r^2)(4h_y - r^2)},$$

$$w_y^{NI*} = \frac{4h_y \left[(1 - \beta)(8h_x - r^2) + \theta\beta(4h_x - r^2) \right] a_0}{(8h_x - r^2)(8h_y - r^2) - \theta^2(4h_x - r^2)(4h_y - r^2)} \tag{4-6}$$

为使二阶条件大于 0，必须满足条件 $4h_x > r^2$，$4h_y > r^2$。即两个制造商对绿色产品投入成本不是很低，这与现实生活中注重社会绿色效应的企业努力花大量成本提高产品绿色度的现实是相符的。后文均假设该两个条件成立。代回零售价的表达式，得到贝叶斯均衡零售价为：

$$p_x^{NI*} = \frac{(4h_x + r^2) \left[\beta(8h_y - r^2) + \theta(1 - \beta)(4h_y - r^2) \right] a_0}{2 \left[(8h_x - r^2)(8h_y - r^2) - \theta^2(4h_x - r^2)(4h_y - r^2) \right]} + \frac{(\beta + \theta - \beta\theta)A}{2(1 - \theta^2)}$$

$$p_y^{NI*} = \frac{(4h_y + r^2) \left[(1 - \beta)(8h_x - r^2) + \theta\beta(4h_x - r^2) \right] a_0}{2 \left[(8h_x - r^2)(8h_y - r^2) - \theta^2(4h_x - r^2)(4h_y - r^2) \right]} + \frac{(1 - \beta + \beta\theta)A}{2(1 - \theta^2)}$$

$$\tag{4-7}$$

两个制造商无条件最优期望利润表达式为：

$$E(\pi_{Mx}^{NI*}) = \frac{h_x(8h_x - r^2)(\beta(8h_y - r^2) + \theta \left[(1 - \beta)(4h_y - r^2) \right]^2 a_0^2}{\left[(8h_x - r^2)(8h_y - r^2) - \theta^2(4h_x - r^2)(4h_y - r^2) \right]^2}$$

$$E(\pi_{My}^{NI*}) = \frac{h_y(8h_y - r^2) \left[(1 - \beta)(8h_x - r^2) + \theta\beta(4h_x - r^2) \right]^2 a_0^2}{\left[(8h_x - r^2)(8h_y - r^2) - \theta^2(4h_x - r^2)(4h_y - r^2) \right]^2} \tag{4-8}$$

零售商无条件最优期望利润表达式为：

$$E(\pi_R^{NI*}) = \frac{\left[\beta^2 + (1 - \beta)^2 + 2\theta\beta(1 - \beta) \right] tv}{4(1 - \theta^2)} + M_0 \tag{4-9}$$

其中，

$$4h_x^2 \left[\beta(8h_y - r^2) + \theta(1 - \beta)(4h_y - r^2) \right]^2 + 4h_y^2 \left[(1 - \beta)(8h_x - r^2) + \right.$$
$$\theta\beta(4h_x - r^2) \right]^2 + 8\theta h_x h_y \left[\beta(8h_y - r^2) + \theta(1 - \beta)(4h_y - r^2) \right]$$

$$M_0 = \frac{\left[(1 - \beta) \cdot (8h_x - r^2) + \theta\beta(4h_x - r^2) \right]}{(1 - \theta^2) \left[(8h_x - r^2)(8h_y - r^2) - \theta^2(4h_x - r^2)(4h_y - r^2) \right]^2} a_0^2$$

$$\tag{4-10}$$

在式（$4-10$）中，M_0 即零售商不进行信息预测时的最优利润，两个制造商的利润等同于 $E(\pi_{MxNI}^{M*})$ 和 $E(\pi_{MyNI}^{M*})$。故零售商预测对于零售商和供应链的价

值均为:

$$V_R^{NI} = V_S^{NI} = \frac{[\beta^2 + (1-\beta)^2 + 2\theta\beta(1-\beta)]tv}{4(1-\theta^2)} \quad (4-11)$$

可见,零售商信息预测精度越高,信息预测对零售商和供应链的价值越大,故零售商有动力进行信息准确的信息预测。同时可以看出,信息预测的价值还和两个制造商竞争程度以及双方市场份额存在着密切的关系,这些将在后文进行详细讨论。

第四节　仅与绿色成本高的制造商 X 分享信息模式（ISX）

零售商目标为与无信息分享时相同,两种产品最优零售价的反应函数与无信息分享时相同。当零售商仅与 X 共享信息时,X 对零售制定的两种产品零售价的预期分别是$(w_x + re_x)/2 + (\beta + \theta - \beta\theta)A/[2(1-\theta^2)]$和$(w_y + re_y)/2 + (1 - \beta + \beta\theta)A/[2(1-\theta^2)]$,Y 的预期同于 NI 模式。此时两个制造商的利润决策模型为:

$$\max_{w_x, e_x} E(\pi_{Mx}^{ISX} \mid f) = [\beta A + (re_x - w_x) - \theta(re_y - w_y)]w_x/2 - h_x e_x^2$$

$$\max_{w_y, e_y} E(\pi_{My}^{ISX}) = [(1-\beta)a + (re_y - w_y) - \theta(re_x - w_x)]w_y/2 - h_y e_y^2 \quad (4-12)$$

解得两个制造商制定的贝叶斯均衡绿色度和批发价为:

$$e_x^{ISX*} = \frac{r[\beta(8h_y - r^2)A + \theta(1-\beta)(4h_y - r^2)a_0]}{(8h_x - r^2)(8h_y - r^2) - \theta^2(4h_x - r^2)(4h_y - r^2)}$$

$$w_x^{ISX*} = \frac{4h_x[\beta(8h_y - r^2)A + \theta(1-\beta)(4h_y - r^2)a_0]}{(8h_x - r^2)(8h_y - r^2) - \theta^2(4h_x - r^2)(4h_y - r^2)}$$

$$e_y^{ISX*} = \frac{r[(1-\beta)(8h_x - r^2)a_0 + \theta\beta(4h_x - r^2)A]}{(8h_x - r^2)(8h_y - r^2) - \theta^2(4h_x - r^2)(4h_y - r^2)}$$

$$w_y^{ISX*} = \frac{4h_y[(1-\beta)(8h_x - r^2)a_0 + \theta\beta(4h_x - r^2)A]}{(8h_x - r^2)(8h_y - r^2) - \theta^2(4h_x - r^2)(4h_y - r^2)} \quad (4-13)$$

代入式（4-4）可求得两产品贝叶斯均衡零售价,并得到两个制造商及零售商无条件期望利润表达式为:

$$E(\pi_{Mx}^{ISX*}) = \frac{h_x(8h_x - r^2)\{[\beta(8h_y - r^2) + \theta(1 - \beta)(4h_y - r^2)]^2 a_0^2 + \beta^2(8h_y - r^2)^2 tv\}}{[(8h_x - r^2)(8h_y - r^2) - \theta^2(4h_x - r^2)(4h_y - r^2)]^2}$$

$$E(\pi_{My}^{ISX*}) = \frac{h_y(8h_y - r^2)\{[(1 - \beta)(8h_x - r^2) + \theta\beta(4h_x - r^2)]^2 a_0^2 + \theta^2\beta^2(4h_x - r^2)^2 tv\}}{[(8h_x - r^2)(8h_y - r^2) - \theta^2(4h_x - r^2)(4h_y - r^2)]^2}$$

$$E(\pi_R^{ISX*}) = \frac{\{\beta^2[4h_x^2(8h_y - r^2)^2 + 4h_y^2\theta^2(4h_x - r^2)^2 + 8\theta^2 h_x h_y(8h_y - r^2)(4h_x - r^2)]\} tv}{(1 - \theta^2)((8h_x - r^2)(8h_y - r^2) - \theta^2(4h_x - r^2)(4h_y - r^2))^2} +$$

$$\frac{2\theta\beta(1 - \beta)[h_y(4h_x - r^2) + h_x(8h_y - r^2)] tv}{(1 - \theta^2)[(8h_x - r^2)(8h_y - r^2) - \theta^2(4h_x - r^2)(4h_y - r^2)]} + \frac{(1 - \beta)^2 tv}{4(1 - \theta^2)} + M_0$$

$$(4 - 14)$$

第五节　仅与绿色成本低的制造商 Y 分享信息模式（ISY）

零售商目标为与无信息分享时相同，两种产品最优零售价的反应函数与无信息分享时相同。当零售商仅与 Y 共享信息时，Y 对零售制定的两产品零售价的预期分别是 $(w_x + re_x)/2 + (\beta + \theta - \beta\theta)A/[2(1 - \theta^2)]$ 和 $(w_y + re_y)/2 + (1 - \beta + \beta\theta)$ $A/[2(1 - \theta^2)]$，X 的预期同于 NI。与 ISX 模式相似，解得两个制造商制定的贝叶斯均衡绿色度和批发价为：

$$e_x^{ISY*} = \frac{r[\beta(8h_y - r^2)a_0 + \theta(1 - \beta)(4h_y - r^2)A]}{(8h_x - r^2)(8h_y - r^2) - \theta^2(4h_x - r^2)(4h_y - r^2)}$$

$$w_x^{ISY*} = \frac{4h_x[\beta(8h_y - r^2)a_0 + \theta(1 - \beta)(4h_y - r^2)A]}{(8h_x - r^2)(8h_y - r^2) - \theta^2(4h_x - r^2)(4h_y - r^2)}$$

$$e_y^{ISY*} = \frac{r[(1 - \beta)(8h_x - r^2)A + \theta\beta(4h_x - r^2)a_0]}{(8h_x - r^2)(8h_y - r^2) - \theta^2(4h_x - r^2)(4h_y - r^2)}$$

$$w_y^{ISY*} = \frac{4h_y[(1 - \beta)(8h_x - r^2)A + \theta\beta(4h_x - r^2)a_0]}{(8h_x - r^2)(8h_y - r^2) - \theta^2(4h_x - r^2)(4h_y - r^2)}$$

$$(4 - 15)$$

代回式（4-4）可求得两种产品贝叶斯均衡零售价，并得到两个制造商及零售商无条件期望利润表达式：

$$E(\pi_{Mx}^{ISY*}) = \frac{h_x(8h_x - r^2)[(\beta(8h_y - r^2) + \theta(1 - \beta)(4h_y - r^2))^2 a_0^2 + \theta^2(1 - \beta)^2(4h_y - r^2)^2 tv]}{[(8h_x - r^2)(8h_y - r^2) - \theta^2(4h_x - r^2)(4h_y - r^2)]^2}$$

$$E(\pi_{My}^{ISY^*}) = \frac{h_y(8h_y - r^2)\{[(1-\beta)(8h_x - r^2) + \theta\beta(4h_x - r^2)]^2 a_0^2 + (1-\beta)^2(8h_x - r^2)^2 tv\}}{[(8h_x - r^2)(8h_y - r^2) - \theta^2(4h_x - r^2)(4h_y - r^2)]^2}$$

$$E(\pi_R^{ISY^*}) = \frac{\{(1-\beta)^2[4h_x^2\theta^2(4h_y - r^2)^2 + 4h_y^2(8h_x - r^2)^2 + 8\theta^2 h_x h_y(4h - r^2)(8h_x - r^2)]\} tv}{(1-\theta^2)[(8h_x - r^2)(8h_y - r^2) - \theta^2(4h_x - r^2)(4h_y - r^2)]^2} +$$

$$\frac{2\theta\beta(1-\beta)[h_x(4h_y - r^2) + h_y(8h_x - r^2)] tv}{(1-\theta^2)[(8h_x - r^2)(8h_y - r^2) - \theta^2(4h_x - r^2)(4h_y - r^2)]} + \frac{\beta tv}{4(1-\theta^2)} + M_0$$

$$(4-16)$$

第六节　与两制造商均分享信息模式（IS）

零售商决策目标与前相同，因而零售价反应函数也相同。当零售商进行信息共享时，两个制造商对两种产品零售价的预期分别均为$(w_x + re_x)/2 + (\beta + \theta - \beta\theta)A/[2(1-\theta^2)]$和$(w_y + re_y)/2 + (1-\beta+\beta\theta)A/[2(1-\theta^2)]$。与之前部分求解过程类似，得到两个制造商制定的贝叶斯均衡绿色度和批发价为：

$$e_x^{IS^*} = \frac{r[\beta(8h_y - r^2) + \theta(1-\beta)(4h_y - r^2)]A}{(8h_x - r^2)(8h_y - r^2) - \theta^2(4h_x - r^2)(4h_y - r^2)}$$

$$w_x^{IS^*} = \frac{4h_x[\beta(8h_y - r^2) + \theta(1-\beta)(4h_y - r^2)]A}{(8h_x - r^2)(8h_y - r^2) - \theta^2(4h_x - r^2)(4h_y - r^2)}$$

$$e_y^{IS^*} = \frac{r[(1-\beta)(8h_x - r^2) + \theta\beta(4h_x - r^2)]A}{(8h_x - r^2)(8h_y - r^2) - \theta^2(4h_x - r^2)(4h_y - r^2)}$$

$$w_y^{IS^*} = \frac{4h_y[(1-\beta)(8h_x - r^2) + \theta\beta(4h_x - r^2)]A}{(8h_x - r^2)(8h_y - r^2) - \theta^2(4h_x - r^2)(4h_y - r^2)}$$

$$(4-17)$$

代回式（4-4）可求得两种产品贝叶斯均衡零售价，并得到两个制造商及零售商无条件期望利润表达式：

$$E(\pi_{Mx}^{IS^*}) = \frac{h_x(8h_x - r^2)[\beta(8h_y - r^2) + \theta(1-\beta)(4h_y - r^2)]^2(a_0^2 + tv)}{[(8h_x - r^2)(8h_y - r^2) - \theta^2(4h_x - r^2)(4h_y - r^2)]^2}$$

$$E(\pi_{My}^{IS^*}) = \frac{h_y(8h_y - r^2)[(1-\beta)(8h_x - r^2) + \theta\beta(4h_x - r^2)]^2(a_0^2 + tv)}{[(8h_x - r^2)(8h_y - r^2) - \theta^2(4h_x - r^2)(4h_y - r^2)]^2}$$

$$E(\pi_R^{IS*}) = \frac{\begin{pmatrix} 4h_x^2[\beta(8h_y - r^2) + \theta(1-\beta)(4h_y - r^2)]^2 + \\ 4h_y^2[(1-\beta)(8h_x - r^2) + \theta\beta(4h_x - r^2)]^2 + \\ 8\theta h_x h_y[\beta(8h_y - r^2) + \theta(1-\beta)(4h_y - r^2)] \\ [(1-\beta)(8h_x - r^2) + \theta\beta(4h_x - r^2)] \end{pmatrix}tv}{(1-\theta^2)[(8h_x - r^2)(8h_y - r^2) - \theta^2(4h_x - r^2)(4h_y - r^2)]^2} + M_0$$

$$(4-18)$$

第七节　信息分享对制造商的价值分析

由以上分析可知，零售商信息分享前后供应链成员及供应链整体期望利润是不同的。本部分主要分析各信息分享模式对制造商的价值（即期望利润的增量）。得到如下命题：

命题 4 - 1：与 NI 模式相比，ISX 模式：

（1）信息分享对制造商 X 的价值为正，且为竞争程度 θ 和 β 的增函数。

（2）信息分享对制造商 Y 的价值为正，且为 θ 和 β 的增函数。

证明：由式（4-8）和式（4-14）得到：

$$V_{Mx}^{ISX} = E(\pi_{Mx}^{ISX*}) - E(\pi_{Mx}^{NI*}) = \frac{h_x(8h_x - r^2)\beta^2(8h_y - r^2)^2 tv}{[(8h_x - r^2)(8h_y - r^2) - \theta^2(4h_x - r^2)(4h_y - r^2)]^2} > 0$$

$$V_{My}^{ISX} = E(\pi_{My}^{ISX*}) - E(\pi_{My}^{NI*}) = \frac{h_y(8h_y - r^2)\theta^2\beta^2(4h_x - r^2)^2 tv}{[(8h_x - r^2)(8h_y - r^2) - \theta^2(4h_x - r^2)(4h_y - r^2)]^2} > 0$$

$$(4-19)$$

该命题表明市场潜在规模均值只能影响两个制造商期望利润，但不会影响信息分享的价值。当零售商选择与绿色制造成本高的制造商分享信息时，两个制造商均能从中受益，两者收益会随着竞争水平的提高而增大，并且随着绿色制造成本高的制造商市场份额的增大而增大。这是因为作为供应链的主导者，制造商可以利用零售商预测的信息更好地进行决策，制定出对自己更有利的产品绿色度和批发价，从而获取更多的利润。

命题 4 - 2：与 NI 模式相比，ISY 模式：

（1）信息分享对制造商 X 的价值为正，并且为竞争程度 θ 和（$1-\beta$）的增函数。

（2）信息分享对制造商 Y 的价值为正，并且为 θ 和（1 - β）的增函数。

证明：两种模式下的期望利润相减得：

$$V_{Mx}^{ISY} = E(\pi_{Mx}^{ISY*}) - E(\pi_{Mx}^{NI*}) = \frac{h_x(8h_x - r^2)\theta^2(1 - \beta)^2(4h_y - r^2)^2 tv}{[(8h_x - r^2)(8h_y - r^2) - \theta^2(4h_x - r^2)(4h_y - r^2)]^2} > 0$$

$$V_{My}^{ISY} = E(\pi_{My}^{ISY*}) - E(\pi_{My}^{NI*}) = \frac{h_y(8h_y - r^2)(1 - \beta)^2(8h_x - r^2)^2 tv}{[(8h_x - r^2)(8h_y - r^2) - \theta^2(4h_x - r^2)(4h_y - r^2)]^2} > 0$$

$$(4 - 20)$$

该命题的结论结合命题 4 - 1 我们可以知道，当零售商选择与单一制造商分享需求预测信息时，两个制造商都会从中受益，并且竞争程度越高，直接受益信息分享的制造商市场份额越大，两个制造商的受益均越明显。因而，零售商选择与市场份额高的制造商分享预测信息有利于提高信息本身的价值。

命题 4 - 3：与 NI 模式相比，IS 模式：

（1）信息分享对制造商 X 的价值为正，并且为竞争程度和 X 市场份额的增函数。

（2）信息分享对制造商 Y 的价值为正，并且为竞争程度和 Y 市场份额的增函数。

证明：两种模式下的期望利润相减得：

$$V_{Mx}^{IS} = E(\pi_{Mx}^{IS*}) - E(\pi_{Mx}^{NI*}) = \frac{h_x(8h_x - r^2)[\beta(8h_y - r^2) + \theta(1 - \beta)(4h_y - r^2)]^2 tv}{[(8h_x - r^2)(8h_y - r^2) - \theta^2(4h_x - r^2)(4h_y - r^2)]^2} > 0$$

$$V_{My}^{IS} = E(\pi_{My}^{IS*}) - E(\pi_{My}^{NI*}) = \frac{h_y(8h_y - r^2)[(1 - \beta)(8h_x - r^2) + \theta\beta(4h_x - r^2)]^2 tv}{[(8h_x - r^2)(8h_y - r^2) - \theta^2(4h_x - r^2)(4h_y - r^2)]^2} > 0$$

$$(4 - 21)$$

该命题表明，当零售商选择与两制造商同时进行信息分享时，两个制造商都能从信息分享中受益，并且收益的大小随着竞争水平的提高而提升。另外，某制造商市场份额越大，分享信息的价值也越大。因而在双分享模式下双方都有扩大市场份额的冲动。

第八节　制造商对信息共享模式的偏好分析

以下重点分析供应链各成员对信息分享模式的偏好。

命题 4 - 4：对于高绿色成本制造商 X 而言，

（1）当 $\beta \leqslant \theta/(2+\theta)$ 时，若 $h_y < (\theta(1-\beta)-\beta)r^2/(4\theta(1-\beta)-8\beta)$ 时，其信息分享模式的偏好为 IS＞ISX＞ISY＞NI（其中＞为偏好符号），否则其偏好为 IS＞ISY＞ISX＞NI。

（2）当 $\theta/(2+\theta) < \beta \leqslant \theta/(1+\theta)$ 时，信息分享模式的偏好为 IS＞ISX＞ISY＞NI。

（3）当 $\beta > \theta/(2+\theta)$ 时，若 $h_y > (\beta-\theta(1-\beta))r^2/(8\beta-4\theta(1-\beta))$，信息分享模式的偏好为 IS＞ISX＞ISY＞NI，否则其偏好为 IS＞ISY＞ISX＞NI。

证明：X 和 Y 的偏好 ISX＞NI，ISY＞NI，IS＞NI 直接得到，以下比较 ISX，ISY，IS 的偏好。

$$E(\pi_{Mx}^{IS*}) - E(\pi_{Mx}^{ISX*}) =$$

$$\frac{h_x(8h_x-r^2)[2\theta\beta(1-\beta)(4h_y-r^2)(8h_y-r^2)+\theta^2(1-\beta)^2(4h_y-r^2)^2]tv}{[(8h_x-r^2)(8h_y-r^2)-\theta^2(4h_x-r^2)(4h_y-r^2)]^2} > 0$$

$$E(\pi_{Mx}^{IS*}) - E(\pi_{Mx}^{ISY*}) =$$

$$\frac{h_x(8h_x-r^2)[2\theta\beta(1-\beta)(4h_y-r^2)(8h_y-r^2)+\beta^2(8h_y-r^2)^2]tv}{[(8h_x-r^2)(8h_y-r^2)-\theta^2(4h_x-r^2)(4h_y-r^2)]^2} > 0$$

$$E(\pi_{Mx}^{ISX*}) - E(\pi_{Mx}^{ISY*}) =$$

$$\frac{h_x(8h_x-r^2)[\beta(8h_y-r^2)+\theta(1-\beta)(4h_y-r^2)]\{[8\beta-4\theta(1-\beta)]h_y-r^2[\beta-\theta(1-\beta)]\}tv}{[(8h_x-r^2)(8h_y-r^2)-\theta^2(4h_x-r^2)(4h_y-r^2)]^2}$$

$$(4-22)$$

故当 $[2\beta-\theta(1-\beta)]h_y - [\beta-\theta(1-\beta)]r^2 > 0$ 时，$E(\pi_{Mx}^{ISX*}) > E(\pi_{Mx}^{ISY*})$，否则 $E(\pi_{Mx}^{ISX*}) < E(\pi_{Mx}^{ISY*})$。

命题 4 - 5：对于低绿色成本制造商 Y 而言：

（1）当 $1-\beta \leqslant \theta/(2+\theta)$ 时，若 $h_x < [\theta\beta-(1-\beta)]r^2/[4\theta\beta-8(1-\beta)]$，其信息分享模式的偏好为 IS＞ISY＞ISX＞NI，否则其偏好为 IS＞ISX＞ISY＞NI。

（2）当 $\theta/(2+\theta) < 1-\beta \leq \theta/(1+\theta)$ 时，其信息分享模式的偏好为 IS > ISY > ISX > NI。

（3）当 $1-\beta > \theta/(2+\theta)$ 时，若 $h_x > [\theta\beta - (1-\beta)]r^2/[4\theta\beta - 8(1-\beta)]$，其信息分享模式的偏好为 IS > ISY > ISX > NI，否则其偏好为 IS > ISX > ISY > NI。

证明：

$$E(\pi_{My}^{IS*}) - E(\pi_{My}^{ISX*}) =$$

$$\frac{h_y(8h_y - r^2)[2\theta\beta(1-\beta)(4h_x - r^2)(8h_x - r^2) + (1-\beta)^2(8h_x - r^2)^2]tv}{[(8h_x - r^2)(8h_y - r^2) - \theta^2(4h_x - r^2)(4h_y - r^2)]^2} > 0$$

$$E(\pi_{My}^{IS*}) - E(\pi_{My}^{ISY*}) =$$

$$\frac{h_x(8h_x - r^2)[2\theta\beta(1-\beta)(4h_x - r^2)(8h_x - r^2) + \theta^2\beta^2(4h_x - r^2)^2]tv}{[(8h_x - r^2)(8h_y - r^2) - \theta^2(4h_x - r^2)(4h_y - r^2)]^2} > 0$$

$$E(\pi_{My}^{ISY*}) - E(\pi_{My}^{ISX*}) =$$

$$\frac{h_x(8h_x - r^2)[(1-\beta)(8h_x - r^2) + \theta\beta(4h_x - r^2)]\{[8(1-\beta) - 4\theta\beta]h_x - r^2[(1-\beta) - \theta\beta]\}tv}{[(8h_x - r^2)(8h_y - r^2) - \theta^2(4h_x - r^2)(4h_y - r^2)]^2}$$

$$(4-23)$$

$E(\pi_{My}^{ISY*})$ 和 $E(\pi_{My}^{ISX*})$ 之间的关系如命题 4-4 的证明可得。

总结这两个命题我们可以知道：某制造商最偏好于零售商双分享模式，然后是单一分享模式，最后是无信息分享模式。至于两种单一分享模式具体偏好于哪一种不仅受到市场份额的影响，而且还与另一制造商的绿色制造成本系数相关。当所占市场份额较小时，若另一方绿色成本系数处于低水平，则偏好于零售商与自身信息分享模式，否则偏好于零售商与对方信息分享模式。在所占市场份额较大的情况下，若对方绿色成本系数处于高水平，则偏好于零售商与自身信息分享模式，否则偏好于零售商与对方信息分享模式。在所占市场份额适中的情况下，则无论对方绿色成本系数如何，该制造商均偏好于零售商与自身分享模式。

第九节　数值仿真

由于信息预测的主导者是零售商，信息分享能对零售商以及整个供应链的价值对信息分享策略尤为重要。但本模型中零售商和整个供应链的期望利润表达式过于复杂无法直接进行分析，因而本部分用数值仿真的方法进行具体分析。

设定一些及基本参数：$a_0 = 50$，$r = 5$，$t = 0.6$，$v = 6$。先设定两个制造商所占市场份额相同，观察制造商竞争水平 θ 的变化对四种分享模式下供应链各成员价值的影响。然后设定竞争水平 $\theta = 0.5$，观察 β 的变化对四种分享模式下供应链各成员价值的影响，得到图 4 - 2 至图 4 - 7。

首先讨论制造商竞争水平的影响。由图 4 - 2、图 4 - 3、图 4 - 4、图 4 - 7 可以看出：

（1）零售商价值在各种信息分享模式下均为负，且随着两个制造商间竞争水平的提高而下降。这是因为零售商作为博弈的追随者，在供应链中处于劣势地位，不能根据其他成员的决策进行相应的决策。相反，从图 4 - 7 中可以看出制造商作为供应链领导者能从信息分享中受益。因此可以说制造商"攫取"零售商的部分利润，并且这种效应随着竞争的加剧而越发明显。零售商的模式偏好为 NI > ISY > ISX > IS，高成本制造商 X 的模式偏好为 IS > ISX > ISY > NI。

（2）对于供应链而言，各种信息分享模式是不同的：ISY 和 IS 模式下供应链的价值为正，ISX 模式下为负。IS 模式下随着竞争水平的提高而上升，ISX 和 ISY 模式则随着竞争水平提高反而下降。这说明零售商和低成本制造商分享信息或者与两个制造商均分享信息对供应链有益，而单独与高成本制造商分享信息对供应链不利，并且这种效应会随着绿色制造成本系数的增加而加大。竞争水平对供应链偏好的影响受制于两个制造商间绿色成本系数差异，若差异较小，则供应链偏好为 IS > ISY > NI > ISX；若差异较大，则竞争水平较低时为 ISY > IS > NI > ISX，较高时为 IS > ISY > NI > ISX。

最后讨论两个制造商市场份额变化的影响。由图 4 - 5 和图 4 - 6 可以看出：

（1）在单一分享模式下零售商的价值随着直接分享制造商的市场份额上升而下降。在双分享模式零售商价值随着制造商的份额增大先上升后下降，因而存在一市场份额的均衡值使信息分享价值达到最大。故 X 市场份额较低时零售商模式偏好为 NI > ISX > ISY > IS，在 X 市场份额较高时为 NI > ISY > ISX > IS。

（2）随着绿色成本高的制造商占据的市场份额扩大，无论哪种信息分享模式下供应链的价值都会下降。在图 4 - 6 中我们看到 ISX、ISY、IS 三种信息分享模式下供应链的价值均小于无分享模式。这充分说明降低绿色制造成本对实施供应链价值分享策略是非常重要的。

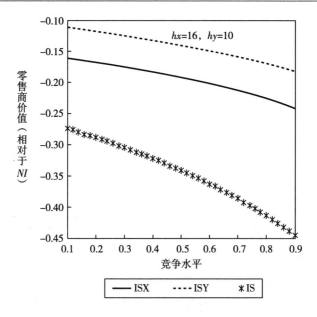

图 4 - 2 θ 变化对零售商价值影响

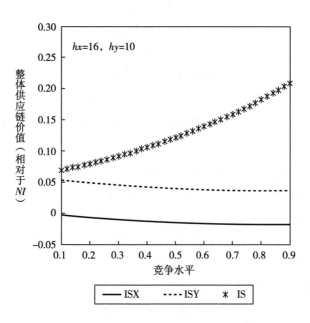

图 4 - 3 θ 变化对供应链价值影响（低绿色成本差异）

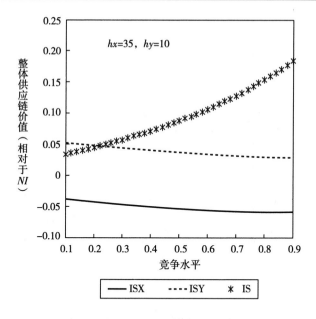

图 4 - 4　θ 变化对供应链价值影响（高绿色成本差异）

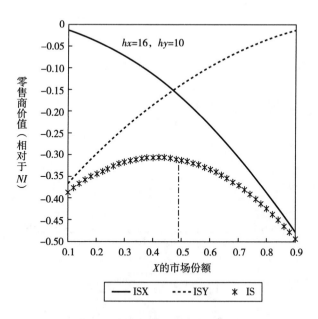

图 4 - 5　β 变化对零售商价值影响

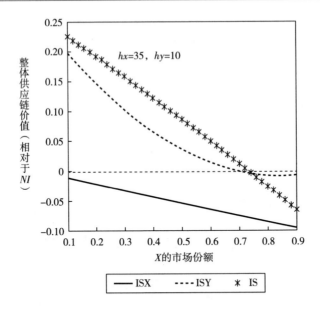

图 4-6　β 变化对供应链价值影响（高绿色成本差异）

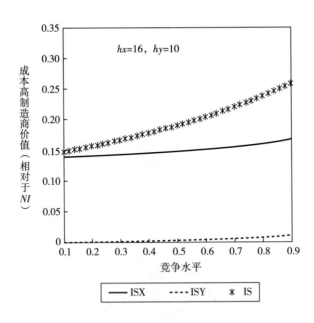

图 4-7　θ 变化对制造商 X 价值影响

第十节 本章小结

本章通过博弈论研究零售商预测信息的分享对由两个竞争型制造商和单一零售商构成的绿色供应链系统的影响，建立并求解四种信息分享模型，并采用比较研究和数值仿真的方法研究制造商竞争水平、市场份额以及绿色成本系数的大小对供应链各成员信息分享价值的影响。得出的主要结论有：

（1）信息分享可以增加两个制造商和供应链的利润，但会降低零售商利润。

（2）随着制造商之间横向竞争水平的提高，两个制造商从信息分享中获得的价值都会增大，零售商的价值会降低，双分享模式下供应链价值会升高，单分享模式下供应链价值会降低。

（3）单分享模式下两个制造商的价值均会随着直接分享制造商市场份额的增大而增大，零售商的价值随着直接分享制造商市场份额的增大而降低，供应链的价值随着高成本制造商份额的上升而下降。在双分享模式下，两制造商的价值会随着自身市场份额的增加而增加，供应链的价值随着绿色成本高的制造商的份额上升而下降。

（4）无论何种情况，两个制造商都最偏好于双分享模式，然后是单分享模式，最后是无信息分享模式。零售商最偏好于无分享模式，然后是单一分享模式，最后是双分享模式。整体供应链的模式偏好受到两个制造商绿色成本差异的影响。若差异较小，则供应链偏好为 IS＞ISY＞NI＞ISX；若差异较大，则竞争水平较低时为 ISY＞IS＞NI＞ISX，较高时为 IS＞ISY＞NI＞ISX。

第五章 存在异质消费者的竞争型 再制造供应链信息分享策略[①]

本章研究 OEM 预测信息的分享对同时存在普通消费者及绿色消费者的再制造供应链的影响。在推导消费者需求函数的基础上建立并求解集中模式、分散合作模式和分散竞争模式下信息无分享和信息分享的期望利润模型，从信息分享价值的角度分析供应链成员的模式偏好问题，并且深入探讨绿色消费者份额以及普通消费者对再制品支付意愿的大小对供应链利润的影响。

第一节 引 言

在上两章里，本书围绕产品绿色度对绿色供应链信息分享的价值进行详细阐述。在众多关于绿色度的定义中，是否实现材料的循环再利用、实现节能减排是一个重要的维度。因此，再制造供应链是绿色供应链的一种重要实现方式。

近年来，很多企业发现对废旧产品进行回收、再制造在提高社会绿色效应的同时也降低企业的生产成本。于是，一些有远见的企业如柯达、戴尔、卡特彼勒等公司从 20 世纪就开始关注废旧品回收再制造问题，甚至出现了像卡特彼勒、Lexmark 等专门从事再制造的公司独立再制造商（IR），他们在扩大再制造影响力的同时给原制造商（OEM）带来极大威胁。已有很多学者开始关注 OEM 和 IR 竞争的战略问题。Majumder 和 Groenevelt（2001）研究了在面临再制造商竞争时，制造商的定价与再制造策略。Ferrer 和 Swaminathan（2006）把以上策略扩展到了两周期、多周期以及无限周期内。Ferguson 和 Toktay（2006）分析制造商为

---

① 本章主要内容经修改后发表于《管理工程学报》2014 年第 28 卷第 4 期。

阻止再制造商进入所采取的市场策略。与竞争模式相比，合作模式由于在提升企业形象，增加销售渠道等方面显露出来更大的优势，被越来越多的再制造企业所青睐。如路虎公司与卡特彼勒公司的合作，卡特彼勒为路虎提供包括零部件在内的各类再制造产品，并由路虎将再制造产品销往市场（熊中楷等，2011）。也有一些学者开始对合作模式进行研究：熊中楷等（2011）首次研究了制造商作为再制造商经销商的合作模式，分析了在合作模式下消费者对再制造产品的接受度、生产成本对生产商盈利的影响。王凯等（2012）把以上研究进行了扩展，研究了考虑回收情况下两个周期内制造商与再制造商的合作模式。Chen－han（2012）研究了一个原制造商和一个再制造商构成的合作型供应链中原制造商产品设计模块化程度对供应链运作的影响，并在研究中考虑了回收量受到上周期所有产品销售量限制。Atasu（2008）从消费者效用角度推导了消费者的需求函数，并在此基础上重点分析了在合作模式下各供应链成员之间的价格竞争。

以上关于再制造供应链的研究存在以下两个共性问题：一是几乎所有研究均假设市场消费者是同质的，即所有消费者对新产品或者再制品的认知是一样的。要么假设所有消费者对两种产品的支付价格相同，要么假设所有消费者对再制品的效用低于新产品。事实上，随着国家对节能环保产品的倡导，很多"绿色消费者"应运而生，他们认为再制品含有更强的节能环保因素，故愿意支付与新产品一样或更高的价格，但仍有一些消费者认为再制品无论在功能、质量还是耐用度方面均与新产品存在一定差距，故支付意愿较低。即市场消费者存在异质性。现有文献同时考虑存在两类异质消费者的比较少。二是忽略了需求信息的不确定性对再制造供应链价格博弈的影响。事实上，随着信息技术及各类预测方法的发展，供应链成员可以对产品市场需求、消费者采购行为等信息进行预测并和其他成员分享。如前两章所述，消费者的异质性以及 OEM 和 IR 的竞争性将深刻地影响信息预测和分享的价值以及供应链成员的模式偏好。

基于此，本章充分考虑消费者之间的异质性，把消费者市场分为普通消费者和绿色消费者两类，在推导两类消费者需求函数的基础上研究再制造供应链成员之间的价格博弈问题。本章将详细分析需求信息预测和分享对各种模式的供应链运作过程中制定的零售价、需求量以及各方利润的影响。

第二节 模型的描述和假设

一、问题的描述

考虑单一原制造商和单一再制造商构成的二级供应链系统，原制造商负责新产品的生产和销售，再制造商负责废旧品回收和再制造。原制造商和再制造商之间有竞争与合作两种关系。本章假设市场存在两类消费者，这两类消费者均能对新产品和再制品进行有效的识别。一类为普通消费者，他们认为再制品是由废旧品加工而来，对再制品的支付意愿低于新产品。另一类为绿色消费者，他们考虑再制品中含有更多绿色因素（如能引起更多的社会节能环保），因而对再制品和新产品支付意愿相同。设前者份额为 $1-\beta$，后者为 β。新产品和再制品的零售价分别为 p_n 和 p_r。借鉴 Ferrer 和 Swaminathan（2006）、熊中楷等（2011）、王凯等（2012）的研究，假设市场潜在需求量为 a，普通消费者对新产品支付意愿为 θ，θ 均匀分布于 $[0, a]$，故 a 亦可理解为消费者对新产品的最高支付意愿。根据以上假设，普通消费者对再制品的支付意愿可表示为 $\rho\theta$，其中 ρ 为普通消费者对再制品的接受度，范围为（0，1）。由此可得，普通消费者购买新产品和再制品的实际效用函数分别为 $u_n = \theta - p_n$ 和 $u_r = \rho\theta - p_r$。$u_n \geq u_r$ 表示普通消费者更愿意购买新产品，$u_n \leq u_r$ 表示普通消费者更愿意购买再制品。对于绿色消费者而言，由于对于再制品和新产品支付意愿相同，故购买新产品和再制品的效用函数分别为 $u_n{}' = \theta - p_n$ 和 $u_r{}' = \theta - p_r$。$u_n{}' \geq u_r{}'$ 表示绿色消费者更愿意购买新产品，$u_n{}' \leq u_r{}'$ 表示绿色消费者更愿意购买再制品。根据 Ferrer 和 Swaminathan（2006）的计算原理和结果，普通消费者对新产品和再制品的需求，绿色消费者对新产品和再制品需求分别如下：

$$q_n = (1-\beta)a \int_{u_n > u_r > 0} f(\theta)d\theta = (1-\beta)\left(a - \frac{p_n - p_r}{1-\rho}\right)$$

$$q_r = (1-\beta)a \int_{u_r > u_n > 0} f(\theta)d\theta = (1-\beta)\left(\frac{\rho p_n - p_r}{\rho(1-\rho)}\right)$$

$$q_n{}' = \beta a \int_{u_n{}' > u_r{}' > 0} f(\theta)d\theta = 0$$

$$q_r' = \beta a \int_{u_r' > u_n' > 0} f(\theta)d\theta = \beta a \tag{5-1}$$

故新产品和再制品的总需求分别可表示为：

$$Q_n = (1 - \beta)\left(a - \frac{p_n - p_r}{1 - \rho}\right) \quad Q_r = (1 - \beta)\left[\frac{\rho p_n - p_r}{\rho(1 - \rho)}\right] + \beta a \tag{5-2}$$

二、信息结构

同第三章，信息预测下的市场需求潜在规模公式仍为：

$$E(a \mid f) = \frac{s}{v + s}a_0 + \frac{v}{v + s} \quad f = A, \quad E\left[(f - a_0)^2\right] = v + s \tag{5-3}$$

三、模型假设

本章用到如下假设：

（1）原制造商和再制造商进行 Stackelberg 主从博弈，其中再制造商为主导者，原制造商为追随者。该点可从以下得到佐证：第一，在美国再制造商不需经过原始设备原制造商的授权便可从事该品牌废旧产品的再制造，这为再制造商成为市场主导者创造有利条件。第二，全球最大的再制造商之一的卡特彼勒在与路虎的合作中已成为其再制造产品的全球首选供应商，资金实力非常雄厚。这说明再制造商有实力成为主导者（熊中楷等，2011）。

（2）原制造商对市场潜在需求的预测值 f 为原制造商的私有信息，拥有选择是否和再制造商进行信息共享的权利。除此以外，包括市场潜在需求均值 a_0 在内的所有信息均为两者共同知识。

（3）仅考虑普通消费者对新产品和再制品均有需求的情形而不考虑仅对一种产品有需求。即假设绿色消费者份额 β 在较小范围内变化而消费者支付意愿 ρ 的取值适中。这是因为绿色消费者过多会"哄抬"再制品价格，从而可能导致普通消费者丧失对再制品的需求，而消费者支付意愿过大会导致普通消费者失去对新产品的兴趣。

（4）原制造商和再制造商采用按单生产的方式，这意味着产品需求即产品销售量，原制造商和再制造商均无库存，仅考虑单周期下原制造商和再制造商的价格博弈及信息预测和分享策略。

第三节　集中决策模式

集中决策模型是指建立一个理想化的集权型的组织，原制造商和再制造商均为该组织的成员，它们以供应链的整体期望利润最大化为目标进行决策。可将该模型作为分散决策模型比较的基准。其运作结构如图 5 – 1 所示。

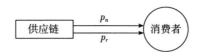

图 5 – 1　集中模式结构

假定供应链进行信息预测，给定需求预测信息为 f，供应链期望利润最大化目标为：

$$\max_{p_r,p_n} E\{\pi_{sIS}^{C}|f\} = E\left\{(p_n-c_n)(1-\beta)\left(A-\frac{p_n-p_r}{1-\rho}\right)+(p_r-c_r)\left[(1-\beta)\left(\frac{\rho p_n-p_r}{\rho(1-\rho)}\right)+\beta A\right]\right\} \quad (5-4)$$

命题 5 – 1：在集中模式进行信息预测情况下，两种产品最优零售价以及期望利润最优值分别为：

$$p_{nIS}^{C*}=\frac{\rho+(1-\rho)(1-\beta)}{2(1-\beta)}A+\frac{c_n}{2},\quad p_{rIS}^{C*}=\frac{\rho}{2(1-\beta)}A+\frac{c_r}{2}$$

$$E(\pi_{IS}^{C*})=\left[\frac{(1-\rho)(1-\beta)}{4}+\frac{\rho}{4(1-\beta)}\right]tv+\frac{1-\beta}{1-\rho}\left[\frac{(1-\rho)a_0-(c_n-c_r)}{2}\right]^2+\frac{1-\beta}{\rho}\left[\frac{\rho a_0-(1-\beta)c_r}{2(1-\beta)}\right] \quad (5-5)$$

证明：见本章附录。①

供应链不进行信息预测供应链期望利润最大化目标为：

① 命题 5 – 2 至命题 5 – 6 的证明过程与命题 5 – 1 类似，本章附录仅列出命题 5 – 1 的证明过程。

$$\max_{p_r, p_n} E\{\pi^{C}_{sNI}) = E\left\{(p_n - c_n)(1 - \beta)\left(a_0 - \frac{p_n - p_r}{1 - \rho}\right) + (p_r - c_r)\left[(1 - \beta)\right.\right.$$

$$\left.\left.\left(\frac{\rho p_n - p_r}{\rho(1 - \rho)}\right) + \beta a_0\right]\right\} \tag{5-6}$$

命题 5-2：在集中模式进行信息预测情况下，两种产品最优零售价以及期望利润最优值分别为：

$$p^{C*}_{nNI} = \frac{\rho + (1 - \rho)(1 - \beta)}{2(1 - \beta)}a_0 + \frac{c_n}{2}, \quad p^{C*}_{rNI} = \frac{\rho}{2(1 - \beta)}a_0 + \frac{c_r}{2},$$

$$E(\pi^{C*}_{NI}) = \frac{1 - \beta}{1 - \rho}\left[\frac{(1 - \rho)a_0 - (c_n - c_r)}{2}\right]^2 + \frac{1 - \beta}{\rho}\left[\frac{\rho a_0 - (1 - \beta)c_r}{2(1 - \beta)}\right]^2 \tag{5-7}$$

证明：略。

第四节　分 散 决 策 模 式

在分散决策模型中，原制造商和再制造商都是理性的独立决策者，他们分别按照期望利润最大化目标进行决策，又可分为合作和竞争两种模式。

一、合作模式

在该模式下，再制造商进行再制品的回收和再制造，然后选择与原制造商合作，以批发价 w 把再制品批发给原制造商，原制造商同时负责两种产品的销售。其结构如图 5-2 所示。

图 5-2　再制造商和原制造商合作模型

在决策过程中，再制造商为 Stackelberg 主导者，首先确定再制品的批发价；原制造商为追随者，根据再制造商的价格决策制定最优新产品和再制品售价。分为无信息分享和信息分享两种情况。

1. 无信息分享模式

给定原制商的需求预测信息为 f，且不与再制造商分享该信息时，原制造商和再制造商期望利润最大化目标分别为：

$$\max_{p_r, p_n} E(\pi_{rmNI}^{MH} \mid f) = E\left\{ (p_n - c_n)(1 - \beta)\left(A - \frac{p_n - p_r}{1 - \rho}\right) + (p_r - w)\left[(1 - \beta) \right.\right.$$
$$\left.\left. \left(\frac{\rho p_n - p_r}{\rho(1 - \rho)}\right) + \beta A \right] \right\} \tag{5-8}$$

$$\max_{w} E(\pi_{rmNI}^{MH}) = E\left[(w - c_r)Q_r\right] = E\left\{ (w - c_r)\left[\frac{(1 - \beta)(\rho p_n - p_r)}{\rho(1 - \rho)} + \beta a_0\right] \right\} \tag{5-9}$$

命题 5-3：在合作模式且原制造商不分享预测信息时，最优再制品批发价、零售价及最优原制造商、再制造商无条件期望利润表达式为：

$$W_{NI}^{MH*} = \frac{\rho c_n + c_r}{2} + \frac{\beta \rho (1 - \rho)\alpha_0}{2(1 - \beta)}$$

$$p_{nNI}^{MH*} = \frac{[1 - \beta + \rho\beta]A}{2(1 - \beta)} + \frac{c_n}{2}, \quad p_{rNI}^{MH*} = \frac{2\rho A + \beta \rho(1 - \rho)a_0}{4(1 - \beta)} + \frac{\rho c_n + c_r}{4}$$

$$E(\pi_{rmNI}^{MH*}) = \frac{(1 - \beta)}{2\rho(1 - \rho)}\left[\frac{\rho c_n - c_r}{2} + \frac{\rho(1 - \rho)\beta\alpha_0}{2(1 - \beta)}\right]^2,$$

$$E(\pi_{mNI}^{MH*}) = \left[\frac{(1 - \beta)(1 - \rho)}{4} + \frac{\rho}{4(1 - \beta)}\right]tv + M_1 \tag{5-10}$$

其中，

$$M_1 = \frac{(1 - \beta)}{(1 - \rho)}\left\{\frac{[(1 - \rho)(1 - \beta) + \rho(1 - \rho)\beta]a_0}{4(1 - \beta)} - \frac{(2 - \rho)c_n - c_r}{4}\right\}^2 +$$
$$\frac{(1 - \beta)}{\rho}\left[\frac{(2\rho - \rho(1 - \rho)\beta)a_0}{4(1 - \beta)} - \frac{\rho c_n - c_r}{4}\right]^2$$

证明：略。

2. 信息分享模式

在信息分享情况下，原制造商决策目标与无信息模式时相同。再制造商的利润决策目标为：

$$\max_{w} E(\pi_{rmIS}^{MH} \mid f) = E((w - c_r)Q_r \mid f) = E\left\{ (w - c_r)\left[\frac{(1 - \beta)(\rho p_n - p_r)}{\rho(1 - \rho)} + \beta A\right] \right\} \tag{5-11}$$

命题 5-4：在合作模式且原制造商分享预测信息时，最优再制品批发价、零售价及最优原制造商、再制造商无条件期望利润表达式为：

$$W_{IS}^{MH*} = \frac{\rho c_n + c_r}{2} + \frac{\beta \rho (1 - \rho) A}{2(1 - \beta)}$$

$$p_{nIS}^{MH*} = \frac{(1 - \beta + \rho \beta) A}{2(1 - \beta)} + \frac{c_n}{2}, \quad p_{rIS}^{MH*} = \frac{[2\rho + \beta \rho (1 - \rho)] A}{4(1 - \beta)} + \frac{\rho c_n + c_r}{4}$$

$$E(\pi_{rmIS}^{MH*}) = \frac{\rho (1 - \rho) \beta^2}{8(1 - \beta)} tv + \frac{(1 - \beta)}{2\rho (1 - \rho)} \left[\frac{\rho c_n - c_r}{2} + \frac{\rho (1 - \rho) \beta \alpha_0}{2(1 - \beta)} \right]^2$$

$$E(\pi_{mIS}^{MH*}) = \left[\frac{(1 - \rho)(2 - 2\beta + \beta \rho)^2 + \rho (2 - \beta + \beta \rho)^2}{16(1 - \beta)} \right] tv + M_1 \qquad (5 - 12)$$

证明：略。

二、竞争模式

在该模式下，原制造商进行新产品的生产和销售，再制造商进行废旧品的回收、再制造和销售，两者在市场上进行价格竞争。其结构如图 5 – 3 所示。

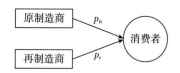

图 5 – 3   再制造商和原制造商竞争模型

再制造商为 Stackelberg 主导者，先确定再制品的零售价；原制造商为追随者，根据再制品的价格制定新产品的零售价。仍然分无信息分享和信息分享两种情况。

1. 无信息分享模式

给定原制造商的需求预测信息为 f，原制造商和再制造商期望利润最大化目标为：

$$\max_{p_n} E(\pi_{mNI}^{MJ} | f) = E\left[(p_n - c_n)(1 - \beta)\left(a - \frac{p_n - p_r}{1 - \rho} \right) | f \right]$$

$$= E\left[(p_n - c_n)(1 - \beta)\left(A - \frac{p_n - p_r}{1 - \rho} \right) \right] \qquad (5 - 13)$$

$$\max_{p_r} E(\pi_{rmNI}^{MJ}) = E\left[(p_r - c_r) Q_r \right] = E\left\{ (p_r - c_r)\left[\frac{(1 - \beta)(\rho p_n - p_r)}{\rho (1 - \rho)} + \beta a_0 \right] \right\}$$

$$(5 - 14)$$

命题 5-5： 在竞争模式且原制造商不分享预测信息时，最优新产品、再制品零售价及最优原制造商、再制造商无条件期望利润表达式为：

$$p_{nNI}^{MJ*} = \frac{c_r}{4} + \frac{(4-\rho)c_n}{4(2-\rho)} + \frac{\rho(1-\rho)(1+\beta)a_0}{4(2-\rho)(1-\beta)} + \frac{(1-\rho)A}{2}$$

$$p_{rNI}^{MJ*} = \frac{c_r}{2} + \frac{\rho c_n}{2(2-\rho)} + \frac{\rho(1-\rho)(1+\beta)a_0}{2(2-\rho)(1-\beta)}$$

$$E(\pi_{rmNI}^{MJ*}) = \frac{(1-\beta)(2-\rho)}{2\rho(1-\rho)}\left[\frac{\rho c_n - (2-\rho)c_r}{2(2-\rho)} + \frac{\rho(1-\rho)(1+\beta)a_0}{2(1-\beta)(2-\rho)}\right]^2$$

$$E(\pi_{mNI}^{MJ*}) = \left[\frac{(1-\beta)(1-\rho)}{4}\right]tv + M_2 \qquad (5-15)$$

其中，

$$M_2 = \frac{(1-\beta)}{(1-\rho)}\left\{\left[\frac{\rho(1-\rho)(1+\beta)}{4(2-\rho)(1-\beta)} + \frac{1-\rho}{2}\right]a_0 - \frac{(4-3\rho)}{4(2-\rho)}c_n + \frac{c_r}{4}\right\}^2$$

证明： 略。

2. 信息分享模式

在信息分享情况下，原制造商决策与无信息模式时相同，仍为式（3-13）。再制造商的利润决策目标变为：

$$\max_{p_r} E(\pi_{rmIS}^{MJ} \mid f) = E\left[(p_r - c_r)Q_r \mid f\right] = E\left\{(p_r - c_r)\left[\frac{(1-\beta)(\rho p_n - p_r)}{\rho(1-\rho)} + \beta A\right]\right\}$$

$$(5-16)$$

命题 5-6： 在竞争模式且原制造商分享预测信息时，最优新产品、再制品零售价及最优原制造商、再制造商无条件期望利润表达式为：

$$p_{nIS}^{MJ*} = \frac{c_r}{4} + \frac{(4-\rho)c_n}{4(2-\rho)} + \left[\frac{\rho(1-\rho)(1+\beta)}{4(2-\rho)(1-\beta)} + \frac{(1-\rho)}{2}\right]A$$

$$p_{rIS}^{MJ*} = \frac{c_r}{2} + \frac{\rho c_n}{2(2-\rho)} + \frac{\rho(1-\rho)(1+\beta)A}{2(2-\rho)(1-\beta)}$$

$$E(\pi_{rmIS}^{MJ*}) = \frac{\rho(1-\rho)(1+\beta)^2}{8(1-\beta)(2-\rho)}tv + \frac{(1-\beta)(2-\rho)}{2\rho(1-\rho)}$$

$$\left[\frac{\rho c_n - (2-\rho)c_r}{2(2-\rho)} + \frac{\rho(1-\rho)(1+\beta)a_0}{2(1-\beta)(2-\rho)}\right]^2$$

$$E(\pi_{mIS}^{MJ*}) = \left\{\frac{(1-\rho)\left[\rho(1+\beta)+2(2-\rho)(1-\beta)\right]^2}{16(1-\beta)(2-\rho)^2}\right\}tv + M_2 \qquad (5-17)$$

证明： 略。

第五节　模型均衡价格分析

结论 5 – 1：在集中模式下：当 $f > a_0$ 时，有 $p_{nIS}^{C*} > p_n^{C*}$，$p_{rIS}^{C*} > p_r^{C*}$；否则有 $p_{nIS}^{C*} < p_n^{C*}$，$p_{rIS}^{C*} < p_r^{C*}$。

证明：比较预测和不预测两种情况下新产品、再制品零售价，得到：

$$p_{nIS}^{C*} - p_{nNI}^{C*} = \frac{\left[\rho + (1-\rho)(1-\beta)\right]t(f-a_0)}{2(1-\beta)}, \quad p_{rIS}^{C*} - p_{rNI}^{C*} = \frac{\rho t(f-a_0)}{2(1-\beta)} \qquad (5-18)$$

该结论表明，在集中决策下，若供应链对市场潜在规模预测比较乐观（大于潜在市场规模均值），信息预测将使供应链制定更高的新产品零售价以及再制品零售价。当预测比较悲观时，供应链将制定较低的零售价提高新产品和再制品零售价，这将提升再制品需求，增强社会绿色效应。

结论 5 – 2：在分散决策下：当 $f > a_0$ 时，有 $p_{nIS}^{MH*} = p_{nNI}^{MH*}$，$p_{rIS}^{MH*} > p_{rNI}^{MH*}$，$p_{nIS}^{MJ*} > p_{nNI}^{MJ*}$，$p_{rIS}^{MJ*} > p_{rNI}^{MJ*}$；否则有 $p_{nIS}^{MH*} = p_{nNI}^{MH*}$，$p_{rIS}^{MH*} < p_{rNI}^{MH*}$，$p_{nIS}^{MJ*} < p_{nNI}^{MJ*}$，$p_{rIS}^{MJ*} < p_{rNI}^{MJ*}$。

证明：由式（5 – 10）和式（5 – 12）可得：

$$p_{nIS}^{MH*} - p_{nNI}^{MH*} = 0, \quad p_{rIS}^{MH*} - p_{rNI}^{MH*} = \frac{\rho(1-\rho)\beta t(f-a_0)}{4(1-\beta)} \qquad (5-19)$$

由式（5 – 15）和式（5 – 17）可得：

$$p_{nIS}^{MJ*} - p_{nNI}^{MJ*} = \frac{\rho(1-\rho)(1+\beta)t(f-a_0)}{4(2-\rho)(1-\beta)}$$

$$p_{rIS}^{MJ*} - p_{rNI}^{MJ*} = \frac{\rho(1-\rho)(1+\beta)t(f-a_0)}{2(2-\rho)(1-\beta)}$$

该结论表明：

（1）在合作模式下，原制造商对市场潜在规模预测比较乐观时，信息分享将提高再制品零售价，但不会对新产品零售价产生影响。这说明双方合作时新产品决策完全决定于原制造商，而跟是否与再制造商分享信息无关。再制品决策由两者共同决定，当预测较乐观时，信息分享将使再制造商制定更高的批发价以获取更高的利润，从而提升再制品零售价。反之亦然。

（2）在竞争模式下，若原制造商对市场潜在规模预测值大于潜在市场规模均值，信息分享将同时抬高新产品零售价和再制品零售价。这是因为两种产品的决策均由原制造商和再制造商共同制定。

第六节　信息分享的价值分析

由以上求解可以看到，原制造商信息分享前后供应链上下游企业以及供应链整体期望利润是不同的，期望利润的增量即为信息分享的价值。以下主要分析分散决策中信息分享的价值。

结论 5 - 3：在合作模式下：

（1）信息分享对原制造商的价值为负。

（2）信息分享对再制造商的价值为正。

（3）信息分享对供应链的价值为负。

证明：由式（5 - 10）和式（5 - 12）可得：

$$V_m^{MH} = E(\pi_{mIS}^{MH*}) - E(\pi_{mNI}^{MH*}) = \frac{-3\rho(1-\rho)\beta^2 tv}{16(1-\beta)} < 0$$

$$V_{rm}^{MH} = E(\pi_{rmIS}^{MH*}) - E(\pi_{rmNI}^{MH*}) = \frac{\rho(1-\rho)\beta^2}{8(1-\beta)} tv > 0$$

$$V_s^{MH} = V_m^{MH} + V_{rm}^{MH} = -\frac{\rho(1-\rho)\beta^2}{16(1-\beta)} tv < 0 \tag{5-20}$$

该结论表明，在合作模式下，原制造商信息分享将损失自身一部分收益，同时会提高再制造商利润，而供应链整体利润将下降。这是因为作为供应链主导者，再制造商可以利用原制造商预测的信息制定出对自己更有利的再制品批发价，从而获取更多的利润。而原制造商作为追随者，在供应链中处于劣势地位，讨价还价能力有限，尽管将随之调整再制品的零售价，但这毕竟只是追随者一种被动反应，其利润必然会被再制造商"攫取"。对供应链整体而言，由于新产品零售价没有随着信息分享而同步调整，可能会造成整体供应链"双重边际效应"的加剧，使信息分享对整个供应链价值为负，表现为再制造商从信息分享中获取的收益不能完全抵消原制造商的损失，原制造商和供应链均没有动力进行信息分享。因而，在某些环境下，信息分享会降低供应链整体利润。

结论 5 - 4：在竞争模式下：

（1）信息分享对原制造商的价值为正。

（2）信息分享对再制造商的价值为正。

（3）信息分享对供应链的价值为正。

证明：由式（5-15）和式（5-17）可得：

$$V_m^{MJ} = E(\pi_{mIS}^{MJ*}) - E(\pi_{mNI}^{MJ*}) = \frac{\rho(1-\rho)(1+\beta)[4(1-\beta)(2-\rho)+\rho(1+\beta)]tv}{16(1-\beta)(2-\rho)^2} > 0$$

$$V_{rm}^{MJ} = E(\pi_{rmIS}^{MJ*}) - E(\pi_{rmNI}^{MJ*}) = \frac{\rho(1-\rho)(1+\beta)^2}{8(1-\beta)(2-\rho)}tv > 0$$

$$V_s^{MJ} = V_m^{MJ} + V_{rm}^{MJ} = \frac{\rho(1-\rho)(1+\beta)[4(1-\beta)(2-\rho)+(4-\rho)(1+\beta)]}{16(1-\beta)(2-\rho)^2}tv > 0$$

$$(5-21)$$

该结论表明，在竞争模式下，原制造商信息分享成为"双赢策略"。因为首先再制造商可以利用原制造商预测的信息制定出对自己更有利的再制品零售价以获取更多利润。而原制造商作为博弈的追随者，尽管在供应链中处于劣势地位，但在竞争模式下，再制品零售价并不直接影响原制造商的单位成本，且原制造商作为新产品的独立决策者，其议价能力较合作模式有较大提高，能根据再制品价格制定合理的新产品价格，从而提升自身收益。因此，在竞争模式下，原制造商有足够的动力与再制造商分享信息。

结论 5-5：比较各种决策模式下的信息分享价值，有：

（1）$V_m^{MJ} > V_m^{MH}$。

（2）$V_{rm}^{MJ} > V_{rm}^{MH}$。

（3）$V_s^{MJ} > V_s^{MH}$。

证明：由结论 5-3 和结论 5-4 证明过程可知 $V_m^{MJ} > 0$，$V_s^{MJ} > 0$，$V_m^{MH} < 0$，$V_s^{MH} < 0$，故直接得出（1）和（3）。对于（2），有：

$$V_{rm}^{MJ} - V_{rm}^{MH} = \frac{1+2\beta(1-\beta)+\rho\beta^2}{8(1-\beta)(2-\rho)} > 0 \qquad (5-22)$$

该结论表明，从信息分享中所获得价值大小的角度来讲，无论是原制造商、再制造商还是整体供应链均更偏好于竞争模式。尽管合作模式在增加销售渠道、提升供应链整体利润以及提高社会绿色效应等诸多方面存在优势，但竞争有利于把供应链需求预测信息的价值最大化。

第七节　数值仿真

本部分通过数值仿真研究绿色消费者市场份额 β，消费者再制品支付意愿折扣 ρ 等参数的变化对产品售价、需求量以及各方实际利润的影响。由于信息共享和无信息共享下所得结论类似，故只给出信息分享下的仿真结果。其他主要参数设定如下：$a_0 = 200$，$c_r = 8$，$c_n = 55$，$t = 0.6$，$v = 6$，$f = 190$。

由于竞争模式在信息分享方面具有较合作模式更高的效率，故首先单独研究竞争模型。分别取 ρ = 0.5（支付意愿较低）和 ρ = 0.9（支付意愿较高）两种情况。由假设 5 - 3 中的价格约束得到 β 的取值范围分别为 [0, 0.398] 和 [0, 0.625]。让 β 在可取值的范围内变化，观察零售价和需求量的变化情况。得到图 5 - 4 至图 5 - 6：

由图 5 - 4 可以看出，新产品和再制品售价都是 β 的凸函数，即随着 β 的增大，再制品和新产品的售价均会上升，上升速度随着 β 的增大而加快，并且再制品价格的上升速度快于新产品。这是因为绿色消费者群体的增大会提升他们对再制品的需求，再制造商将有空间提升再制品售价来获取更大的利润。当再制造商和原制造商进行价格竞争时，原制造商作为追随者也可以抬高新产品售价来分享一部分利润。由图 5 - 5 和图 5 - 6 可以看出，当普通消费者支付意愿较低（ρ = 0.5）时，随着绿色消费者份额的增加，它们对再制品需求的增加大于普通消费者减少引起的再制品需求量的减少，因而再制品需求曲线上升。新产品需求随着普通消费者的减少而减少。当 ρ 较高（ρ = 0.9）时结论正好相反，因为此时普通消费者对再制品的接受度类似于绿色消费者，随着 β 的上升，普通消费者人数下降，对再制品消费需求降低明显，因而再制品总需求也随之降低。另外从图5 - 4 可见，β 的上升使再制品价格快速上升，加剧新产品对再制品的挤兑效应，故新产品需求反而上升。

然后研究 β 变化对不同决策模式下原制造商、再制造商及供应链利润的影响以及各方偏好。固定参数 ρ = 0.7，得到 β 的取值范围为 [0, 0.458]。用 Matlab 作图得图 5 - 7 至图 5 - 9。

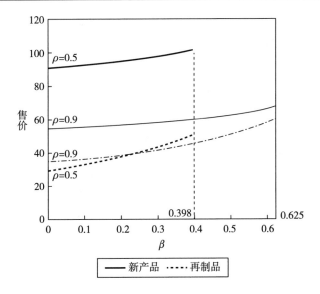

图5-4 β变化对销售价格的影响（ρ=0.5 和 ρ=0.9）

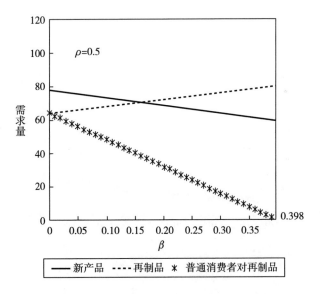

图5-5 β变化对产品需求的影响（ρ=0.5）

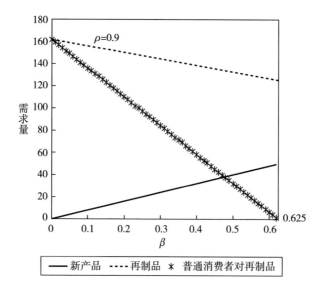

图 5-6 β 变化对产品需求的影响 (ρ=0.9)

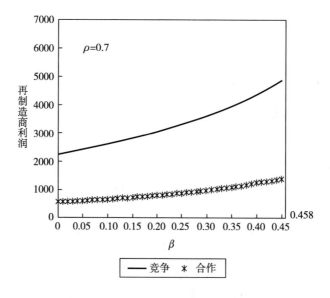

图 5-7 β 变化对再制造商利润的影响

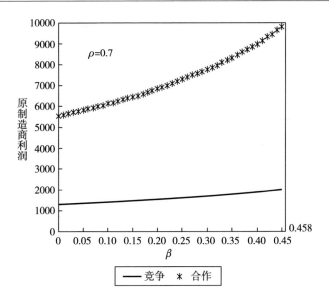

图 5-8　β 变化对原制造商利润的影响

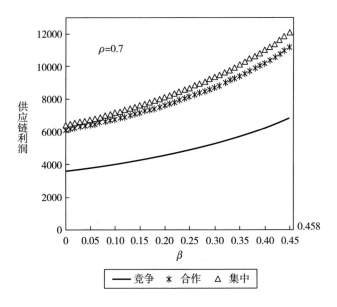

图 5-9　β 变化对供应链利润的影响

由图 5-7 至图 5-9 可以看出无论在竞争模式下还是在合作模式下，原制造商、再制造商以及供应链总利润均随着绿色消费者份额的增大而上升。这说明供应链各方均有动力增加绿色宣传投入以扩大市场上绿色消费者的份额。从图5-9可以看出，对于供应链整体而言，集中模式下的利润总额要大于两种分散决策模式，并且随着绿色消费者的增加集中模式的优势更加明显。这说明绿色消费者的增加会加剧供应链双重边际效应导致的效率损失。从这三张图中可以明显地看出供应链各方对不同决策模式的偏好：原制造商偏好于合作模式；再制造商偏好于竞争模式；供应链整体最偏好于集中决策模式，其次是合作模式，最后是竞争模式。

最后设定 β=0.3，研究普通消费者支付意愿 ρ 变化对竞争模式下原制造商、再制造商利润及供应链利润的影响。首先由假设 3 解得 ρ 的变化范围为 [0.1871，0.9241]。结果如图 5-10 所示。可见，随着普通消费者对再制品的支付意愿加大，再制造商利润一直上升，而原制造商的利润不断下降直至为 0，而供应链总利润会出现两个拐点，呈现出先上升后下降再上升的趋势。原因在于普通消费者对绿色产品偏好的增加会推高再制品售价和销量，并抑制新产品需求，使再制造商利润上升，原制造商利润下降。

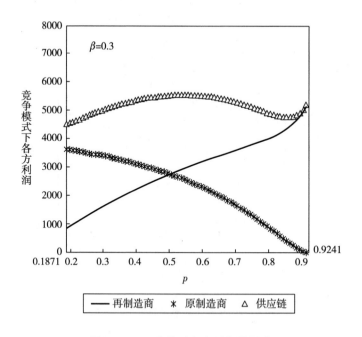

图 5-10 ρ 变化对各方利润的影响

第八节　本章小结

本章通过博弈论研究原制造商预测信息的分享对价格博弈下的再制造供应链影响，假设市场同时存在普通消费者和绿色消费者，两者对再制品的支付意愿不同。建立并求解集中模式、分散合作模式和分散竞争模式下无信息分享和信息分享的期望利润模型，并用比较分析和数值仿真的方法对结果进行分析。研究得出的主要结论有：

（1）从经济效益角度讲，合作模式下信息分享对原制造商和供应链是不利的，对再制造商有利；竞争模式下信息分享对原制造商、再制造商、供应链均有利。

（2）分散模式下信息分享前后新产品零售价、再制品零售价取决于原制造商对市场潜在需求预测值的高低。

（3）当普通消费者支付意愿较小时，随着绿色消费者市场份额的增大，再制品需求上升，新产品需求下降；当支付意愿较大时结论相反。

（4）无论哪种决策模式，原制造商、再制造商以及供应链的利润均随着绿色消费者份额的增大而上升；原制造商比较偏好合作模式；再制造商比较偏好竞争模式；供应链最偏好集中决策模式，其次是合作模式，最次是竞争模式。

（5）在绿色消费者份额一定的情况下，随着普通消费者对再制品的支付意愿加大，再制造商利润一直上升，而原制造商的利润单边下降，供应链总利润先上升后下降再上升。

本章附录：

命题 5 - 1 的证明：

式（5 - 4）分别对 p_n 和 p_r 求导，令一阶导数为 0，得驻点方程组：

$$\begin{cases} 2(p_n - p_r) = (1 - \rho)A + (c_n - c_r) \\ 2(\rho p_n - p_r) = (\rho c_n - c_r) - \dfrac{\rho(1-\rho)\beta A}{1-\beta} \end{cases}$$

求解驻点方程组，得到最优零售价为：

$$p_{nIS}^{c*} = \frac{\rho + (1-\rho)(1-\beta)}{2(1-\beta)}A + \frac{c_n}{2}, \quad p_{rIS}^{c*} = \frac{\rho}{2(1-\beta)}A + \frac{c_r}{2}$$

此时，式（5－4）的海塞矩阵为：$H = \begin{bmatrix} \dfrac{-2(1-\beta)}{1-\rho} & \dfrac{2(1-\beta)}{1-\rho} \\ \dfrac{2(1-\beta)}{1-\rho} & \dfrac{-2(1-\beta)}{\rho(1-\rho)} \end{bmatrix}$，

$|H| > 0$，故海塞矩阵负定，式（5－4）有唯一极大值。把均衡零售价代入式（5－4）并化简，得到：

$$E(\pi_{IS}^{C*}) = E\left\{ \frac{(1-\beta)}{1-\rho}\left[(p_n - c_n)^2 - 2(p_n - c_n)(p_r - c_r) + \frac{(p_r - c_r)^2}{\rho} \right] \right\}$$

$$= E\left\{ \left(\frac{1-\beta}{1-\rho}\right)\left[\frac{(1-\rho)A - (c_n - c_r)}{2} \right]^2 + \left(\frac{1-\beta}{\rho}\right)\left[\frac{\rho A - (1-\beta)c_r}{2(1-\beta)} \right]^2 \right\}$$

又由式（5－3）可得：

$$E(A) = E[a_0 - t(a_0 - f)] = a_0, \quad E(A^2) = E\{[a_0 - t(a_0 - f)]^2\}$$

$$= a_0^2 + (v+s)t^2 = a_0^2 + (v+s)tv/(v+s) = a_0^2 + tv$$

代入供应链期望利润表达式，得到：

$$E(\pi_{IS}^{C*}) = \left[\frac{(1-\rho)^2}{4}\frac{1-\beta}{1-\rho} + \frac{\rho^2}{4(1-\beta)^2}\frac{1-\beta}{\rho} \right]tv + \frac{1-\beta}{1-\rho}\left[\frac{(1-\rho)a_0 - (c_n - c_r)}{2} \right]^2 +$$

$$\frac{1-\beta}{\rho}\left[\frac{\rho a_0 - (1-\beta)c_r}{2(1-\beta)} \right]^2 = \left[\frac{(1-\rho)(1-\beta)}{4} + \frac{\rho}{4(1-\beta)} \right]tv +$$

$$\frac{1-\beta}{1-\rho}\left[\frac{(1-\rho)a_0 - (c_n - c_r)}{2} \right]^2 + \frac{1-\beta}{\rho}\left[\frac{\rho a_0 - (1-\beta)c_r}{2(1-\beta)} \right]^2$$

第三篇

扩展的再制造供应链专利授权经营策略

随着社会对环境保护的呼声日益高涨以及生产责任延伸制相关法律的完善，对废旧产品进行回收再制造势在必行。2010 年发改环资〔2010〕991 号《关于推进再制造产业发展的意见》指出，相对于新产品，再制造产品可以节能 60%、节省材料 70%、节约成本 50%，并大大降低固体废物的排放，而大气污染物的排放量可以降低 80% 以上。可见，再制造既有利于社会环保，也有利于企业提高经济效益（易余胤和阳小栋，2014）。在 2009 年底，工信部印发的机电产品再制造单位试点名单以及 2010 年的《关于推进再制造产业发展的意见》中，将工程机械再制造纳入鼓励的范围。2011 年 9 月 14 日，国家发改委办公厅发布《关于深化再制造试点工作的通知》，通知表示将扩大再制造产品种类和试点范围，并且将加大政策支持力度，加快编制《再制造产品目录》。除我国外，世界其他国家也相继出台了多部鼓励再制造产业发展的法律政策，再制造行业越来越受到人们的关注。

鉴于再制造广阔的发展前景，一些有远见的企业如柯达、惠普、佳能等从 20 世纪就开始尝试废弃品回收再利用，如今已形成一定的规模效应。再制造供应链也引起了学术界的广泛关注。如张建军（2009）、葛静燕（2008）、Savaska 等（2004，2006）、王文宾和达庆利（2008）、易余胤（2009）采用博弈论中的委托代理理论，分别从价格博弈、回收渠道、政府奖惩、渠道领导力量等角度对闭环供应链展开详细研究。近两年，出于品牌（再制品投放市场后不可避免会给新产品带来竞争威胁）或成本方面的考虑，许多原产品制造商并不愿意进行废旧产品的回收和再制造。这就给诸如循环辅助、Lexmark 等独立回收再制造商带来发展机会。同时出于环保立法或企业声誉的考虑，原制造商并不能阻止其他厂商进行旧产品的回收再制造。根据知识产权法可知，专利权受到法律的保护，具有排他性。于是，设置一定的"专利"堡垒，向独立再制造商收取专利许可费成为许多原制造企业应对第三方再制造商的竞争，提高经济收益的重要手段。例如，2004年佳能公司就以循环辅助，公司进口、销售再生墨盒侵犯其专利为由提起诉讼，历时43个月，经过三审，最终以佳能公司胜诉而告终，这凸显出知识产权在再制造业中的重要性。与此类似的还有发生在美国制造业的刨床案、罐头加工机案等。由此可见，发生在再制造领域的专利纠纷事件和新产品专利纠纷一样，越来越受到企业和法律界的重视。对再制造供应链专利授权经营策略的研究具有重大意义。

关于专利许可的相关研究，已经取得较多成果。例如，Rostoker（1984）对专利许可方式开展了实证研究，指出企业关于专利许可模式中采用可变许可费率和固定许可费率的比例；Wang（2002）比较在差异化双寡头库诺德市场结构下，企业专利许可费率和固定费率两种模式的优劣。苏平等（2010）通过博弈理论，建立了竞争环境下双寡头市场中的厂商关于研发投资和专利许可的模型，比较了固定专利许可费模式和按产量提成的专利许可费模式的差异，得出随机需求下两种费率的决策临界值。

关于再制造领域的专利经营模型也已取得了一定的成果。彭志强等（2010）研究了单位许可费率模式下，再制造闭环供应链的决策优化问题，得出作为专利所有者的原始制造商的最佳专利授权许可费以及该情形下的最优利润；申成然等（2011）对专利保护下的经销商再制造闭环供应链进行研究。基于再制造产品提成许可策略分别构建集中决策和分散决策模型，通过分析得到两种情况下的均衡解，最后利用收入费用共享契约实现了对闭环供应链的协调；同样，熊中楷等（2011）等利用博弈论，建立单位专利许可费保护下再制造闭环供应链的集中决策和分散决策模型，探讨单位专利许可费模式对废旧产品回收的影响，并通过求解得到该情形下的最优决策结果。熊中楷等（2013）在细分绿色消费者和普通消费者的基础上，研究OEM生产新产品和再制造商生产再制造品时，OEM征收再制造专利许可费对OEM与IR决策和利润的影响，通过数值分析研究绿色市场份额大小和普通消费者对再制造品的接受度对最优专利许可费和企业利润的影响。易余胤等（2014）在消费者需求异质的市场中，构建不同专利许可模式下再制造商负责回收废旧品再制造的闭环供应链模型—固定专利许可费模型和单位产品专利许可费模型。通过分析两种闭环供应链模型，得出不同专利许可模式下闭环供应链各决策变量的均衡解和最优利润。

以上对再制造专利授权经营模式的研究都只涉及最简单的供应链结构（大多数是两个节点企业），也没有详细研究制造商的特殊心理特征对该策略的影响。本篇在前人研究的基础上进一步对再制造供应链专利授权经营模式进行扩展，分别研究多个供应链节点企业，制造商风险规避、公平关切等心理特征下再制造供应链的专利授权经营策略和协调机制将会产生什么样的变化。本篇包含第六章至第八章内容。

第六章　考虑专利许可费的三级闭环供应链协作机制①

本章研究一个原制造商、两个零售商和两个回收制造商共 5 个节点构成的专利授权型三级再制造闭环供应链，由零售商负责回收再制造，OEM 向两个零售商授权专利许可费。研究再制造率和再制造节约成本对单位专利许可费以及其他供应链效率的影响，对集中决策模式和分散集中模式进行比较。最后设计有效的利益协调机制，把模型结果与三节点的专利授权经营模型进行比较。

第一节　引　言

在激烈的全球化市场竞争的环境下，资源危机和环境污染问题越来越突出。随着环保方面的立法越来越严格，很多企业开始承担产品回收的任务并进行再制造，以实现经济效益和环境效益的"双赢"。然而，出于品牌或成本方面的考虑，许多原产品制造商并不愿意进行废旧产品的回收和再制造。于是，独立再制造商开始出现，随之而来的是发生在再制造领域的专利纠纷以及学术界对再制造供应链专利授权经营模式的关注。以往对再制造专利的研究大多从法学角度来进行。张铜铸和储江伟（2010）从知识产权保护的角度研究了汽车产品再制造中各方的利益冲突。包海波（2004）、Reiko 和 Tauman（2001）均从专利法的角度分析了再制造过程中遇到的细节问题。现有从管理学和博弈论角度对专利保护的研究一般都集中在专利许可方式的方面，并且只针对新产品或新技术。Wang（2002）研究了在专利人作为市场领导者的情况下如何实现受专利保护的厂商利

---

①　本章主要内容经修改后发表于《工业工程》2013 年第 17 卷第 4 期。

润最大化问题。熊中楷等（2011）建立在专利保护下的再制造闭环供应链模型，并实现供应链的协作。然而，以上研究仅考虑一个零售商、一个回收商以及一个原制造商组成的最简单模型。

基于采用专利许可形式进行再制造生产的企业越来越多的现实，本章研究原制造商担任 Stackelberg 领导者，由原制造商、两个零售商和两个回收制造商共 5 个节点构成的三级再制造闭环供应链，分析在集中决策模式和分散决策模式下供应链运作效率的差异，并且提出一种改进的收益费用分担协调机制实现供应链整体利润的最大化，希望对研究更现实的闭环供应链提供理论基础。

第二节　模型描述

本章考虑一个原制造商、两个零售商和两个回收制造商构成的三级专利授权型再制造闭环供应链系统。描述供应链运作流程与熊中楷等（2011）类似，与此不同的是，本章假设存在两个回收制造商，并且两者在回收市场存在竞争。零售商同时负责新产品和再制品的销售。本章也假设存在两个零售商，并且两者之间存在价格竞争。再制造供应链的流程如图 6 - 1 所示：

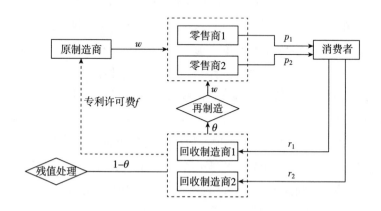

图 6 - 1　专利授权型再制造闭环供应链运作流程

本章用到的一些主要符号和基本假设说明如下：

p_1，p_2：零售商 1 和零售商 2 制定的新产品和再制造品的零售价，为零售商的决策变量。

r_1，r_2：回收再制造商 1 和回收再制造商 2 支付给消费者的废旧产品回收价，为回收再制造商的决策变量。

w：原制造商制造的新产品和再制造品的批发价，为原制造商的决策变量。

f：原制造商向回收制造商收取的单位产品再制造专利费，为原制造商的决策变量。

c_m：原制造商用新原材料生产新产品的单位成本，为常量。

c_r：回收商进行再制造的单位成本，包括运输、拆卸、检测、再制造中发生的成本，为常量。一般来说，有 $c_m < c_r$，设 $\sigma = c_m - c_r$，为再制造单位节约成本。

θ：回收再制造商进行再制造的比率，为常量。

s：不能进行再制造的单位残值，为常量。

D_1，D_2：零售商 1 和零售商 2 的销售量。设两个零售商的销售量与自身的零售价负相关，与对方零售价正相关，即 $D_i(p_i, p_{3-i}) = \phi - \alpha p_i + \beta p_{3-i}$（$i = 1, 2$）。其中，$\phi$ 为市场潜在需求量，α 为价格敏感系数，β 为替代效应，并且有 $\alpha > \beta$。

G_1，G_2：回收制造商 1 和回收制造商 2 的废旧品回收量。设回收量为对方回收价格的减函数，即 $G_j(r_j, r_{3-j}) = a + br_j - cr_{3-j}$（$j = 1, 2$），其中，$a$ 为废旧品市场潜在总量，b 为回收价格敏感系数，c 为替代效应，并假设 $b > c$。

π_n^m：各种模式下各方利润。下角标 n 分别表示供应链各主体。分别为制造商（M）、回收制造商（T_1，T_2）、零售商（R_1，R_2）、整个供应链（总）。上角标 m 代表不同决策模型，分别表示中心化决策（C）、分散化决策（D）、协作模型（SC）。上角标中含 * 表示最优值。

类似于熊中楷等（2011）的研究，本章假设再制造品无论在外观、功能还是销售价格、批发价格等方面都与新产品完全一致。新产品和再制造产品市场以及原制造商、回收制造商和零售商的所有信息都对称。各方均为风险中性，以利润最大化为决策目标。根据前面的模型假设可知，各方利润表达式为：

$$\pi_{Ri} = (\phi - \alpha p_i + \beta p_{3-i})(p_i - w) \quad (i = 1, 2) \tag{6-1}$$

$$\pi_{Ti} = (w - c_m + \sigma - f)(a + br_j - cr_{3-j})\theta - r_j(a + br_j - cr_{3-j}) + s(1-\theta)(a + br_j - cr_{3-j}) \quad (j = 1, 2) \tag{6-2}$$

$$\pi_M = (w - c_m) \left[\sum_{i=1}^{2} (\phi - \alpha p_i + \beta p_{3-i}) - \theta \sum_{j=1}^{2} (a + br_j - cr_{3-j}) \right] - f\theta \sum_{j=1}^{2} (a + br_j - cr_{3-j}) \quad (i,j = 1,2) \tag{6-3}$$

第三节　集中决策模型

为了便于建立协作机制的标准，首先建立集中决策模型。该模型实际是建立一个理想化的集权型的"超级组织"，原制造商、第三方回收制造商和零售商均作为该组织的成员，它们联合决策使再制造供应链的整体利润最大化。故目标函数为：

$$\max_{p_j,r_i} \pi_{总} = \sum_{i=1}^{2} (p_i - c_m)(\phi - \alpha p_i + \beta p_{3-i}) + [\theta\sigma + s(1-\theta)] \sum_{j=1}^{2} (a + br_j - cr_{3-j}) - \sum_{j=1}^{2} r_j(a + br_j - cr_{3-j}) \tag{6-4}$$

求解得到两个零售商最优零售价和两个回收制造商最优回收价为：

$$p_1^{c*} = p_2^{c*} = \frac{\phi + (\alpha - \beta)c_m}{2(\alpha - \beta)}, \quad r_1^{c*} = r_2^{c*} = \frac{(b-c)\theta\sigma + (b-c)(1-\theta)s - a}{2(b-c)} \tag{6-5}$$

得到销售量、回收量和总利润表达式为：

$$D_1^{c*} = D_2^{c*} = \frac{\phi - (\alpha - \beta)c_m}{2}, \quad G_1^{c*} = G_2^{c*} = \frac{(b-c)\theta\sigma + (b-c)(1-\theta)s + a}{2}$$

$$\pi_{总}^{c*} = \frac{[\phi - (\alpha - \beta)c_m]^2}{2(\alpha - \beta)} + \frac{[(b-c)\theta\sigma + (b-c)(1-\theta)s + a]^2}{2(b-c)} \tag{6-6}$$

命题6-1： 在集中决策下，废旧产品回收价格、产品回收量和供应链总体利润是回收制造商再制造率 θ 和再制造节约成本 σ 的增函数。

证明： 由 r_1^{c*}、G_1^{c*}、π_1^{c*} 分别对 θ 和 σ 求导，可得一阶导数大于零可证。

该命题表明，当再制造率和再制造节约成本提高时，供应链整体利润增加，供应链有动力制定更高的回收价格提高回收量，再制造带来的收益足以抵销回收成本提高。

第四节　分散决策模型

在该供应链实际运作的过程中，两个零售商、两个回收制造商和原制造商是作为独立的决策者。本章假设原制造商为市场领导者，两个回收商和两个零售商均为市场追随者，决策过程可视为两阶段动态博弈，应采用逆向归纳法求解博弈。一是分别对 p_1，p_2 求导。二是分别对 r_1，r_2 求导，令一阶导数为零，可得驻点方程组，求解驻点方程组，得到：

$$p_1^{D*} = p_2^{D*} = \frac{\phi + \alpha w}{2\alpha - \beta}, \quad r_1^{D*} = r_2^{D*} = \frac{b\theta(w - c_m + \sigma - f) + bs(1 - \theta) - a}{2b - c} \qquad (6-7)$$

得到原制造商的目标利润函数为：

$$\max_{w,f} \pi_M = \frac{2\alpha(w - c_m)[\phi - (\alpha - \beta)w]}{2\alpha - \beta} - \frac{2(w - c_m - f)b(b - c)\theta^2(w - c_m + \delta - f)}{2b - c} \qquad (6-8)$$

均衡批发价和单位专利费为：

$$w^{D*} = \frac{\phi + (\alpha - \beta)c_m}{2(\alpha - \beta)}, \quad f^{D*} = \frac{\phi - (\alpha - \beta)c_m}{2(\alpha - \beta)} + \frac{(b - c)\theta\sigma + (b - c)(1 - \theta)s + a}{2(b - c)\theta} \qquad (6-9)$$

零售价和回收价分别为：

$$p_1^{D*} = p_2^{D*} = \frac{(3\alpha - 2\beta)\phi + \alpha(\alpha - \beta)c_m}{2(\alpha - \beta)(2\alpha - \beta)},$$

$$r_1^{D*} = r_2^{D*} = \frac{b(b - c)\theta\sigma + b(b - c)(1 - \theta)s - (3b - 2c)a}{2(b - c)(2b - c)} \qquad (6-10)$$

同时可得到各零售商销售量、各回收制造商回收量、各方利润以及总利润表达式为：

$$D_1^{D*} = D_2^{D*} = \frac{\alpha[\phi - (\alpha - \beta)c_m]}{2(2\alpha - \beta)},$$

$$G_1^{D*} = G_2^{D*} = \frac{b[(b - c)\theta\sigma + (b - c)(1 - \theta)s + a]}{2(2b - c)},$$

$$\pi_{R1}^{D*} = \pi_{R2}^{D*} = \frac{\alpha[\phi - (\alpha - \beta)c_m]^2}{4(2\alpha - \beta)^2},$$

$$\pi_{T1}^{D*} = \pi_{T2}^{D*} = \frac{b\left[(b-c)\theta\sigma + (b-c)(1-\theta)s + a\right]^2}{4(2b-c)^2}$$

$$\pi_M^{D*} = \frac{\alpha\left[\phi - (\alpha-\beta)c_m\right]^2}{2(2\alpha-\beta)(\alpha-\beta)} + \frac{b\left[(b-c)\theta\sigma + (b-c)(1-\theta)s + a\right]^2}{2(2b-c)(b-c)} \qquad (6-11)$$

命题 6 – 2： 在分散决策下，废旧产品回收价格、产品回收量、原制造商利润、回收制造商利润和供应链总体利润是回收制造商再制造率 θ 和再制造节约成本 σ 的增函数。

证明： 由 r_1^{D*}，G_1^{D*}，π_{T1}^{D*}，π_M^{D*} 和 $\pi_总^{D*}$ 的表达式分别对 θ 和 σ 求导可证。

该命题表明，在分散决策下，随着回收制造商再制造率和再制造节约成本的增加，原制造商、回收制造商以及供应链整体利润将得到提高。故原制造商和回收制造商都有动机提高再制造率，节约再制造成本。

命题 6 – 3： 在分散决策下，单位专利许可费是再制造节约成本的增函数，是再制造率的减函数。

证明： 由 f^{D*} 的表达式分别对 σ 和 θ 求导可证。

该命题表明当回收制造商再制造节约成本提高时原制造商利润增加的原因是可以通过提高专利许可费的方式来共享更多的再制造利润。但当再制造率提高时，原制造商会降低单位专利许可费以刺激回收制造商提高回收价格以增加回收产量。

命题 6 – 4：

(1) $p_i^{C*} < p_i^{D*}$，$r_j^{C*} > r_j^{D*}$。

(2) $D_i^{c*} > D_i^{D*}$，$G_j^{c*} > G_j^{D*}$。

(3) $\pi_总^{C*} > \pi_总^{D*}$。

证明： 由以上各方表达式，设 $X = \phi - (\alpha-\beta)c_m$，$Y = (b-c)\theta\sigma + (b-c)(1-\theta)s + a$，则，

$$p_i^{C*} - p_i^{D*} = \frac{-X}{2(2\alpha-\beta)} < 0, \quad r_j^{C*} - r_j^{D*} = \frac{Y}{2(2b-c)} > 0, \quad D_i^{C*} - D_i^{D*} = \frac{(\alpha-\beta)X}{2(2\alpha-\beta)} > 0,$$

$$G_j^{C*} - G_j^{D*} = \frac{(b-c)Y}{2(2b-c)} > 0, \quad \pi_总^{C*} - \pi_总^{D*} = \frac{(\alpha-\beta)X^2}{2(2\alpha-\beta)^2} + \frac{(b-c)Y^2}{2(2b-c)^2} > 0 \quad (6-12)$$

由该命题可知，相比于分散决策，集中决策下产品售价更低，市场需求更高，供应链总体利润也将明显提升。另一方面，回收制造商将提高回收价格来增加回收量，也将提高供应链总体利润。也就是说，集中决策中各方按总体目标进行决策可以有效地避免"双重边际效应"的存在。另外，从消费者利益和社会

绿色效应的角度来看，集中决策也更具有优势。因而，原制造商作为渠道领导者会积极设计一种协作机制来改善闭环供应链的运作效率。

第五节　协作机制模型（RAESC）

为避免分散决策中"双重边际效应"所引起的供应链整体效率的损失，本部分设计一种改进的收益费用共享机制。该机制的目标是在不降低各方利润的基础上使分散决策下的总利润达到集中决策下的水平。具体实施方法为：零售商 1 分享 φ_1 份额销售收益，零售商 2 分享 φ_2 份额的销售收益。回收制造商 1 分担 $\varphi_1{}'$ 份额的回收费用，回收制造商 2 分担 $\varphi_2{}'$ 份额的回收费用。剩余的销售收益以及回收费用由原制造商承担。此时各方的利润目标函数变为：

$$\max_{p_i} \pi_{Ri} = (\phi - \alpha p_i + \beta p_{3-i})(\varphi_i p_i - w) \quad (i = 1,2) \tag{6-13}$$

$$\max_{r_j} \pi_{Tj} = (\sigma - f)(a + br_j - cr_{3-j})\theta - \varphi_j{}' r_j(a + br_j - cr_{3-j}) + s(1-\theta)(a + br_j -$$
$$cr_{3-j}) \quad (j = 1,2) \tag{6-14}$$

$$\max_{w,f} \pi_M = \sum_{i=1}^{2}(1 - \varphi_i)p_i(\phi - \alpha p_i + \beta p_{3-i}) - \sum_{j=1}^{2} r_j(a + br_j - cr_{3-j}) + (w -$$
$$c_m)\sum_{i=1}^{2}(\phi - \alpha p_i + \beta p_{3-i}) - f\theta\sum_{j=1}^{2}(a + br_j - cr_{3-j}) \tag{6-15}$$

命题 6-5：当原制造商提供的契约为：

$$(w^{sc}, f^{sc}) = \left\{ \frac{\varphi_1[\beta\phi + (\alpha - \beta)(2\alpha - \beta)c_m]}{2\alpha(\alpha - \beta)}, \frac{[2b(1-\varphi_1{}') + c\varphi_1{}'](b-c)[\theta\sigma + (1-\theta)s] + c\varphi_1{}'a}{2b(b-c)\theta} \right\}$$

时，本章描述的闭环供应链实现整体协调。此时两个零售商和两个回收制造商的收益费用的分摊比率满足条件 $\varphi_1 = \varphi_2 \in \left[\dfrac{\alpha^2}{(2\alpha - \beta)^2}, \dfrac{\alpha}{(2\alpha - \beta)} \right]$，$\varphi'_1 =$

$\varphi'_2 \in \left[\dfrac{b^2}{(2b-c)^2}, \dfrac{b}{(2b-c)} \right]$。

证明：由对称性可知 $\varphi_1 = \varphi_2$ 和 $\varphi'_1 = \varphi'_2$。分别代入 p_1^{sc*}，p_2^{sc*}，r_1^{sc*}，r_2^{sc*} 的表达式得 $p_1^{sc*} = p_2^{sc*} = \dfrac{\varphi_1\phi + \alpha w}{\varphi_1(2\alpha - \beta)}$，$r_1^{sc*} = r_2^{sc*} = \dfrac{b[(\sigma - f)\theta + s(1-\theta)] - \alpha\varphi'_1}{\varphi'_1(2b-c)}$。在协调机制中，要实现零售价和回收价必须和集中模式下相同，可得如下方程组：

$$\begin{cases} p_1^{sc*} = p_1^{c*} = \dfrac{\varphi_1\phi + \alpha w}{\varphi_1(2\alpha - \beta)} = \dfrac{\phi + (\alpha - \beta)c_m}{2(\alpha - \beta)}, \\[4mm] r_1^{sc*} = r_1^{c*} = \dfrac{b[(\sigma - f)\theta + s(1-\theta)] - a\varphi_1{}'}{\varphi_1{}'(2b-c)} = \dfrac{(b-c)\theta\sigma + (b-c)(1-\theta)s - a}{2(b-c)} \end{cases}$$

$$(6-16)$$

得 $w^{sc*} = \dfrac{\varphi_1[\beta\phi + (\alpha - \beta)(2\alpha - \beta)c_m]}{2\alpha(\alpha - \beta)},$

$$f^{sc*} = \dfrac{[2b(1-\varphi'_1) + c\varphi'_1](b-c)[\theta\sigma + (1-\theta)s] + c\varphi'_1\alpha}{2b(b-c)\theta} \quad (6-17)$$

代入各零售商、回收制造商和原制造商利润表达式得到：

$$\pi_{R1}^{SC*} = \pi_{R2}^{SC*} = \dfrac{\varphi_1[\phi - (\alpha - \beta)c_m]^2}{4\alpha},$$

$$\pi_{T1}^{SC*} = \pi_{T2}^{SC*} = \dfrac{\varphi'_1[(b-c)\theta\sigma + (b-c)(1-\theta)s + a]^2}{4b}$$

$$\pi_M^{SC*} = \dfrac{[\alpha - (\alpha - \beta)\varphi_1][\phi - (\alpha - \beta)c_m]^2}{2\alpha(\alpha - \beta)} +$$

$$\dfrac{[b - (b-c)\varphi'_1][(b-c)\theta\sigma + (b-c)(1-\theta)s + a]^2}{2b(b-c)} \quad (6-18)$$

由供应链整体协调的目标可知需要满足各方利润不小于分散决策，得到三个不等式，解得：

$$\dfrac{\alpha^2}{(2\alpha - \beta)^2} \le \varphi_1 \le \dfrac{\alpha}{2\alpha - \beta}, \quad \dfrac{b^2}{(2b-c)^2} \le \varphi'_1 \le \dfrac{b}{2b-c} \quad (6-19)$$

证毕。

由该命题证明过程可知在收益共享费用共担协调机制中，随着收益共享比率的提高，零售商将允许原制造商适当地提高批发价格让原制造商分享其部分利润。随着费用共担比率的提高，回收制造商的再制造的成本也将提高，故原制造商将降低单位专利许可费，其利润随着收益比率的提高而降低。另外，专利许可费用的降低也会影响其利润空间。

命题 6-6：在协作机制中，有：

(1) $p_i^{sc*} = p_i^{c*} < p_i^{D*}$，$r_j^{sc*} = r_j^{c*} > r_j^{D*}$。

(2) $w^{sc*} < w^{D*}$，$f^{sc*} < f^{D*}$。

(3) $\pi_{Ri}^{SC*} > \pi_{Ri}^{D*}$，$\pi_{Tj}^{SC*} > \pi_{Tj}^{D*}$，$\pi_M^{SC*} > \pi_M^{D*}$，$\pi_{总}^{SC*} = \pi_{总}^{C*} > \pi_M^{D*}$。

证明： 由命题 6 - 5 证明过程中的各表达式和第六章第二、第三节中的相应表达式作差可得。

　　该命题表明无论从零售价、回收价还是从供应链整体利润的角度，该协作机制都能达到集中决策下相同的效果而优于分散决策，从而实现供应链的有效协调。

第六节　算例分析

　　以下用一数值算例来验证主要结论。本章参数设定采用熊中楷等（2011）文献的假设并稍作修改：$\phi = 20000$，$\alpha = 180$，$\beta = 100$，$c_m = 200$，$a = 1000$，$b = 150$，$c = 120$，$s = 30$。以上参数采自电子电器类回收行业，对于不同的行业参数可能会有所不同。而无论这些参数如何变化都不会影响数值验证的结论。首先验证参数 σ 和 θ 对集中和分散模式下回收价、专利费以及各方利润的影响。然后固定 σ 和 θ，验证收益共享比率以及费用分担比率变化对供应链的影响。计算结果见表 6 - 1 和表 6 - 2。

　　从表 6 - 1 可以看出，无论集中模式还是分散模式，随着再制造节约成本 σ 和再制造率 θ 越高，各方利润都增加，这与命题 1 和命题 2 的结论一致。单位专利许可费随着再制造节约成本 σ 的提高而提高，随着再制造率 θ 的提高而降低。这与命题 6 - 3 的结论一致。

　　把表 6 - 1 中分散决策下的最优回收价格以及最优单位专利许可费与熊中楷等（2011）中的结果相比，可以看到最优回收价格大于该文献中的最优回收价，最优专利许可费小于该文献中的最优专利许可费。由此可知与单一回收制造商相比，两个回收商之间的价格竞争有助于提升回收单价从而提高回收率，增强社会绿色效应。而回收制造商个数的增加意味着与原制造商之间的议价能力的增强，从而降低了单位专利许可费，促进自身回收再制造成本的减少。

　　从表 6 - 1 和表 6 - 2 可以看出，在分散模式下的回收价格，回收量和供应链总利润均小于集中模式。这是由于"双重边际效应"降低闭环供应链的效率。而采用本章提出的协作机制可以使供应链达到集中模式下的总利润，而零售商、回收制造商和原制造商的总利润均不小于分散模式。这印证了命题 6 - 6 的结论。

从表6-2可以看出，随着零售商收益分享比率的提高，原制造商将不断提高零售价来分享更多的利润，使两者的利润均增加。随着回收制造商费用分担比率的增加，原制造商愿意减少专利许可费来降低回收制造商的再制造成本，这将提高回收制造商利润，降低原制造商利润。

表6-1 再制造水平变化对不同决策闭环供应链的影响

σ	θ	集中决策 C		分散决策 D							
		r_1^{C*}, r_2^{C*}	$\pi_{总}^{C*}$	r_1^{D*}, r_2^{D*}	$r^{D[15]*}$	f^{D*}	$f^{D[X]*}$	π_{T1}^{D*}, π_{T2}^{D*}	π_M^{D*}	$\pi_{总}^{D*}$
100	0.6	19.3	266426.7	10.6	9.7	112.8	127.3	11557.4	207919.7	252336.2
	0.7	22.8	289281.7	13.5	11.5	105.2	116.1	13144.6	226965.5	274556.4
	0.8	26.3	313606.7	16.4	13.8	99.6	105.8	14833.8	247236.3	298205.7
125	0.6	26.8	317201.7	16.8	15.3	125.3	138.2	15083.4	250232.2	301700.8
	0.7	31.6	352850.4	20.0	19.7	117.7	133.5	17559.1	279939.5	336359.3
	0.8	36.3	391206.7	24.7	22.8	112.1	129.3	20222.7	311903.0	373650.1
150	0.6	34.3	374726.7	23.1	20.6	137.8	152.9	17078.2	298169.7	357627.9
	0.7	40.1	425606.7	28.1	25.9	130.2	140.4	22611.6	340569.7	407094.6
	0.8	46.3	480806.7	33.1	30.1	124.4	132.6	26444.9	386569.7	460761.2

表6-2 收益费用分摊比率变化对协调机制结果的影响

$\varphi_1=\varphi_2$	$\varphi'_1=\varphi'_2$	协调机制 SC							
		w^{sc*}	f^{sc*}	p_i^{sc*}	r_j^{sc*}	π_{R1}^{SC*}, π_{R2}^{SC*}	π_{T1}^{SC*}, π_{T2}^{SC*}	π_M^{SC*}	$\pi_{总}^{SC*}$
0.55	0.70	117.6	93.3			12222.2	17699.5	293006.9	
	0.75		90.1				18963.8	290478.4	
	0.80		86.9				20228.0	287949.9	
0.60	0.70	128.3	93.3	225	31.6	13333.3	17699.5	290784.7	352850.3
	0.75		90.1				18963.8	288256.2	
	0.80		86.9				20228.0	285727.6	
0.65	0.70	139.0	93.3			14444.4	17699.5	288562.5	
	0.75		90.1				18963.8	286034.0	
	0.80		86.9				20228.0	283505.4	

注：上角标中含 [X] 的变量表示按熊中楷等（2011）中的公式计算的结果，表6-2中两个比率的范围在式（6-19）所示范围内。

第七节 本章小结

    本章通过建立数学模型方式研究了由一个原制造商、两个回收制造商和两个零售商构成的专利授权经营的三级再制造闭环供应链系统。研究表明，无论是在集中模式下还是分散模式，再制造节约成本和再制造率越高都将使回收制造商利润、原制造商利润以及供应链总利润增加。在分散模式下单位专利许可费随着再制造节约成本的提高而提高，随着再制造率的提高而降低。由于集中决策的效应高于分散决策，本章所提出的收益费用分担机制能有效实现供应链的整体协调。

第七章 制造商风险规避下再制造
供应链专利授权经营策略①

在前面研究的基础上，本章建立制造商风险规避特征下专利授权型再制造供应链的运作模型，利用博弈论探讨在分散和集中情况下的最优决策，讨论制造商风险规避系数的大小对单位专利许可费、废旧品回收价、产品零售价以及各方利润的影响，并用改进的利润共享费用共担模型对供应链进行协调。

第一节 引言

本篇开头所提及的各篇文献以及上一章内容已经对专利授权型再制造闭环供应链进行了详细的分析。然而，上述研究都假设所有供应链决策者均为风险中性，即决策目标均为利润最大化，而忽略了供应链成员面对不确定市场需求时的风险态度这一行为因素的影响。事实上，在同一供应链中风险偏好者与风险规避者的决策可能会有所不同，考虑风险因素的决策者将追求效用最大化，即会同时考虑风险与利润双重因素。Holmstrom 和 Milgrom（1987）证明了具有风险规避特点的零售商在决策时通常以其效用最大化为目标函数，综合考虑期望利润、风险承受程度和市场不确定性等因素。Eeckhoudt 等（1995）研究了含有单个风险厌恶合作伙伴的供应链协作契约机制设计。Tsay（2002）研究了风险敏感性对供应链中制造商和零售商的分配策略的影响，指出回购策略和激励机制等都会受到参与者风险敏感性的制约。Li（2002）对市场不确定性做出了具体的度量，并研究了在横向竞争环境下零售商规避特性对供应链的影响。Xiao 和 Yang（2008）构

---

① 本章主要内容经修改后发表在《计算机集成制造系统》2014 年第 20 卷第 3 期。

建了需求不确定条件下风险规避型零售商的价格与服务竞争模型，并用均值方差理论度量风险规避的零售商与风险中性供应商的收益。在此基础上，叶飞等（2012）探讨了零售商和制造商均具风险规避性质的两极供应链激励问题。Yang等（2009）研究了以 CVaR 为风险度量准则的风险规避的零售商和风险中性的供应商组成的供应链协作问题。结果表明使用收益共享契约、回购契约、分段价格契约以及数量弹性契约时供应链都可以被协调，同时发现当零售价格固定时，收益共享契约和回购契约是一致的。肖复东等（2011）则研究了零售商不同的风险需求规避度对三种回收渠道模式闭环供应链的影响。然而现有文献还没有涉及决策者的风险规避特性对专利授权性再制造闭环供应链运作的影响。

　　基于此，本章主要研究制造商专利授权经营这种特殊的闭环供应链在制造商具有风险规避特性的情况下如何运作。另外，现有文献在研究风险规避特性时均只假设正向供应链市场存在不确定性，而本章综合考虑正向供应链和逆向供应链同时存在不确定性时制造商的风险规避特性如何影响回收价、专利费、销售量、各方效用等，并试图对该种闭环供应链进行协调。

第二节　模型描述与符号说明

　　本章考虑一个制造商和一个经销商构成的再制造闭环供应链系统。制造商为主导者，经销商为追随者。制造商用新原材料生产新产品并且委托经销商进行销售。经销商通过向制造商支付单位专利许可费获得再制品生产权，进行废旧品的回收及再制造活动，制造商对其再制造过程提供技术支持和人员培训。再制品也通过经销商自有渠道进行销售。假设再制品和新产品无质量和功能差异，消费者对两者的认可程度完全相同。本章所述的闭环供应链结构如图 7 - 1 所示。

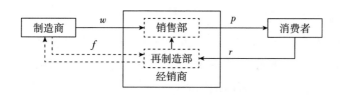

图 7 - 1　专利授权经营闭环供应链结构

由图 7 - 1 可以看出，在正向供应链中，制造商和经销商分享新产品销售带来的利润，在逆向供应链中，制造商通过收取专利许可费获得收益，经销商通过回收再制造获得利润。

本章用到的一些主要符号和基本假设说明如下：

p：新产品和再制造品的售价，为经销商的决策变量。

r：经销商支付给消费者的废旧产品回收价，为经销商的决策变量。

w：制造商给经销商的新产品批发价，为制造商的决策变量。

f：制造商向经销商收取的单位产品再制造专利许可费，为制造商的决策变量。

c_n：制造商用新原材料生产新产品的单位成本，为常量。

c_r：经销商进行再制造的单位成本，包括运输、拆卸、检测、再制造中发生的成本，为常量。一般来说，有 $c_n > c_r$，设 $\sigma = c_n - c_r$，为再制造单位节约成本。另外，本章假设再制造率为 100%，即所有回收的废旧产品均用于再制造。

D：产品需求量。由于消费者对新产品和再制造产品的认可度相同，故可设两者零售价相同，产品需求量为零售价格的减函数，设 $D(p) = \phi - \alpha p$。其中 ϕ 为市场潜在需求量，α 为价格弹性系数。根据 Li（2002）的研究成果，本章假设市场潜在需求量为随机变量，且 $\phi = \bar{\phi} + e_1$。其中不确定部分 e_1 期望为 0，方差为 δ_1。为使讨论有意义，假设 $\bar{\phi} - \alpha c_n > 0$。

G：废旧品市场供给量。类似于 Bakal 和 Akcali（2006）的研究假设，设废旧品的供给量 G 是回收价格 r 的增函数，即 $G(r) = a + br$，其中 a 为废旧品市场潜在供应量，类似于正向供应链，本章假设该参数也为随机变量，且 $a = \bar{a} + e_2$。其中不确定部分 e_2 期望为 0，方差为 δ_2。b 为消费者对回收价格敏感程度。b 越大，表明消费者对回收价格越敏感。

η_M，η_R：制造商和经销商的风险规避系数。本章假设经销商为风险中性，制造商具有一定的风险规避特性，即 $\eta_M > 0$，$\eta_R = 0$。η_M 越大，表示制造商越害怕风险，其行为越保守。当 $\eta_M \to \infty$ 时，我们称制造商为完全风险规避者，将不能容忍任何风险的存在。

π_n^m：决策模式 m 下 n 方利润。下角标 n 取值为制造商（M）、经销商（R），总（供应链整体）。上角标 m 取值为中心化决策（C）、分散化决策（D）、协作模型（SC）。上角标中含 * 表示最优值。

U_n^m：决策模式 m 下 n 方效用，上下角标取值同各方利润。根据 Xiao 和 Yang

（2008）的研究，具有风险规避特性的供应链主体用效用目标进行决策，且效用度量公式为 $U_n = E(\pi_n) - \eta_n var(\pi_n)$，即效用由期望利润、风险规避系数以及利润方差共同决定。显然，对于风险中性的供应链主体（经销商）而言，其效用即为期望利润。

本章假设产品为短生命周期产品，仅研究单周期内闭环供应链的运作。另外，本章假设产品需求正好被全部满足，无缺货和产品库存，即产品需求量即为销售量。由前所述，可建立经销商期望利润函数和制造商效用函数如下：

$$U_R = E(\pi_R) = E\{(p-w)[D(p) - G(r)] + (p - c_r - f - r)G(r)\}$$
$$= (p-w)(\overline{\phi} - \alpha p) + (w - c_r - f - r)(\overline{a} + br) \tag{7-1}$$

$$U_M = E(\pi_M) - \eta_M var(\pi_M) = (w - c_n)(\overline{\phi} - \alpha p) - (w - c_n - f)(\overline{a} + br) -$$
$$\eta_M[(w - c_n)^2 \delta_1 + (w - c_n - f)^2 \delta_2] \tag{7-2}$$

第三节　分散决策模型分析

在分散决策模型中，经销商和制造商都是理性的独立决策者，他们分别按照以下决策目标进行决策：

（1）制造商首先根据自己的效用最大化目标决定新产品批发价 w 和单位专利许可费 f。

（2）经销商根据制造商的决策结果来决定产品零售价 p 以及废旧品回收单价 r。

式（7-1）分别对 p 和 r 求导，令一阶导数为零，得到驻点方程组，求解该方程组，得到经销商零售价和回收价对批发价和专利许可费的反应函数为：

$$p^{D*} = \frac{\overline{\phi} + \alpha w}{2\alpha}, \quad r^{D*} = \frac{-a + b(w - c_n + \sigma - f)}{2b}$$

由此可以看出最优零售价与批发价正相关，与价格弹性系数负相关。最优回收价与批发价正相关，与单位专利许可费负相关，与单位节约成本正相关，与回收价弹性系数正相关。根据 p^{D*}，r^{D*} 的表达式（7-2），得到制造商的效用函数为：

$$U_M^D = \frac{(\overline{\phi} - \alpha w)(w - c_n)}{2} - \frac{(w - c_n - f)[b(w - c_n + \sigma - f) + a]}{2} - \eta_M[(w - c_n)^2 \delta_1 +$$
$$(w - c_n - f)^2 \delta_2] \tag{7-3}$$

式（7-3）分别对 w, f 求导，令一阶导数为零，可得驻点方程组，求解驻点方程组，得：

$$w^{D*} = \frac{(\overline{\phi} + \alpha c_n) + 4c_n \eta_M \delta_1}{2(\alpha + 2\eta_M \delta_1)}, \quad f^{D*} = \frac{\overline{\phi} - \alpha c_n}{2(\alpha + 2\eta_M \delta_1)} + \frac{b\sigma + \overline{a}}{2(b + 2\eta_M \delta_2)} \quad (7-4)$$

由此可知，制造商将会依据自身风险规避系数 η_M 以及市场潜在需求量的不确定性 δ_1 制定新产品批发价，而制定单位专利许可费时不仅考虑以上两个因素，还会综合考虑废旧品回收市场不确定性 δ_2 的影响。由此得到以下结论：

命题 7-1：在分散决策下，新产品最优批发价与制造商风险规避系数 η_M 以及市场潜在需求量方差 δ_1 均负相关。单位专利许可费与制造商风险规避系数 η_M，市场潜在需求量方差 δ_1 以及废旧品回收量方差 δ_2 均负相关。

证明：设 $X_1 = \eta_M \delta_1$，$X_2 = \eta_M \delta_2$，则由 w, f 最优值表达式可得：

$$\frac{\partial w^{D*}}{\partial X_1} = \frac{(\alpha c_n - \overline{\phi})}{(\alpha + 2X_1)^2} < 0, \quad \frac{\partial f^{D*}}{\partial X_1} = \frac{(\alpha c_n - \overline{\phi})}{(\alpha + 2X_1)^2} < 0, \quad \frac{\partial f^{D*}}{\partial X_2} = \frac{-(b\sigma + \overline{a})}{(\alpha + 2X_2)^2} < 0$$

证毕。

把 w, f 的表达式代回零售价和回收价的表达式，得到：

$$p^{D*} = \frac{\alpha(3\overline{\phi} + \alpha c_n) + 4(\overline{\phi} + \alpha c_n)\eta_M \delta_1}{4\alpha(\alpha + 2\eta_M \delta_1)}, \quad r^{D*} = \frac{b(b\sigma - 3\overline{a}) + 4(b\sigma - \overline{a})\eta_M \delta_2}{4b(b + 2\eta_M \delta_2)}$$

$$(7-5)$$

同时可得到产品销售量期望值、废旧品回收量期望值以及各方效用和供应链总效用表达式为：

$$E(D^{D*}) = \frac{(\overline{\phi} - \alpha c_n)(\alpha + 4\eta_M \delta_1)}{4(\alpha + 2\eta_M \delta_1)}, \quad E(G^{D*}) = \frac{(b\sigma + \overline{a})(b + 4\eta_M \delta_2)}{4(b + 2\eta_M \delta_2)}$$

$$U_R^{D*} = E(\pi_R^{D*}) = \frac{(\alpha + 4\eta_M \delta_1)^2(\overline{\phi} - \alpha c_n)^2}{16\alpha(\alpha + 2\eta_M \delta_1)^2} + \frac{(b + 4\eta_M \delta_2)^2(b\sigma + \overline{a})^2}{16b(b + 2\eta_M \delta_2)^2}$$

$$U_M^{D*} = \frac{(\overline{\phi} - \alpha c_n)^2}{8(\alpha + 2\eta_M \delta_1)} + \frac{(b\sigma + \overline{a})^2}{8(b + 2\eta_M \delta_2)}, \quad U_总^{D*} = U_R^{D*} + U_M^{D*} \quad (7-6)$$

由以上各表达式可得如下两结论：

命题 7-2：在分散决策下，产品期望销售量与制造商风险规避系数 η_M 以及市场潜在需求量方差 δ_1 均正相关；废旧品期望回收量与制造商风险规避系数 η_M 以及废旧品市场潜在供应量方差 δ_2 均正相关。

证明：与结论 7-1 证明类似，$E(D^{D*})$ 和 $E(G^{D*})$ 表达式对相关变量求导即得。具体过程略。

命题 7 - 3：在分散决策下，零售商期望利润与制造商风险规避系数 η_M、市场潜在需求量方差 δ_1 以及废旧品市场方差 δ_2 均正相关。制造商效用与制造商风险规避系数 η_M、市场潜在需求量方差 δ_1 以及废旧品市场方差 δ_2 均负相关。供应链总效用与制造商风险规避系数 η_M、市场潜在需求量方差 δ_1 以及废旧品市场方差 δ_2 均正相关。

证明：与命题 7 - 1 证明类似，U_R^{D*}、U_M^{D*}、$U_{总}^{D*}$ 表达式对相关变量求导即得，具体过程略。

结合命题 7 - 1、命题 7 - 2、命题 7 - 3，我们可以知道在分散决策下，制造商对于正向销售市场和逆向废旧品回收市场的风险感知程度（分别由制造商风险规避系数和两个市场方差决定）将影响供应链的运作效率。

当制造商感知正向销售市场风险增大时，一方面，将通过降低新产品批发价的方式鼓励经销商制定更低的零售价来扩大市场，增加新产品销售量，从而减少由于市场需求不确定而带来的收益风险。另一方面，将采取降低单位专利许可费的方式，试图激励经销商提高回收再制造量来收取更多的专利许可费用，从而弥补部分正向市场效用的损失。这两种行为分别会降低经销商的正向和逆向成本，增加其期望利润。值得注意的是，由于经销商制定的废旧品回收价与批发价正相关，与单位专利许可费负相关，制造商两种行为对回收价的效应正好抵消，最终不会引起回收价和回收量的变化，因而制造商的总效用下降。但经销商期望利润的增加大于制造商效用的损失，因而闭环供应链总效用将增加。

当制造商感知逆向废旧品回收市场风险增大时，将通过减收经销商单位专利许可费的方式降低其再制造成本，激发经销商提高废旧品回收价以提升废旧品回收量，从而降低因逆向市场不确定而带来的收益风险，这将增大经销商期望利润和闭环供应链总效用。此外，由于正向市场的批发价和零售价均不变化，因而再制造品对新产品的"挤兑"效应将加剧，制造商的期望利润和效用将降低。

当 $\eta_M \rightarrow \infty$ 时，$w^{D*} = c_n$，$f^{D*} = 0$。这是因为当制造商为完全风险规避者时，任何风险都会被无限放大。可以看出，正向收益或逆向收益均意味着风险，因而此时制造商的最优策略即保证两种收益均为 0，即制定的批发价为成本价，并且不会向经销商收取专利许可费。而经销商是风险中性，策略目标是期望收益最大，且效用即为期望收益。在这种条件下，供应链的总效用来自经销商，而作为领导者的制造商效用为 0。这一看似不合理的结果是由于双方风险规避类型不一致所导致。其实在领导者制造商眼中，此时经销商的效用为 $-\infty$，远远低于自身效用，认为这一结果是合理的。事实上，真正的风险规避者并不存在。

第四节 集中决策模型分析

集中决策模型实际是建立一个理想化的集权型的"超级组织"，制造商和经销商均为该组织的成员，它们以闭环供应链的整体效用最大化为目标进行决策，而不考虑各自的效用。由式（7-1）和式（7-2），可得供应链整体效用为：

$$U_{总} = U_R + U_M$$
$$= (p - c_n)(\overline{\phi} - ap) + (\sigma - r)(\overline{a} + br) - \eta_M \left[(w - c_n)^2 \delta_1 + (w - c_n - f)^2 \delta_2 \right] \tag{7-7}$$

从式（7-7）可看出，由于制造商风险规避，闭环供应链整体效用不仅取决于产品零售价和废旧品回收价这两个外生变量，还与批发价和单位专利许可费这两个系统内部变量有关。式（7-7）分别对 p，r，w，f 求一阶导数，得驻点方程组，求解方程组可解得：

$$p^{c*} = \frac{\overline{\phi} + \alpha c_n}{2\alpha}, \quad r^{c*} = \frac{b\sigma - \overline{a}}{2b}, \quad w^{c*} = c_n, \quad f^{c*} = 0 \tag{7-8}$$

继而得到集中模式下产品销售量期望值，废旧品回收量期望值以及各方效用和供应链总效用表达式为：

$$E(D^{c*}) = \frac{\overline{\phi} - \alpha c_n}{2}, \quad E(G^{c*}) = \frac{b\sigma + \overline{a}}{2}$$

$$U_R^{c*} = E(\pi_R^{c*}) = \frac{(\overline{\phi} - \alpha c_n)^2}{4\alpha} + \frac{(b\sigma + \overline{a})^2}{4b}, \quad U_M^{c*} = 0$$

$$U_{总}^{D*} = U_R^{c*} + U_M^{c*} = \frac{(\overline{\phi} - \alpha c_n)^2}{4\alpha} + \frac{(b\sigma + \overline{a})^2}{4b} \tag{7-9}$$

由此易得如下命题：

命题 7-4：在集中决策下，制造商制定的批发价一定为新产品成本，不会向经销商收取专利许可费。这使新产品销售量、废旧品回收量、双方效用和总效用均与风险规避度无关。

证明：略。

比较式（7-8）、式（7-9）、式（7-5）和式（7-6），得到如下结论：

命题 7-5：

（1）$p^{C*} < p^{D*}$，$r^{C*} > r^{D*}$，$w^{C*} < w^{D*}$，$f^{C*} < f^{D*}$。

（2）$E(D^{c*}) > E(D^{D*})$，$E(G^{c*}) > E(G^{D*})$。

（3）$U_R^{C*} > U_R^{D*}$，$U_M^{C*} < U_M^{D*}$，$U_{总}^{C*} < U_{总}^{D*}$。

证明： 由以上各方表达式，用作差法可得。具体过程略。

以上两个结论表明，相比分散决策，在集中决策下，一方面产品的零售价格降低，产品销售量期望值增加，供应链整体利润增加。另一方面废旧产品的回收价格提高，回收量期望值增加，也使闭环供应链整体效用增加。这是由于在集中决策下，原制造商和经销商统一决策，避免"双重边际效应"所导致的效率损失。

尽管如此，在集中模式下，制造商制定的批发价必须为新产品成本，且不能向经销商收取专利许可费，故制造商效用为 0。当制造商不是完全风险规避者时，其效用小于分散决策模式。因而，若不对各方效用进行有效协调，制造商不愿意接受集中决策模式。

第五节 利润共享费用共担协作机制模型

由于无论从供应链总体效用还是从消费者利益、社会绿色效应以及经销商利益的角度来考虑，集中模式都要优于分散模式，故作为领导者的制造商应该致力于供应链的协调。在已有的大多数文献中，制造商都提供一种适当的机制实现闭环供应链的完全协调，即总体效用和集中模式相同，且各方效用均不小于分散模式，然而由上部分的论述可知，当制造商具有风险规避特性时，实现总效用和集中模式相同会使制造商本身效用降为 0，故本章所述供应链无法实现完全协调。

传统的收益分享机制只强调制造商和零售商分别以一定比例来共同分享销售收益，这种机制在协调单向供应链时具有很好的效果，在处理闭环供应链，特别是考虑回收费用时遇到一定的困难。本章设计一种改进的收益费用共享机制。该机制的目标是：

（1）外生变量零售价和回收价和集中决策下一致，以实现最大的消费者利益和社会绿色效应。

（2）实现供应链双方效用的帕累托改进，即双方效用都不低于分散模式。具体实施方法为：经销商分享 $\varphi p D(p)$ 的销售收益，分担 $\varphi' r G(r)$ 的废旧品回收费用。制造商分享 $(1-\varphi)pD(p)$ 的销售收益，承担 $(1-\varphi')rG(r)$ 的回收费用。故此时双方的效用函数变为：

$$U_R = E(\pi_R) = (\varphi p - w)(\bar{\phi} - \alpha p) + (\sigma - f - \varphi' r)(\bar{a} + br) \tag{7-10}$$

$$U_M = E(\pi_M) - \eta_M \mathrm{var}(\pi_M)$$
$$= [(1-\varphi)p - (w - c_n)](\bar{\phi} - \alpha p) - [(1-\varphi')r - f](\bar{a} + br) -$$
$$\eta_M\{[(1-\varphi)p - (w - c_n)]^2\delta_1 + [(1-\varphi')r - f]^2\delta_2\} \tag{7-11}$$

式（7-9）分别对 p 和 r 求导，令一阶导数为零，得到驻点方程组，求解该方程组，得到：

$$p^{SC*} = \frac{\bar{\phi}\varphi + \alpha w}{2\alpha\varphi}, \quad r^{SC*} = \frac{b(\sigma - f) - \bar{a}\varphi'}{2b\varphi'} \tag{7-12}$$

要达到供应链协调的第一个目标，必须使协作模型下经销商愿意制定和集中模式下同样的零售价和废旧品回收单价。比较式（7-8）和式（7-12），得到如下方程组：

$$\begin{cases} \dfrac{\bar{\phi}\varphi + \alpha w}{2\alpha\varphi} = \dfrac{\bar{\phi} + \alpha c_n}{2\alpha} \\[3mm] \dfrac{b(\sigma - f) - \bar{a}\varphi'}{2b\varphi'} = \dfrac{b\sigma - \bar{a}}{2b} \end{cases}$$

解得：

$$w^{SC*} = \varphi c_n, \quad f^{SC*} = (1-\varphi')\sigma \tag{7-13}$$

由此可见，协作机制下批发价与收益分享比率正相关，单位专利许可费与费用共享比率负相关。把式（7-13）代入各方效用表达式，得到：

$$U_R^{SC*} = E(\pi_R^{SC*}) = \frac{\varphi(\bar{\phi} - \alpha c_n)^2}{4\alpha} + \frac{\varphi'(b\sigma + \bar{a})^2}{4b}$$

$$U_M^{SC*} = \frac{(1-\varphi)(\bar{\phi} - \alpha c_n)^2}{4\alpha} - \frac{(1-\varphi)(\bar{\phi} - \alpha c_n)^2\eta_M\delta_1}{4\alpha^2} +$$
$$\frac{(1-\varphi')(b\sigma + \bar{a})^2}{4b} - \frac{(1-\varphi')^2(b\sigma + \bar{a})^2\eta_M\delta_2}{4b^2}$$

$$U_{\text{总}}^{SC*} = \frac{(\bar{\phi} - \alpha c_n)^2}{4\alpha} - \frac{(1-\varphi)(\bar{\phi} - \alpha c_n)^2\eta_M\delta_1}{4\alpha^2} + \frac{(b\sigma + \bar{a})^2}{4b} - \frac{(1-\varphi')^2(b\sigma + \bar{a})^2\eta_M\delta_2}{4b^2}$$

$$\tag{7-14}$$

很容易得到以下命题：

命题 7-6：在协作机制下，制造商效用与风险规避系数反相关；经销商效用与制造商风险规避系数无关；供应链总效用与制造商风险规避系数反相关。

命题 7-6 表明，在协作机制下，由于零售价和回收单价固定，故制造商无法通过扩大生产和再生产规模来规避风险，因而其效用随着风险规避度的增加而下降，导致供应链总效用的下降。而由于零售价、回收价以及批发价、单位专利许可费不随风险规避度的变化而变化，因而经销商效用不变。

命题 7-7：在协作机制下，制造商效用与收益分享比例和费用分担比例均负相关；经销商效用与收益分享比例和费用分担比例均正相关；供应链总效用与收益分享比例和费用分担比例均正相关。

命题 7-7 结合上面分析可知，在制造商风险规避系数一定的情况下，经销商分享收益的比率越高，制造商制定的批发价格越高，但批发价提高带来的收益尚不足抵销收益分享的减少，故制造商效用下降。经销商承担费用共担比率提高，制造商将采用降低专利许可费的方式来补偿经销商，并且少收的专利费总额超过再制造成本的增加额，故经销商收益上升，制造商效用下降。两个比率的上升均会增大供应链总效用。

另外，该协调机制还将实现第二个目标，即经销商和制造商效用均不低于分散模式，比较式（7-14）和式（7-6）中双方效用表达式，得到如下不等式组：

$$
\begin{cases}
\dfrac{\varphi(\overline{\phi}-\alpha c_n)^2}{4\alpha}+\dfrac{\varphi'(b\sigma+\overline{a})^2}{4b}\geq\dfrac{(\alpha+4\eta_M\delta_1)^2(\overline{\phi}-\alpha c_n)^2}{16\alpha(\alpha+2\eta_M\delta_1)^2}+\dfrac{(b+4\eta_M\delta_2)^2(b\sigma+\overline{a})^2}{16b(b+2\eta_M\delta_2)^2}\\[3mm]
\dfrac{(1-\varphi)(\overline{\phi}-\alpha c_n)^2}{4\alpha}-\dfrac{(1-\varphi)^2(\overline{\phi}-\alpha c_n)^2\eta_M\delta_1}{4\alpha^2}+\dfrac{(1-\varphi')(b\sigma+\overline{a})^2}{4b}-\\[3mm]
\dfrac{(1-\varphi')^2(b\sigma+\overline{a})^2\eta_M\delta_2}{4b^2}\geq\dfrac{(\overline{\phi}-\alpha c_n)^2}{8(\alpha+2\eta_M\delta_1)}+\dfrac{(b\sigma+\overline{a})^2}{8(b+2\eta_M\delta_2)}
\end{cases}
$$

解得两个比率的范围为：

$$
\begin{cases}
\dfrac{\alpha+4\eta_M\delta_1}{4(\alpha+2\eta_M\delta_1)^2}\leq\varphi\leq 1-\dfrac{\alpha\left(1-\sqrt{\dfrac{\alpha}{\alpha+2\eta_M\delta_1}}\right)}{2\eta_M\delta_1}\\[5mm]
\dfrac{(b+4\eta_M\delta_2)^2}{4(b+2\eta_M\delta_2)^2}\leq\varphi'\leq 1-\dfrac{b\left(1-\sqrt{\dfrac{b}{b+2\eta_M\delta_2}}\right)}{2\eta_M\delta_2}
\end{cases}
\tag{7-15}
$$

可以看出，风险规避系数越大，两个比率变化的范围越小。特别地，若要实现闭环供应链的完全协调，应该实现闭环供应链总效用等同于集中模式，对照式（7-14）和式（7-8）中总效用的表达式，可以得到：$\varphi = \varphi' = 1$，显然不在式（7-15）所显示的范围内，故本协作模型仅能实现供应链双方的帕累托改进，并未实现完全协调。

第六节　数值仿真

以下用一组数值算例来验证以上主要结论。假设有一个制造商、经销商构成的闭环供应链生产某一短周期产品。相关参数为 $\overline{\phi} = 30000$，$\alpha = 160$，$\beta = 100$，$c_n = 110$，$\overline{\alpha} = 1000$，$b = 150$，$\sigma = 60$。

首先，求得在集中决策下零售价，回收价以及供应链总效用分别为 $p^{C^*} = 148.75$，$r^{C^*} = 26.67$，$U_{总}^{C^*} = 406917$。然后，验证制造商风险规避系数 η_M、市场潜在需求量方差 δ_1、废旧品回收量方差 δ_2 对分散决策下零售价、批发价、废品回收价、单位专利许可费、各方效用影响。最后固定 η_M、δ_1 和 δ_2，验证收益共享比率以及费用分担比率变化对协调机制下供应链各方效用的影响。由式（7-15），可以计算出此时收益共享比率范围为 [0.60, 0.73]，费用分担比率为 [0.55, 0.70]。计算结果分别列示于表7-1和表7-2。

从表7-1可以看出，随着制造商风险规避系数或正向市场方差的增加，制造商将制定更低的批发价，这是因为要通过增大新产品的销售量的方式来规避正向市场风险，这将使经销商分享更多的利润，并提高供应链总效用。随着制造商风险规避系数或废旧品回收市场方差的增加，制造商将采取降低专利许可费的方法来刺激经销商提升废旧品回收量，以规避逆向市场风险，这也将增加经销商利润，提高供应链总效用。然而制造商风险规避系数的增加将降低自身的效用。通过表7-1还发现当制造商接近于完全风险规避者（$\eta_M = 100000$）时，产品零售价，废旧品回收价以及供应链总效用无限接近于集中模式。因而我们可以说，制造商风险规避的增加可以有效地降低"双重边际效用"，无论对消费者、社会绿色效应以及供应链本身的运作效率是有利的。

表 7 – 1　风险规避系数、销售市场方差、回收市场方差对闭环供应链的影响

η_M	δ_1	δ_2	分散决策 D								
			p^{D*}	w^{D*}	r^{D*}	f^{D*}	U_R^{D*}	U_M^{D*}	$U_{总}^{D*}$	D^{D*}	G^{D*}
0.3	100	80	162.8	138.2	14.0	53.4	161609	150495	312104	3945	3106
	100	120	162.8	138.2	15.4	50.7	170368	143670	314038	3945	3311
	160	80	160.9	134.2	14.0	49.5	177873	138209	316083	4263	3106
	160	120	160.9	134.2	15.4	46.7	186632	131384	318017	4263	3311
0.6	100	80	159.8	132.1	16.5	42.5	203109	119456	322565	4429	3476
	100	120	159.8	132.1	18.2	39.1	215055	111160	326215	4429	3724
	160	80	157.6	127.6	16.5	37.9	223987	105415	329403	4791	3476
	160	**120**	**157.6**	**127.6**	**18.2**	**34.6**	**235934**	**97119**	**333053**	**4791**	**3724**
0.9	100	80	157.9	128.2	18.2	35.2	232971	99046	332017	4741	3724
	100	120	157.9	128.2	19.8	31.9	245851	90682	336534	4741	3975
	160	80	155.7	123.8	18.2	30.8	254586	85419	340005	5093	3724
	160	120	155.7	123.8	19.8	27.5	267467	77055	344521	5093	3975
100000	160	120	148.8	110.0	26.7	0.0	406914	1	406916	6200	5000

　　从表 7 – 2 可以看出，在收益共享费用分担协作机制下，随着收益分享比率的提高，制造商将促使经销商提高零售价来分享更多的利润；随着费用分担比率的增加，制造商将减少专利许可费来降低经销商再制造成本。两个比率的上升均将提高供应链总效用和经销商效用，降低制造商效用。另外，从表 7 – 2 中可以看到经销商和制造商的效用均大于分散决策模式，但总效用小于集中决策模式，这说明尽管制造商风险规避可以降低"双重边际效应"，但除非是完全风险规避者，否则通过其他方式将不能完全避免"双重边际效应"，闭环供应链也无法实现完全的协调，仅能实现帕累托改进。

表7－2　收益费用分摊比率变化对协调机制结果的影响

φ	φ'	协调机制 SC								
		w^{sc*}	f^{sc*}	p^{sc*}	r^{sc*}	U_R^{SC*} ,	U_M^{SC*}	$U_总^{SC*}$	$U_总^{C*}$	$U_总^{D*}$
0.60	0.6	66	24			244150	126903	371053		
	0.65		21			252483	121569	374053		
	0.7		18			260817	115836	376653		
0.65	0.6	71.5	24	148.75	26.67	256163	120296	376458	406917	333053
	0.65		21			264496	114962	379458		
	0.7		18			272829	109229	382058		
0.70	0.6	77	24			268175	112968	381143		
	0.65		21			276508	107635	384143		
	0.7		18			284842	101902	386743		

注：表7－2中 $\eta_M=0.6$，$\delta_1=160$，$\delta_2=120$。

第七节　本章结论和建议

本章通过博弈论研究由一个制造商和一个经销商构成的闭环供应链系统，制造商通过专利许可的方式授权经销商进行废旧回收以及再制造，且制造商有一定的风险规避特性。主要结论有：

（1）在分散决策下，均衡回收价与批发价正相关，与单位专利许可费负相关，与单位节约成本正相关，与回收价弹性系数正相关。制造商对正向新产品市场的风险感知促使其通过降低批发价的方式扩大新产品销售量来降低风险。制造商对逆向回收市场的风险感知将促使其降低单位专利许可费，刺激经销商提升回收价来扩大再制品市场，从而降低风险。这两种方式将增加经销商期望利润和供应链总效用，而降低制造商自身效用。

（2）集中决策下新产品零售价、废旧品回收价、经销商期望利润以及供应链总效用均优于分散决策，但制造商效用为0。

（3）采用收益分享机制可以实现和集中决策下相同的零售价，废旧品回收价，并实现双方效用的帕累托改进。然而除非制造商是完全风险规避者，否则无法实现供应链的完全协调。

结合以上结论及其求解过程，本章对制造商风险规避下再制造闭环供应链的专利授权经营策略提出以下建议：

第一，从社会绿色效应的角度讲，对市场领导者制造商而言，应该适当降低对经销商收取的单位专利许可费，并且尽量向经销商的再制造过程提供高质量的技术支持，这样有利于提升经销商再制造节约成本，提高再制造效率，使经销商有动力制定更高的收价以回收更多的废旧品，提高社会绿色效应。对经销商而言，他们与消费者的距离最近，应该和政府一起加强回收环保的宣传工作，提高消费者的环保意识，从而加大消费者的回收价敏感程度，提高废旧品回收量。

第二，从经济效益的角度讲，在分散决策下，制造商应该降低正向市场和逆向市场的不确定性，从而制定对自己更有利的决策。因而制造商应该鼓励经销商对市场规模进行详细的调查，采用多种手段对市场需求进行准确的预测，并且促使经销商与自身分享需求信息。另外，由于经销商和市场总效用与制造商风险规避程度正相关，因而政府应尽量提高制造商的风险规避性，如经常向制造商宣讲市场风险的危害，对制造商的激进行为进行严厉惩罚等。

第三，从决策模式的角度讲，集中模式无论在零售价、回收价、回收量还是供应链总效用方面均优于分散模式，因而政府应尽量提升决策双方的集体主义精神，必要时采用物质奖励的方法来促成集中决策模式的形成。在集中决策模式后，制造商应采用利润分享、费用共担模型来协调双方的利益，实现帕累托改进。为保证经销商接受这种模式并增大供应链总效用，制造商应适当提高经销商的收益分享比例以及费用分担比例。

第八章 制造商公平关切下的再制造供应链专利授权经营策略①

本章采用与第七章类似的研究方法，探讨制造商的另一种特殊心理特征——公平关切特性对专利授权型再制造供应链的影响。在构造制造商效用函数的基础上，求解分散和集中情况下的最优决策，讨论制造商公平关切程度的大小对供应链运作效率的影响，并也用改进的利润共享费用共担模型对供应链进行协调。

第一节 引 言

近年来，决策者一些特殊的心理特征引起了供应链运作管理领域学者的广泛关注，这也成为未来供应链运作管理发展的重要方向。上一章我们重点关注了决策者的风险规避特征，本章则转向另外一种心理特征对专利授权型再制造供应链的影响——公平关切特性。

很多行为经济学者发现现实生活中人们往往对收益分配的公平性表现出极大的关注，即公平关切特性（Fehr 和 Schmidt，1999）。在这种心理特性下，决策者不仅关注自己的收益，更关注其他参与者与自己的利润差异。现阶段把公平关切理论引入供应链的研究还不是很多。Ho 和 Zhang（2008）将公平关切行为引入供应链契约，证实了该行为在一些环境下确实存在，但只给出了描述性的公平关切效用函数。在此基础上，杜少甫等（2010）给出了公平关切效用的具体函数，并探讨了零售商的公平关切行为倾向对不同契约协调性的影响。Caliskan 等（2010）考虑了非线性的市场需求函数，研究表明当零售商考虑公平关切时，指

---

① 本章主要内容经修改后发表在《软科学》2014 年第 28 卷第 11 期。

数需求函数对实现渠道协调时所要求的条件相对宽松。以上研究都集中于正向开放式供应链领域，涉及闭环供应链的文献则较少。张克勇等（2013）虽然把零售商公平关切行为倾向引入闭环供应链的定价决策，但只是就零售商公平关切行为是否被考虑，两种模型进行比较分析，没有研究公平关切对合作博弈和非合作博弈下的闭环供应链的影响，更未实现闭环供应链的协调。

　　基于此，本书把制造商的公平关切特性引入专利授权经营这种特殊的闭环供应链系统。在构建决策双方效用函数的基础上分别建立分散决策和集中决策两种模型，分别研究公平关切特性对这两种模型下单位专利许可费、零售价、废旧品回收量、各方利润和效用等关键指标产生的深刻影响，并试图采用一种有效的契约对该种闭环供应链进行协调。

第二节　模型描述、符号说明及效用函数

　　考虑一个制造商和一个经销商构成的再制造闭环供应链系统。制造商为主导者，经销商为追随者。制造商用新原材料生产新产品并委托经销商销售。经销商通过向制造商支付单位专利许可费获得再制品生产权，进行废旧品的回收、再制造及销售，制造商对经销商的再制造过程提供技术支持和人员培训。与上一章类似，本章也假设再制品和新产品无质量和功能差异，消费者对两者的认可程度完全相同。但假设制造商具有一定的公平关切心理特征，他们不仅关注自身在供应链中的收益情况，也对经销商的收益给予足够的关注。再制造供应链结构运作流程如图 7-1 所示。

　　本书用 λ_M、λ_R 分别表示制造商和经销商的公平关切系数。代表决策成员对供应链利润分配是否公平的敏感程度。假设经销商为公平关切中性，制造商具有公平关切心理特征，即 $\lambda_R = 0$，$\lambda_M = \lambda > 0$。λ 越大，表示制造商越关注两者间收益的差异性。用 π_n^m 表示决策模式 m 下 n 方利润。下角标 n 取值为：制造商（M）、经销商（R）、供应链整体（总）；上角标 m 取值为：集中决策（C）、分散决策（D）、协作模型（SC）；用 U_n^m 表示决策模式 m 下 n 方的效用，上下角标取值同各方利润。本书认为具有公平关切特性的供应链主体为非理性决策者，他们以效用最大化作为决策目标。参照杜少甫等（2010）的研究，假设制造商的效

用度量公式为：

$$U_M = \pi_M + \lambda(\pi_M - \pi_R) \tag{8-1}$$

由此可知，制造商的效用函数包括两部分，利润函数和制造商对渠道的公平效用。公平效用除了受公平敏感系数影响外，还与两者间利润差异有关，当制造商利润大于零售商利润，制造商感觉效用增加；当制造商利润小于零售商利润，制造商感觉效用损失。本书仅研究单周期内闭环供应链的运作。所有信息都为决策双方的共同知识。由前所述，可分别建立经销商和制造商效用目标函数如下：

$$U_R = \pi_R = (p - w)(\phi - \alpha p) + (w - c_r - f - r)(a + br) \tag{8-2}$$

$$U_M = \pi_M + \lambda(\pi_M - \pi_m) = \left[(1+2\lambda)w - \lambda p - (1+\lambda)c_n\right](\phi - \alpha p) - \left[(1+2\lambda)\right.$$
$$\left.(w - c_n - f) + \lambda(\sigma - r)\right](a + br) \tag{8-3}$$

第三节　分散决策模型

在分散决策模型中，制造商和经销商都是独立的决策者，博弈过程可描述为：一是制造商首先根据自身的效用最大化目标决定新产品批发价和单位专利许可费。二是经销商根据制造商的决策结果以及其利润目标来决定产品零售价以及废旧品回收单价。可用逆向归纳法进行求解。首先，把式（8-2）中 U_R 的表达式分别对 p 和 r 求导，令一阶导数为零，得到驻点方程组，求解该方程组，得到经销商零售价和回收价对于批发价和单位专利许可费的反应函数为：

$$p^{D*}(w) = \frac{\phi + \alpha w}{2\alpha}, \quad r^{D*}(w, f) = \frac{-a + b(w - c_n + \sigma - f)}{2b}$$

把 p^{D*}，r^{D*} 的表达式代入式（8-3），得到制造商的效用函数为：

$$U_M^D = \frac{(\phi - \alpha w)\left[(2+3\lambda)\alpha w - \lambda\phi - 2(1+\lambda)\alpha c_n\right]}{4\alpha} -$$
$$\frac{\left[\lambda(a + b\sigma) + (2+3\lambda)b(w - c_n - f)\right]\left[(a + b\sigma) + b(w - c_n - f)\right]}{4b} \tag{8-4}$$

分别对式（8-4）的 w，f 求导，令一阶导数为零，求解驻点方程组，得到：

$$w^{D*} = \frac{(1+2\lambda)\phi + (1+\lambda)\alpha c_n}{(2+3\lambda)\alpha}, \quad f^{D*} = \left(\frac{1+2\lambda}{2+3\lambda}\right)\left(\frac{\phi - \alpha c_n}{\alpha} + \frac{a + b\sigma}{b}\right) \tag{8-5}$$

把 w，f 的表达式代回零售价和回收价的表达式，得到：

$$p^{D*} = \frac{(3+5\lambda)\phi + (1+\lambda)\alpha c_n}{2(2+3\lambda)\alpha}, \quad r^{D*} = \frac{(1+\lambda)b\sigma - (3+5\lambda)a}{2(2+3\lambda)b} \qquad (8-6)$$

产品销售量、废旧品回收量以及经销商、制造商利润和总效用表达式为：

$$D^{D*} = \frac{(1+\lambda)(\phi - \alpha c_n)}{2(2+3\lambda)}, \quad G^{D*} = \frac{(1+\lambda)(b\sigma + a)}{2(2+3\lambda)}$$

$$\pi_R^{D*} = \frac{(1+\lambda)^2}{4(2+3\lambda)^2}\left[\frac{(\phi - \alpha c_n)^2}{\alpha} + \frac{(b\sigma + a)^2}{b}\right]$$

$$\pi_M^{D*} = \frac{(1+\lambda)(1+2\lambda)}{2(2+3\lambda)^2}\left[\frac{(\phi - \alpha c_n)^2}{\alpha} + \frac{(b\sigma + a)^2}{b}\right]$$

$$U_M^{D*} = \frac{(1+\lambda)^2}{4(2+3\lambda)}\left[\frac{(\phi - \alpha c_n)^2}{\alpha} + \frac{(b\sigma + a)^2}{b}\right]$$

$$\pi_{总}^{D*} = \frac{(1+\lambda)(3+5\lambda)}{4(2+3\lambda)^2}\left[\frac{(\phi - \alpha c_n)^2}{\alpha} + \frac{(b\sigma + a)^2}{b}\right]$$

$$U_{总}^{D*} = \frac{3(1+\lambda)^3}{4(2+3\lambda)^2}\left[\frac{(\phi - \alpha c_n)^2}{\alpha} + \frac{(b\sigma + a)^2}{b}\right] \qquad (8-7)$$

命题 8 - 1：在分散决策下，新产品最优批发价与制造商公平关切系数正相关；单位专利许可费与制造商公平关切系数正相关。

证明：$\frac{\partial w^{D*}}{\partial \lambda} = \frac{(\phi - \alpha c_n)}{\alpha(2+3\lambda)^2} > 0$，$\frac{\partial f^{D*}}{\partial \lambda} = \frac{1}{(2+3\lambda)^2}\left(\frac{\phi - \alpha c_n}{\alpha} + \frac{a + b\sigma}{b}\right) > 0$

证毕。

命题 8 - 2：在分散决策下，产品零售价与公平关切系数正相关；废旧品回收单价与公平关切系数负相关；产品销售量与公平关切系数负相关；废旧品回收量与公平关切系数负相关。

证明：对式（8-6）和式（8-7）中 p^{D*}、r^{D*}、G^{D*}、D^{D*} 分别对 λ 求一阶导数，判断其符号可得。具体过程略。

命题 8 - 3：在分散决策下，经销商利润和效用均与制造商公平关切系数负相关；制造商利润与公平关切系数负相关，制造商效用与公平关切系数正相关；供应链总利润与公平关切系数负相关，总效用与公平关切系数正相关。

证明：对式（8-7）中 π_R^{D*}、π_M^{D*}、U_M^{D*}、$\pi_{总}^{D*}$、$U_{总}^{D*}$ 分别对 λ 求一阶导数，判断其符号可得。具体过程略。

结合命题 8-1 至命题 8-3 我们可以知道，在分散决策下，制造商的公平关切敏感程度加大会增强其心理自豪感，这将加大其相对于经销商的议价能力。故制造商将通过渠道领导者的身份主动提升新产品批发价以及单位专利许可费，试图获取更高的正向利润和逆向利润。作为回应，经销商将提高新产品零售价并且削减废旧品回收费用以保护自身利益，造成新产品销售量和废旧品回收数量的同时下降。另外，从闭环供应链主体效用的角度来讲，新产品销售量和废旧品回收量的降低会导致供应链正向和逆向收益的同时损失，经销商作为追随者，在博弈中处于较弱的地位，因而其利润和效用下降是必然的结果。对于领导者制造商而言，尽管议价能力的加强使其能"掠取"一部分经销商利润，但尚不足以抵消总利润的下降，因而其利润客观上仍然是下降的。但由于制造商对两者间利润的差异越来越敏感，其主观效用和供应链总效用随着公平关切程度的增大而上升。

第四节　集中决策模型分析

集中决策模型实际是制造商和经销商在合作博弈下建立理想化的集权型组织，它们以供应链整体效用最大化为目标进行决策而不考虑各自的效用。由式（8-1）和式（8-2），可得供应链总效用为：

$$U_{总} = [(1-\lambda)p - (1+\lambda)c_n](\phi - \alpha p) + (1-\lambda)(\sigma - r)(a+br) + 2\lambda w[(\phi - \alpha p) - (a+br)] + 2\lambda(f+c_n)(a+br) \tag{8-8}$$

由式（8-7）不难看出总效用与 w 和 f 均正相关，因而当 w 和 f 均为可能取到的最大值时，供应链总效用达到最大。由第 1 部分对 w 和 f 范围的说明，得到：

$$w^{C*} = p, \quad f^{C*} = p - c_n + \sigma - r \tag{8-9}$$

代入式（8-8）得到集中模式供应链总效用表达式为：

$$U_{总} = (1+\lambda)[(p-c_n)(\phi - \alpha p) + (\sigma - r)(a+br)] \tag{8-10}$$

分别对式（8-10）中 p，r 求一阶导数，得驻点方程组，求解方程组可得：

$$p^{C*} = \frac{\phi + \alpha c_n}{2\alpha}, \quad r^{C*} = \frac{b\sigma - a}{2b} \tag{8-11}$$

集中模式下产品销售量，废旧品回收量以及各方利润和效用的表达式为：

$$D^{C*} = \frac{\phi - \alpha c_n}{2}, \quad G^{C*} = \frac{b\sigma + a}{2}, \quad \pi_R^{C*} = U_R^{C*} = 0, \quad \pi_M^{C*} = \frac{(\phi - \alpha c_n)^2}{4\alpha} + \frac{(b\sigma + a)^2}{4b}$$

$$U_M^{C*} = \frac{(1+\lambda)}{4}\left[\frac{(\phi-\alpha c_n)^2}{\alpha} + \frac{(b\sigma+a)^2}{b}\right], \quad \pi_总^{C*} = \pi_M^{C*}, \quad U_总^{C*} = U_M^{C*} \qquad (8-12)$$

命题 8 - 4：在集中决策下，制造商制定的批发价必须为产品零售价，单位专利许可费即为经销商再制造单位利润。新产品销售量、废旧品回收量及各方利润均与制造商公平关切系数无关，渠道利润皆为制造商获得。

证明：略。

该结论表明在集中模式下为使供应链总效用达到最大，必须使双方利润差异最大化，制造商议价能力发挥到极限，制定的批发价和单位专利许可费分别与经销商的单位正向收益和单位逆向收益相同，因而经销商利润降为0。

命题 8 - 5：

（1）$p^{C*} < p^{D*}$，$r^{C*} > r^{D*}$。

（2）$D^{c*} > D^{D*}$，$G^{c*} > G^{D*}$。

（3）$\pi_R^{C*} < \pi_R^{D*}$，$\pi_M^{C*} > \pi_M^{D*}$，$\pi_总^{C*} > \pi_总^{D*}$。

（4）$U_R^{C*} < U_R^{D*}$，$U_M^{C*} > U_M^{D*}$，$U_总^{C*} > U_总^{D*}$。

证明：由式（8-6）、式（8-7）、式（8-11）和式（8-12），用作差法可得。具体过程略。

该结论表明，集中决策模式比分散决策模式效率更高。一方面该模式显著降低产品零售价，提高产品销售量；另一方面能抬高废旧品回收价格，增加废旧品回收数量，显著提升社会绿色效应。另外，该模式不仅能有效地提升制造商效用和供应链总效用，更能增加制造商和供应链的利润。这是由于在集中决策下，原制造商和经销商统一决策，避免利润和效用"双重边际效应"所导致的效率损失。尽管如此，由于在集中模式下损害经销商的利益，因而制造商制定相关契约对供应链进行有效协调，否则经销商将不愿接受集中模式。

第五节 制造商公平关切下的收益费用共享协作机制

由上述可知，无论从社会效应还是从经济效应的角度考虑，集中模式都要优于分散模式，故作为领导者的制造商应该致力于供应链的协调。本书试图用第五章提出的收益费用共享机制来协调制造商公平关切下的专利授权经营策略。该机制的目标是：

（1）产品零售价和废旧品回收价和集中决策时一致，以实现社会效应的最大化。

（2）实现闭环供应链双方效用的帕累托改进，即双方效用都不低于分散模式。具体实施方法为：经销商分享 φpD（p）的销售收益，分担 φrG（r）的废旧品回收费用；制造商分享（$1-\varphi$）pD（p）的销售收益，承担（$1-\varphi$）rG（r）的回收费用。φ 称为收益费用分享比例。此时双方的利润和效用函数变为：

$$U_R = \pi_R = (\varphi p - w)(\varphi - \alpha p) + (\sigma - f - \varphi r)(a + br)$$

$$\pi_M = [(1-\varphi)p + (w - c_n)](\phi - \alpha p) - [(1-\varphi)r - f](a + br)$$

$$U_M = [(1 - \varphi + \lambda - 2\lambda\varphi)p + (1 + 2\lambda)w - (1 + \lambda)c_n](\phi - \alpha p) - [(1 - \varphi + 2\lambda\varphi)r - (1 + 2\lambda)f + \lambda\sigma](a + br) \tag{8-13}$$

式（8-13）中，π_M 表达式分别对 p 和 r 求导，令一阶导数为零，得到驻点方程组，求解得到：

$$p^{SC*} = \frac{\phi\varphi + \alpha w}{2\alpha\varphi}, \quad r^{SC*} = \frac{b(\sigma - f) - a\varphi}{2b\varphi} \tag{8-14}$$

由协调机制的目标（1），比较式（8-11）和式（8-14），得到如下方程组：

$$\begin{cases} \dfrac{\phi\varphi + \alpha w}{2\alpha\varphi} = \dfrac{\phi + \alpha c_n}{2\alpha} \\[3mm] \dfrac{b(\sigma - f) - a\varphi}{2b\varphi} = \dfrac{b\sigma - a}{2b} \end{cases}$$

解得：

$$w^{SC*} = \varphi c_n, \quad f^{SC*} = (1 - \varphi)\sigma \tag{8-15}$$

把式（8-15）代入各方效用表达式，得到：

$$U_R^{SC*} = \pi_R^{SC*} = \frac{\varphi}{4}\left[\frac{(\phi - \alpha c_n)^2}{\alpha} + \frac{(b\sigma + a)^2}{b}\right]$$

$$\pi_M^{SC*} = \frac{(1 - \varphi)}{4}\left[\frac{(\phi - \alpha c_n)^2}{\alpha} + \frac{(b\sigma + a)^2}{b}\right]$$

$$U_M^{SC*} = \frac{(1 - \varphi + \lambda - 2\lambda\varphi)}{4}\left[\frac{(\phi - \alpha c_n)^2}{\alpha} + \frac{(b\sigma + a)^2}{b}\right]$$

$$\pi_{总}^{SC*} = \frac{1}{4}\left[\frac{(\phi - \alpha c_n)^2}{\alpha} + \frac{(b\sigma + a)^2}{b}\right]$$

$$U_{总}^{SC*} = \frac{(1 + \lambda - 2\lambda\varphi)}{4}\left[\frac{(\phi - \alpha c_n)^2}{\alpha} + \frac{(b\sigma + a)^2}{b}\right] \tag{8-16}$$

另外，由供应链协调的目标（2），比较式（8 – 16）和式（8 – 7），得到如下不等式组：

$$\begin{cases} \dfrac{\varphi}{4} \geq \dfrac{(1+\lambda)^2}{4(2+3\lambda)^2} \\[3mm] \dfrac{(1-\varphi+\lambda-2\lambda\varphi)}{4} \geq \dfrac{(1+\lambda)^2}{4(2+3\lambda)} \end{cases}$$

解得收益费用共享比率范围为：

$$\left(\frac{1+\lambda}{2+3\lambda}\right)^2 \leq \varphi \leq \frac{1+\lambda}{2+3\lambda} \tag{8-17}$$

若要实现闭环供应链的完全协调，应该满足闭环供应链总效用等同于集中模式。比较式（8 – 12）和式（8 – 16）中总效用的表达式，可以得出：$\dfrac{(1+\lambda-2\lambda\varphi)}{4} = \dfrac{(1+\lambda)}{4}$，解得 $\varphi = 0$。显然不在式（8 – 17）所显示的范围内。因而该模型实现双方效用的帕累托改进，但并未实现完全协调。

由以上过程还可得到如下结论：

命题 8 – 6：在协作机制下，制造商效用与公平关切系数正相关；经销商效用与制造商公平关切系数无关；供应链总效用与公平关切系数正相关。

证明：由式（8 – 16）可得：

$$\frac{\partial U_M^{SC*}}{\partial \lambda} = \frac{\partial U_{总}^{SC*}}{\partial \lambda} = \left(\frac{1-2\varphi}{4}\right)\left[\frac{(\phi-\alpha c_n)^2}{\alpha} + \frac{(b\sigma+a)^2}{b}\right],\quad \frac{\partial U_R^{SC*}}{\partial \lambda} = 0$$

又由式（8 – 16）可知 $\varphi \leq \dfrac{1+\lambda}{2+3\lambda} \leq 1/2$，故 $\dfrac{\partial U_M^{SC*}}{\partial \lambda} = \dfrac{\partial U_{总}^{SC*}}{\partial \lambda} \geq 0$。证毕。

产生命题 8 – 6 结论的原因在于协作机制下，由于零售价、回收单价、批发价及单位专利许可费均与公平关切系数无关，制造商的议价能力无从发挥，两者间利润分配比例不会发生任何变化，制造商和供应链效用的提高仅源于对利润差异心理敏感程度的提高。

命题 8 – 7：在协作机制下，制造商效用与收益费用分享比例负相关；经销商效用与收益费用分享比例正相关；供应链总效用与收益费用分享比例负相关。

证明：略。

命题 8 – 7 结合上面分析可知，在制造商议价能力一定的情况下，经销商分享收益的比例越高，制造商制定的批发价格越高，但批发价提高带来的收益尚不足抵销收益分享比例的减少，故制造商正向收益下降。随着经销商承担费用的比率提高，制造商将采用降低专利许可费的方式来补偿经销商，并且少收的专利费总额超过再制造成本的增加额，故经销商逆向收益上升，制造商逆向收益下降。由于经销商增加的总利润和制造商减少的总利润正好抵消，因而供应链总利润不变。但由于制造商和经销商之间的利润差异缩小，制造商"嫉妒"心理增强，因而制造商和供应链总效用均下降。

第六节　数值仿真

以下用数值仿真的方法来对前面得出的主要结论进行验证和进一步说明。设定相关参数为：$\phi = 3000$，$\alpha = 90$，$c_n = 100$，$\alpha = 1000$，$b = 110$，$\sigma = 70$。

首先验证制造商制定的产品批发价、零售价以及单位专利许可费、废旧品回收价受制造商公平关切程度的影响，得到图 8 - 1。

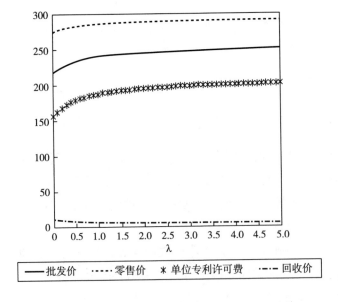

图 8 - 1　λ 变化对各类价格、专利许可费的影响

从图 8 - 1 可以看出：当制造商具有公平关切心理特征，随着公平关切程度的加大，批发价、零售价和单位专利许可费增加，废旧品回收单价降低。而这些价格和费用的变化趋势随公平关切的程度上升而不断地变缓。这说明制造商的公平关切心理增加其议价能力，但议价能力不可能无限加大，供应链会逐渐适应制造商的这种心理特征。

接着分析制造商公平关切程度对制造商和经销商利润的影响以及对供应链公平效用和制造商效用的影响。用 Matlab 作图得到图 8 - 2。可以看出，制造商作为供应链领导者，其利润始终高于经销商利润，因而公平效用始终大于 0，制造商效用始终大于其利润。从该图还可看到，随着制造商公平关切的上升，制造商和经销商之间利润的差异逐渐变大，但变大的趋势越来越小。这说明制造商的公平关切心理特征起到一定分配渠道利润的作用，但这种利润分配作用随着供应链对公平关切特性的适应而逐渐降低。

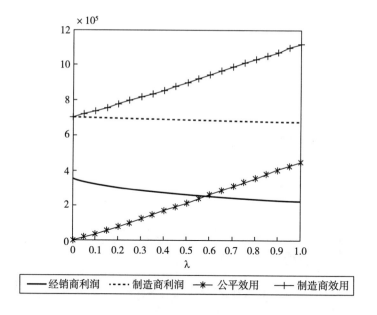

图 8 - 2 λ 变化对各方利润和效用的影响

最后验证制造商公平关切系数对分散、集中以及协作机制模型下供应链总利润和总效用的影响。为验证收益费用分享比例对协作机制效用的影响，在式(8 - 17) 允许的范围内分别取 $\varphi = 0.3$ 和 $\varphi = 0.4$。用 Matlab 作图得到图 8 - 3。从该图可以看到：

（1）在集中模式下的总效用始终大于分散模式。随着制造商公平关切系数的上升，两种模式之间的差距越来越大。因而我们可以知道：制造商的公平关切系数增大效用的"双重边际效应"。

（2）在协作机制模式下的总效用介于另两种总效用之间，并且在 $\lambda = 0$ 时与集中模式的总效用相同。因而，当制造商不含公平关切心理特征时，本书提出的收益费用共享机制能实现完全协调，否则只能实现部分协调，并且制造商公平关切系数越大，其协调性也越差。

（3）当制造商公平关切系数一定时，收益费用分享比例越小，协调机制下的总效用越高。这与命题 8 - 7 的结论完全一致。因而从总效用最大化的角度，制造商应尽量降低经销商承担的废品回收费用。

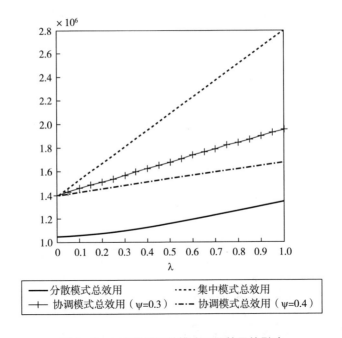

图 8 - 3　λ 变化对三种模式下总效用的影响

第七节　本章小结

本书通过博弈论及数值仿真研究由一个制造商和一个经销商构成的专利授权型闭环供应链系统，制造商作为系统的领导者，并且具有一定的公平关切心理特性。得出的主要结论有：

（1）制造商的公平关切心理特性有助于提高其在供应链中的议价能力，故其制造商定的批发价和单位专利许可费增加，这将抬高产品零售价，降低废旧品回收价，不利于社会效应的实现。

（2）制造商公平关切系数的增大能增加制造商和供应链总效用，但制造商和零售商的实际利润均下降，不利于经济效益的实现。

（3）集中决策下产品零售价、废旧品回收价、制造商利润和效用以及供应链总利润和总效用均优于分散决策，但经销商利润为0。

（4）采用收益分享机制可以实现和集中决策下相同的零售价、废旧品回收价，并实现双方效用的帕累托改进。然而除非制造商公平关切系数为0，否则该机制不能实现闭环供应链的完全协调。

第四篇

再制造供应链 R&D 投资策略分析

党的十八大报告提出"推进绿色发展，循环发展，低碳发展，建设美丽中国"的重要指示，循环发展的最高级别就是再制造。作为实现循环经济的重要途径，回收再制造正越来越受到一些有远见的企业的重视。在政府各部门大力推动下，我国的再制造产业虽然发展较晚，但发展势头良好，在汽车、工程机械、机床等领域开展大量再制造实践的基础上初步形成以高新技术为支撑，既循环又经济的自主创新的再制造模式，已成为世界著名的再制造中心。

从本质上讲，回收再制造过程其实是针对损坏或将报废的零部件重新回收以及进行再制造工程设计，采用一系列相关的先进制造技术，使再制造产品质量达到或超过新品。由此可见，再制造产业其实是一种高技术修复和改造产业，其中蕴含大量的技术创新活动，研发创新是该产业的"生命线"。未来的产品再制造将会围绕着产品的发展趋势、再制造生产特点及再制造质量保证等要求，向着再制造升级、智能化再制造、绿色化和标准化再制造方向发展，而这些都离不开再制造企业高成本的研发投入。然而，与欧美等主要发达国家相比，我国再制造企业在产品研发方面仍存在着一定的差距。最根本的原因在于再制造产业发展时间较短，用户群中"一次性"消费观念仍占据主导地位，用户不但在购买过程中注重产品的性能、耐久性、成本，而且在使用过程中设法延长产品的使用时间，甚至直至"完全报废"，忽视产品回收、再利用价值，这在很大程度上会降低企业发展再制造的动力。例如，像卡特彼勒这样拥有 35 年再制造经验的制造商在进入中国市场时也需要投入大量资金，通过展会、媒体等多种渠道向客户积极宣传再制造产品信息，帮助用户提高生产效率、提高经济效益，渗透循环经济、节能环保的消费理念（工程机械，2009）。

对开展再制造实践的企业而言，再制品并不同于低技术含量的翻新与维修，而是采用专门的工艺在原制造基础上的一次全新制造。因此必须在工艺创新方面投入大量的研发成本，单个企业很难独自承受。很多行业的实践证明，合作研发可以为创新企业提供更多的知识和资金投入，在提升产品质量，降低产品成本，提高再制造产业经济效益以及社会效益方面起着非常重要的作用。近两年来，在各级政府和行业协会的推动下，很多再制造产业开始形成合作创新联盟。例如，2009 年 12 月，机床再制造产业技术创新战略联盟在京正式成立。2013 年 5 月，"智能装备与再制造技术协同创新中心"落址于江苏理工学院。2014 年 5 月我国内燃机再制造产业联盟成立，联盟将结合内燃机行业实际，整合内燃机再制造上下游产业链的研发、设计、制造、装备等产学研创新资源，突破阻碍产业发展的"瓶颈"问题。由此可见，合作研发模式越来越受到政府和企业的关注。与一般产业不同的是，再制造是原制造产业的延伸，再制品和新产品无论在原材料还是生产工艺、生产过程产品方面都有一定相似性，由于很多企业同时开展制造和再制造业务（如卡特彼勒、佳能等），再制造供应链的研发活动存在着明显的溢出效应，这也会对再制造供应链的投资决策产生重要影响。

国内外现有关于企业研发管理及研发模式的研究主要集中在单个企业或者正向供应链方面。Dorroh 等（1994）、Argote（1999）对单个企业研发过程中资金、知识等重要资源投入和创新绩效之间的关系展开研究，发现指数函数是描述这种关系的合理工具。在此基础上，Samaddar 和 Kadiyala（2006）运用领导者—追随者理论分析了合作研发模式中的知识投入分享问题。Ding 和 Huang（2010）将知识溢出视为合作成本，以前期知识投入和当期知识努力为主要变量对知识溢出进行了讨论。熊榆等（2013）则同时考虑资金投入和知识投入对合作研发的影响，主要研究了不同资源投入时合作研发模式形成的条件，进一步扩展了企业研发创新理论。还有一些学者从运作管理角度重点研究了供应链企业研发过程中的溢出效应问题。Aspremont 和 Jacquemin（1988）、Kamien 等（1992）、Suetens（2004）研究了同类企业间的横向 R&D 溢出效应对供应链绩效、各方利润产生的影响。霍沛军等（2002）、Ge 等（2014）重点考察了纵向溢出效应对垂直供应链中各成员利润的影响，具体分析他们提高研发技术分享的动机。孙晓华和郑辉（2012）则构建了同时包括水平技术溢出和垂直技术溢出的三阶段古诺德竞争模型，考察了水平和垂直溢出率对不同研发模式下企业投资的影响。

结合本书前面章节对再制造供应链研究现状的描述我们可以知道，当前再制造供应链的运作管理和供应链研发投资管理是作为两个研究分支单独发展的，关于再制造供应链中的研发投资策略的研究鲜见报道。事实上，再制造供应链的研发投资问题不仅是很多企业开展再制造实践的首要考虑问题，而且与其他正向供应链相比，再制造供应链的投资决策受到废旧品回收率、消费者对再制品接受程度、再制造供应链运作方式（如专利许可经营）等因素的影响，具有一定的独特性。因此再制造供应链中研发投资决策具有较大的研究意义，将成为未来再制造研究中一个重要的领域。

　　基于此，本篇将聚焦于再制造供应链的研发投资决策分析，从一般企业的新产品合作研发投资出发，综合考虑研发投资成本、研发溢出效应、研发模式等因素对再制造供应链研发投资的影响，并提出再制造企业开展合作研发的可行模式，展开对具体实现途径的讨论。本篇包含第九章至第十二章的内容。

第九章 资金投入决策对新产品
合作研发模式的影响

本章针对一般性供应链企业，考虑新产品研发过程中的资金投入决策和研发努力投入决策之间的交互影响。重点研究独立研发模式（NS）、资金分担模式（CS）和共同研发模式（WIS）下的研发联盟产品研发决策和资金投入决策，探讨各种合作模式成立的条件，并对三种模式下的资金投入额，产品创新度以及供应链成员利润进行详细比较。本章结论同样适用于再制造供应链中两个同类企业之间的合作研发模式。

第一节 引 言

随着知识经济的兴起，现代企业的竞争规则发生重大变化，依靠组织间的学习从外部获取关键知识成为企业获取竞争优势的关键手段。在新产品研发方面，越来越多的企业采取合作研发的手段来提升新产品质量，应对市场的不确定性，从而保持持续的盈利能力。在实践上，合作研发存在多种方式。如21世纪初美国一些小型"生物科技实验室"在大型制药企业的资金支持下开展糖尿病药品研发工作，并实现产品的商品化（Grover，1998）。著名 PC 供应商 Dell 则与打印机供应商 Lexmark 公司一起致力于高性能激光打印机的研发过程，DELL 公司主要负责墨盒软件的开发，这一技术迎合 Lexmark 公司产品的特点，降低其研发过程的难度，提高终端产品质量。除此以外，Dell 还在其他产品线，如笔记本电脑、服务器、存储器等领域与供应链伙伴进行合作研发（Bhaskaran 和 Krishnan，2009）。

在企业开展合作研发的过程中，各类资源特别是资金投入会对研发联盟的研发决策产生重要的影响。资金的投入不仅会增加资本收益，也会带来高额的研发成本，从而影响研发努力程度。例如，瑞典 Saab – Scania 公司和美国 Fairychild 公司在合作开发 SF340 客机时，Fairychild 公司在投入巨额知识、资金的同时一如既往地投入研发努力，结果难以承受巨额的研发成本，最终退出研发联盟（Mowery，1988）。因此，如何对各类研发模式中的资源投入和研发努力进行合理均衡对合作研发能否成功将起到重要作用。

现已有较多学者对新产品合作研发策略和研发模式进行研究。比如众多文献探讨多企业之间研发过程中的溢出效应问题（Aspermont 和 Jacqaemin，1988；霍沛军等，2002；孟卫东等，2011）；Kamien 等（1992）比较四种研发合作的组织方式，认为卡特尔形式是最为可行的组织方式。Bhaskaran 和 Krishnan（2009）在考虑研发成本和研发过程不确定的基础上研究纯收益分享、收益分享费用共摊以及创新分享三种合作研发模式，分析在各种研发模式下合作企业间的交互影响，并研究企业研发能力对各方讨价还价能力的影响。李勇等（2005）考虑研发投入和补贴政策，定量研究垂直合作研发的效率，并探讨最优可行帕累托有效新产品合作研发方案的存在问题。这些研究把资源投入或资源效率作为研发成本的构成部分，着重研究企业的研发创新决策，但并没有考虑资源投入本身产生的收益。有些学者专门研究资金、知识等企业重要资源投入和绩效之间的关系（Dorroh 等，1994；Argote，1999），发现指数函数是描述这种关系的合理工具。在此基础上，Samaddar 和 Kadiyala（2006）运用领导者—追随者理论分析合作创新中的知识投入分享问题，就用指数函数来度量知识绩效。Ding 和 Huang（2010）将知识溢出视为合作成本，以前期知识投入和当期知识努力为主要变量对知识溢出进行讨论。熊榆等（2013）则同时考虑资金投入和知识投入对合作研发的影响，主要研究不同资源投入时合作形成的条件。本章的基本模型类似于熊榆等（2013）的研究，该文献尽管研究合作研发中的资源投入决策，但没有深入研究资源投入策略和研发创新决策之间产生的交互影响，而只是把研发投入当作外部参数来处理。另外，这些研究并没有聚焦于不同的合作研发模式，没有深入地比较不同合作研发模式下资源投入、研发投入之间的大小关系，也没有从期望利润角度研究研发联盟各成员对各种合作模式的偏好问题。

基于此，本章同时考虑合作研发过程中的资源（主要是资金）投入决策和研发决策，研究两种决策的交互关系，探讨各种合作研发模式下研发联盟成立的具体条件和决策过程，分析研发联盟各方对各种研发模式的偏好问题，并试图从资金收益以及创新收益两个方面挖掘产生这种偏好的原因。

第二节　模型描述

本章考虑由一家主导产品研发的企业和一家合资企业组成的研发联盟，可以通过三种模式进行研发：一是由研发企业进行独立研发；二是合资企业通过承担一定资金投入的方式与研发企业进行合作研发；三是合资企业不仅承担一部分资金投入，而且直接参与产品研发过程。

参照 Bhaskaran 和 Krishnan（2009）的研究，本章认为企业进行产品研发创新能在一定程度上提高产品质量，从而获得一定的创新收益。考虑企业研发过程为渐进式研发，研发努力程度为 θ，θ 越高代表产品创新程度越高，产品创新收益也越高，因此假设创新收益为 $r\theta$。其中 r 为创新边际收益，代表消费者对产品创新的认可度。类似于 Bhaskaran 和 Krishnan（2009）的研究，本章把产品研发成本表示为：

$$TC = \left(I + \frac{c}{\lambda}\right)\theta^2 \tag{9-1}$$

在式（9-1）中，$I > 0$ 表示资金投入总额，c 为单位时间研发成本，λ 表示企业研发能力。为简化模型，本章假设 c/λ 与 I 间存在一定比例关系，在此基础上把研发成本表示为 $TC = mI\theta^2$，其中 $m > 1$ 称为产品研发成本系数，该参数可以用于表示企业的研发能力（与研发能力负相关）。

企业开展合作研发的重要目的是提高自身盈利能力。类似于熊榆等（2013）的研究，本章考虑企业的资金投入会产生一定绩效，进而获得资金收益，构建资金绩效函数和期望绩效函数如式（9-2）所示：

$$P(I) = 1 - I^{-\beta} + \xi$$
$$E[P(I)] = 1 - I^{-\beta} \tag{9-2}$$

为简化模型计算，假设绩效弹性系数 $\beta = 1$，并用 u 表示单位资金投入产生边际收益。为保证结果有意义，设资金投入的边际收益 u 不能太小，满足条件 $u \geq r^2/4m$。

由以上假设，企业的期望利润由创新利润和资金利润两部分构成。研发联盟各方在不同的研发模式下要进行资金投入决策和研发决策，确定最佳的资金投入水平和研发努力水平使企业获得最大的期望利润。本章假设以上所有信息均为共同信息，决策双方均为中性风险者。用 $\prod_Y^X$ 表示企业 X 在研发模式 Y 下的利润。其中 X 的取值为研发企业（f），合资企业（p），研发联盟（T）。Y 的取值为独立研发模式（NS），资金分担模式（CS），共同研发模式（WIS）。

第三节 独立研发模式（NS）

为了与合作研发模式进行比较，首先研究独立研发模式。在该模式下，研发企业投入全部资金并独立开展产品研发活动，最优资金投入 I 和创新水平 θ 均由该企业根据利润最大化目标独立决定。由前所述，企业期望利润表达式为：

$$E\left(\prod\nolimits_{NS}^f\right) = E\left(\prod\nolimits_{NS}^T\right) = u(1 - I^{-1}) + r\theta - mI\theta^2 - I \tag{9-3}$$

分别对式（9-3）中 I，θ 求一阶偏导并联合求解，得到 NS 模式下最优 I，θ 的表达式为：

$$\theta_{NS}^* = \frac{r}{\sqrt{4m^2u - mr^2}}, \quad I_{NS}^* = \frac{\sqrt{4m^2u - mr^2}}{2m} \tag{9-4}$$

将式（9-4）代入式（9-3）得到期望利润表达式为：

$$E\left(\prod\nolimits_{NS}^{f*}\right) = E\left(\prod\nolimits_{NS}^{T*}\right) = u - \sqrt{\frac{4um - r^2}{m}} \tag{9-5}$$

命题 9-1：（1）θ_{NS}^* 与 u 负相关，与 m 负相关。

（2）I_{NS}^* 与 r 负相关，与 m 正相关。

证明：由式（9-4）中 θ_{NS}^*，I_{NS}^* 的表达式结合条件 $u \geq r^2/m$，得到：

$$\frac{\partial \theta_{NS}^*}{\partial u} = -2m^2r(4m^2u - mr^2)^{-3/2} < 0, \quad \frac{\partial \theta_{NS}^*}{\partial m} = -\frac{r}{2}(4m^2u - mr^2)^{-3/2}(8um - r^2) < 0$$

$$\frac{\partial I_{NS}^*}{\partial r} = -\frac{r}{4m}\left(u - \frac{r^2}{4m}\right)^{-1/2} < 0, \quad \frac{\partial I_{NS}^*}{\partial m} = \frac{r^2}{8m^2}\left(u - \frac{r^2}{4m}\right)^{-1/2} > 0$$

该命题表明，当单独投入资金研发时，研发企业资金边际收益的提高会降低研发活动的边际利润，导致创新水平降低。反之，研发边际收益的提高也会降低资金投入总量。也就是说在独立研发模式下，企业资金效益和研发创新水平之间存在反向溢出效应。另外，企业研发能力的强弱会同时对企业研发决策和资金投入决策产生影响，研发能力越强，研发努力程度越高，但资金投入总量会越低。因此，企业应从资金成本、研发能力等角度综合权衡其投资行为。

命题 9 - 2： (1) $E(\prod_{NS}^{f^*})$ 与 m 负相关，与 r 正相关。

(2) 当 $u > 1 + \dfrac{r^2}{4m}$ 时，$E(\prod_{NS}^{f^*})$ 与 u 正相关；$\dfrac{r^2}{4m} \leqslant u < 1 + \dfrac{r^2}{4m}$ 时，$E(\prod_{NS}^{f^*})$ 与 u 负相关。

证明： 由式 (9 - 5) 中 $E(\prod_{NS}^{f})$ 的表达式结合条件 $u \geqslant r^2/4m$，可得：

$$\frac{\partial E(\prod_{NS}^{f^*})}{\partial m} < 0, \frac{\partial E(\prod_{NS}^{f^*})}{\partial r} > 0, \frac{\partial E(\prod_{NS}^{f^*})}{\partial u} = 1 - \frac{2}{\sqrt{4u - r^2/m}}$$

求解 $\dfrac{\partial E(\prod_{NS}^{f^*})}{\partial u} > 0$ 得到 $u > 1 + \dfrac{r^2}{4m}$，再结合条件 $u \geqslant r^2/4m$，原命题得证。

该命题表明，当独立投入资金研发时，企业期望利润与研发效率正相关。研发能力越强（m 越小），创新边际收益越高，企业期望利润越高。因而企业有动力提高研发效率。而资金效益的提高并不一定能提高企业总利润，只有资金边际收益本身处于高水平时才会对企业有利。否则，收益的提升尚不足以抵消资金成本和研发成本的上升，企业利润反而下降。

第四节 资金分担模式（CS）

在该模式下，研发企业投入部分资金并开展产品研发活动，合资企业通过为研发企业分担 t 份额的资金投入方式来激发研发企业的创新动力，提高产品创新程度。比如美国大型生物制药公司与小型生化科技实验室之间的研发合作关系就属于这种模式，合资企业把研发成果转化为商业利润，因此分享一部分（设份额为通过分享份额为 φ）的资金收益。由于合资企业拥有明显的资金优势，因此成为博弈领导者。双方博弈顺序为：

(1)合资企业 p 先决定最优资金投入分担比例 t。

(2)研发企业 f 决定最优资金总投入 I 和创新水平 θ。两企业期望利润分别为：

$$E(\prod_{CS}^{f}) = (1 - \phi)u(1 - I^{-1}) + r\theta - mI\theta^2 - (1 - t)I \tag{9-6}$$

$$E(\prod_{CS}^{p}) = \phi u(1 - I^{-1}) - tI \tag{9-7}$$

用逆向回溯法求解，分别对式（9-6）中的 I，θ 求一阶偏导并联合求解，得 I，θ 关于 t 的反应函数为：

$$\theta_{CS}^{*}(t) = \left[\frac{(1 - t)r^2}{m(4(1 - \phi)mu - r^2)} \right]^{1/2}, \quad I_{CS}^{*}(t) = \left[\frac{4m(1 - t)}{4(1 - \phi)mu - r^2} \right]^{-1/2} \tag{9-8}$$

将式（9-8）代入式（9-7），得到 $E(\prod_{CS}^{p})$ 关于 t 的表达式，求一阶导数得到均衡 t 表达式为：

$$t_{CS}^{*} = \begin{cases} \dfrac{2(6mu\phi - 4mu + r^2)}{8mu\phi - 4mu + r^2} & \dfrac{2}{3} - \dfrac{r^2}{6mu} < \phi < 1 - \dfrac{r^2}{4mu} \\ 0 & \text{其他} \end{cases} \tag{9-9}$$

将式（9-9）代回式（9-8），得到最优资金投入和创新水平的表达式为：

$$\theta_{CS}^{*} = \frac{r}{\sqrt{m(8mu\phi - 4mu + r^2)}}, \quad I_{CS}^{*} = \frac{\sqrt{m(8mu\phi - 4mu + r^2)}}{2m} \tag{9-10}$$

将式（9-10）代入式（9-6）和式（9-7）可得到 CS 模式下研发企业、投资企业的期望利润以及总利润为：

$$E(\prod_{CS}^{f}) = (1 - \phi)u - \frac{4mu(1 - \phi) - r^2}{\sqrt{m(8mu\phi - 4mu + r^2)}} \tag{9-11}$$

$$E(\prod_{CS}^{p}) = \phi u - \frac{\sqrt{m(8mu\phi - 4mu + r^2)}}{m} \tag{9-12}$$

$$E(\prod_{CS}^{T}) = E(\prod_{CS}^{p}) + E(\prod_{CS}^{f}) = u - \frac{4mu\phi}{\sqrt{m(8mu\phi - 4mu + r^2)}} \tag{9-13}$$

命题 9-3：在合资者承担部分资金投入成本时，只有当合资企业分享的资金收益比例大于 $\dfrac{2}{3} - \dfrac{r^2}{6mu}$ 并且小于 $1 - \dfrac{r^2}{4mu}$ 时，资金分担合约（CS）才有可能实现。

证明：由式（9-9）t^* 的表达式求解不等式 $0 < t^* < 1$ 可得。

该命题指出当合作者为博弈领导者时，出于增强盈利能力，降低追随者研发企业"搭便车"的机会主义行为，会强势要求自身资金分享比例高于一定门槛，但也不能过高，否则追随者将由于丧失研发动力而使合约破裂。

命题 9 - 4：当满足式（9 - 9）中所示的条件，合资者投资分担比例与 m 负相关，与 r 和 φ 正相关。

证明：$\dfrac{\partial t_{CS}^{*}}{\partial m} = \dfrac{-4u\phi r}{(8mu\phi - 4mu + r^2)^2} < 0$，$\dfrac{\partial t_{CS}^{*}}{\partial r} = \dfrac{8mu\phi r}{(8mu\phi - 4mu + r^2)^2} > 0$，$\dfrac{\partial t_{CS}^{*}}{\partial \phi} =$
$\dfrac{4mu(4mu - r^2)}{(8mu\phi - 4mu + r^2)^2} > 0$

该命题揭示合资企业愿意承担的资金比例与研发企业研发参数之间的关系。研发企业研发能力越强（即研发成本系数越小），创新边际收益越高，合资企业愿意承担的资金分担比例也越高。因此在实践中，领导者合资企业应主动承担更多的资金投入以刺激研发企业提高研发能力，获得更高的创新收益，这同时也意味着自己可以获得更大的资金收益分享比例。该比例的提升其实就意味着合资者资金边际收益的提高以及研发企业资金边际收益的降低。因此，该命题体现责任与收益相匹配原则，也同时印证熊榆等（2013）中的相关结论。

命题 9 - 5：当满足式（9 - 9）中所示的条件时。

（1）创新水平 θ_{CS}^{*} 与 φ 负相关，资金投入总量 I_{CS}^{*} 与 φ 正相关。

（2）合资企业期望利润与 φ 负相关，双方总期望利润与 φ 正相关。

证明：（1）的证明可从式（9 - 10）中 θ_{CS}^{*} 表达式的分母和 I_{CS}^{*} 的表达式的分子直接得出。

（2）由式（9 - 12）和式（9 - 13），再结合条件式（9 - 9）得到：

$$\frac{\partial E(\prod_{CS}^{P})}{\partial \phi} = \frac{-u(4m - \sqrt{m(8mu\phi - 4mu + r^2)})}{\sqrt{m(8mu\phi - 4mu + r^2)}} < 0, \quad \frac{\partial E(\prod_{CS}^{T})}{\partial \phi} =$$
$$\frac{-4mu(4mu\phi - 4mu + r^2)}{m^{1/2}(8mu\phi - 4mu + r^2)^{3/2}} > 0$$

该命题表明，当资金投入分担合约不破裂的情况下，领导者合资企业在资金收益方面讨价还价能力的增强有利于提高产品创新程度以及资金投入总量。从单个企业经济利润的角度，根据责任与收益相匹配的原则，资金收益分享比例的提高意味着收益成本承担比例的上升，因而合资者期望利润反而下降。但资金收益分享比例的提高能提升研发联盟的总利润，因为研发企业由于创新收益和资金总量带来的利润增量超过合资企业利润的下降。因而，企业联盟有动力促使合资企业提高讨价还价能力。

第五节　共同研发模式（WIS）

在该模式下，合资企业不仅承担部分资金投入，而且和研发企业共同投入产品研发活动。例如 Dell 和其供应商 Lexmark 之间的合作就属于这种模式。设两者创新水平分别为 θ_p，θ_f，并分别以比例 k 和 1－k 分享产品创新收益。本章假设 k 为常量，代表合资企业在创新收益方面的讨价还价能力。在资金投入方面和 CS 模式相同，合作企业分享份额为 φ 的资金收益，同时承担份额为 t 的资金投入。双方博弈顺序为：

（1）合作企业 p 先决定最优资金投入分担比例 t。

（2）合作企业决定自身承担的产品创新水平 θ_p。

（3）研发企业决定最优资金投入 I 和其承担的最优创新水平 θ_f。两个企业期望利润分别为：

$$E\left(\prod\nolimits_{\mathrm{WIS}}^{f}\right) = (1 - \phi)u(1 - I^{-1}) + (1 - k)r(\theta_f + \theta_p) - mI\theta_f^2 - (1 - t)I$$

$$(9 - 14)$$

$$E\left(\prod\nolimits_{\mathrm{WIS}}^{p}\right) = \phi u(1 - I^{-1}) + kr(\theta_f + \theta_p) - mI\theta_p^2 - tI \qquad (9 - 15)$$

用逆向回溯法，分别对式（9－14）中 I，θ_f 求一阶偏导并联合求解，求得 I，θ_f 关于 t 的反应函数为：

$$\theta_{f\mathrm{WIS}}^{*}(t) = \left[\frac{(1 - t)(1 - k)^2 r^2}{m(4(1 - \phi)mu - (1 - k)^2 r^2)}\right]^{1/2},$$

$$I_{\mathrm{WIS}}^{*}(t) = \left[\frac{4m(1 - t)}{4(1 - \phi)mu - (1 - k)^2 r^2}\right]^{-1/2} \qquad (9 - 16)$$

将式（9－16）代入式（9－15），得到 $E\left(\prod\nolimits_{\mathrm{WIS}}^{p}\right)$ 关于 t 的表达式为：

$$
\begin{aligned}
E\left(\prod\nolimits_{\mathrm{WIS}}^{p}\right) = {} & \phi u\left\{1 - \left[\frac{4m(1 - t)}{4(1 - \phi)mu - (1 - k)^2 r^2}\right]^{1/2}\right\} + \\
& kr\left\{\left[\frac{(1 - t)(1 - k)^2 r^2}{m(4(1 - \phi)mu - (1 - k)^2 r^2)}\right]^{1/2} + \theta_p\right\} - \\
& (m\theta_p^2 + t)\left[\frac{4m(1 - t)}{4(1 - \phi)mu - (1 - k)^2 r^2}\right]^{-1/2} \qquad (9 - 17)
\end{aligned}
$$

式（9-17）分别先对 θ_p 求一阶导数，得到 θ_p（t）的表达式，再代回式（9-16），对 t 求一阶偏导，最后得到均衡 t 和 θ_p 表达式为：

$$t_{WIS}^* = \begin{cases} \dfrac{12mu\phi - 8mu + [2(1-k) - k^2]r^2}{8mu\phi - 4mu + [1 - 2k^2]r^2} & \dfrac{2}{3} - \dfrac{[2(1-k) - k^2]r^2}{12mu} < \phi < 1 - \dfrac{(1-k)^2 r^2}{4mu} \\ 0 & 其他 \end{cases}$$

(9-18)

由该表达式可以看出，与 CS 模式类似，只有当研发企业分享的资金收益比例处于一定范围时，WIS 模式才可能成立。另外，该范围的长度 $L = \dfrac{2}{3} - \dfrac{(1 - 2k)^2 r^2}{12mu}$，由此可以得到以下命题：

命题 9-6：当 $k = 1/2$ 时，WIS 模式形成的可能性最高，该可能性为 2/3。

这说明双方若想通过合作创新的方式来提高产品创新水平，分享一半的创新收益是结成研发联盟最稳固的方式。将式（9-18）代回式（9-17），得到最优资金投入和创新水平的表达式为：

$$I_{WIS}^* = \frac{\sqrt{m[8mu\phi - 4mu + (1 - 2k^2)r^2]}}{2m}, \quad \theta_{fWIS}^* = \frac{(1-k)r}{\sqrt{m[8mu\phi - 4mu + (1 - 2k^2)r^2]}},$$

$$\theta_{pWIS}^* = \frac{kr}{\sqrt{m[8mu\phi - 4mu + (1 - 2k^2)r^2]}}, \quad \theta_{WIS}^* = \frac{r}{\sqrt{m[8mu\phi - 4mu + (1 - 2k^2)r^2]}}$$

(9-19)

将式（9-19）代回式（9-14）和式（9-15）可得到研发企业、投资企业的期望利润以及总利润为：

$$E\left(\prod_{WIS}^f\right) = (1 - \phi)u - \frac{4mu(1 - \phi) - (1-k)r^2}{\sqrt{m[8mu\phi - 4mu + (1 - 2k^2)r^2]}}$$

(9-20)

$$E\left(\prod_{WIS}^p\right) = \phi u - \frac{8mu\phi - 4mu + (1 - 2k)r^2}{\sqrt{m[8mu\phi - 4mu + (1 - 2k^2)r^2]}}$$

(9-21)

$$E\left(\prod_{WIS}^T\right) = u - \frac{4mu\phi - kr^2}{\sqrt{m[8mu\phi - 4mu + (1 - 2k^2)r^2]}}$$

(9-22)

命题 9-7：当满足式（9-18）中所示的条件时：

（1）研发企业创新水平 θ_{fWIS}^* 与 k 负相关，合资企业创新水平 θ_{pWIS}^* 与 k 正相关，总创新水平与 k 正相关。

（2）资金投入总量 I_{CS}^* 与 k 负相关。

证明：由式（9 - 18）和式（9 - 19）可以得到：

$$\frac{\partial \theta_{fWIS}^*}{\partial k} = \frac{-r\left[8mu\phi - 4mu + (1 - 2k)\ r^2\right]}{m^{1/2}\left[8mu\phi - 4mu + (1 - 2k^2)\ r^2\right]^{3/2}} < 0,$$

$$\frac{\partial \theta_{pWIS}^*}{\partial k} = \frac{r\ (8mu\phi - 4mu + r^2)}{m^{1/2}\ (8mu\phi - 4mu + r^2)^{3/2}} > 0,$$

$$\frac{\partial \theta_{WIS}^*}{\partial k} = \frac{2kr^3}{m^{1/2}\ (8mu\phi - 4mu + r^2)^{3/2}} > 0, \quad \frac{\partial I_{WIS}^*}{\partial k} = \frac{-2kr^2}{\sqrt{m\ (8mu\phi - 4mu + r^2)}} < 0$$

该命题表明，在双方进行合作创新时，领导者合资企业从创新收益中分享的比例与双方创新水平以及资金投入总量之间存在着密切关系。该比例越高，追随者的创新努力水平将越低，资金投入总量也越低。因而当追随者创新动力不足时，领导者可通过返回部分创新收益的方式来补偿其部分研发成本，同时刺激其付出更多的创新努力，投入更多资金。然而值得注意的是，该比例的提高有利于产品总创新水平的提高，这说明领导者在创新收益中的讨价还价能力在合作创新活动中占据主导地位。因此，从提高消费者产品体验的角度，领导者应该主动分享更多的创新收益。

命题 9 - 8：

（1）$E\left(\prod_{WIS}^f\right)$ 与 k 负相关。

（2）$E\left(\prod_{WIS}^p\right)$ 与 k 正相关。

（3）当 $k \leqslant 1 - \dfrac{4mu - r^2}{8mu\phi}$ 时，$E\left(\prod_{WIS}^T\right)$ 与 k 正相关；$k > 1 - \dfrac{4mu - r^2}{8mu\phi}$ 时，

$E\left(\prod_{WIS}^T\right)$ 与 k 负相关。

证明：由式（9 - 18）和式（9 - 19）可以得到：

$$\frac{\partial E\left(\prod_{WIS}^f\right)}{\partial k} = \frac{-r^2\left[8mu\phi - 4mu + (1 - 2k)r^2 + 8kmu(1 - \phi)\right]}{m^{1/2}\left[8mu\phi - 4mu + (1 - 2k^2)r^2\right]^{3/2}} < 0$$

$$\frac{\partial E\left(\prod_{WIS}^p\right)}{\partial k} = \frac{2r^2(1 - k)(8mu\phi - 4mu + r^2)}{m^{1/2}\left[8mu\phi - 4mu + (1 - 2k^2)r^2\right]^{3/2}} > 0$$

$$\frac{\partial E\left(\prod_{WIS}^T\right)}{\partial k} = \frac{r^2(8mu\phi - 4mu + r^2 - 8kmu\phi)}{m^{1/2}\left[8mu\phi - 4mu + (1 - 2k^2)r^2\right]^{3/2}}$$

该命题揭示在创新分享模式中合资企业的创新收益分享比例与各方经济利润的关系。随着该比例的增大，研发企业的期望利润不断下降，合资企业的期望利

润不断上升。联盟总利润随着该比例的增大先上升后下降。具体来讲，当满足条件 $k = 1 - \dfrac{4mu - r^2}{8mu\phi}$ 时，联盟总利润达到最高。因此从最大化总利润的角度，合资企业在创新收益方面的讨价还价能力应保持在合时水平，不能太低也不能太高。

第六节　模式比较分析

本部分主要讨论在各种模式下产品创新度、资金投入总量以及各方期望利润的大小。该部分所有命题都假设式（9-9）和式（9-18）的条件成立。

命题 9-9：在满足式（9-9）和式（9-18）的条件下，$\theta_{NS}^* < \theta_{CS}^* < \theta_{WIS}^*$。

证明：由式（9-4）、式（9-10）和式（9-19）用作差法得到：

$$\theta_{CS}^* - \theta_{NS}^* = \frac{\left[8m^2u(1-\phi) - 2mr^2\right]r}{\sqrt{m(8mu\phi - 4mu + r^2)(4m^2u - mr^2)}} > 0$$

$$\left(\sqrt{m(8mu\phi - 4mu + r^2)} + \sqrt{4m^2u - mr^2}\right)$$

$$\theta_{WIS}^* - \theta_{NS}^* = \frac{2mk^2r^3}{m\sqrt{(8mu\phi - 4mu + r^2)\left[8mu\phi - 4mu + (1-2k^2)r^2\right]}} > 0$$

$$\left\{\sqrt{m(8mu\phi - 4mu + r^2)} + \sqrt{m\left[8mu\phi - 4mu + (1-2k^2)r^2\right]}\right\}$$

该命题表明合资者和研发企业共同投入研发过程（WIS）可以获得最大的产品创新，合资者仅分担投入资金（CS）时次之，而研发企业进行独立研发（NS）时产品创新最小。这是由于在 WIS 模式下合资企业参与研发的程度最高，双方共同努力促进产品创新度的提高。这解释了为何 Dell 和 Lexmark 公司分别承担打印机的软硬件开发任务为何能获得比 Dell 独立开发更好的产品性能。而在 NS 研发模式下产品创新要小于 CS，说明合资企业的资金分担行为也能在一定程度上激发研发企业的创新动力。

命题 9-10：在满足式（9-9）和式（9-18）的条件下，$I_{NS}^* > I_{CS}^* > I_{WIS}^*$。

证明：由式（9-4）、式（9-10）和式（9-19）用作差法得到：

$$I_{NS}^* - I_{CS}^* = \frac{\left[2mr^2 - 8m^2u(1-\phi)\right]r}{2m\left[\sqrt{m(8mu\phi - 4mu + r^2)} + \sqrt{4m^2u - mr^2}\right]} > 0$$

$$I_{CS}^* - \theta_{WIS}^* = \frac{2mk^2r^2}{2m\left\{\sqrt{m(8mu\phi - 4mu + r^2)} + \sqrt{m\left[8mu\phi - 4mu + (1-2k^2)r^2\right]}\right\}} > 0$$

该命题表明研发企业进行独立研发时投入的资金最大，在资金分担投入模式下吸引的资金次之，双方合作研发时资金投入量最小。结合命题 9-8 可以知道当资金和创新同时产生收益时，两者的边际效应会呈现出互相平衡现象。在合作研发模式下由于双方的研发努力明显增强，研发企业会通过降低资金投资总量的方式来补偿部分研发成本。

命题 9-11： 在满足式（9-9）和式（9-18）的条件下：

(1) $E(\prod_{WIS}^{P}) > E(\prod_{CS}^{P})$。

(2) $E(\prod_{NS}^{f}) > E(\prod_{CS}^{f}) > E(\prod_{WIS}^{f})$。

证明： 由式（9-12）和式（9-21）用作差法得到：

$$E(\prod_{WIS}^{P}) - E(\prod_{CS}^{P}) = \frac{2r^2k(2-k)[8mu\phi - 4mu + (2-3k)/(2-k)r^2]}{m[8mu\phi - 4mu + (1-2k^2)r^2]}$$

$$(A_1 + A_2) > 0$$

$$E(\prod_{WIS}^{f}) - E(\prod_{CS}^{f}) = \frac{4mu(1-\phi) - r^2}{\sqrt{m(8mu\phi - 4mu + r^2)}} -$$

$$\frac{4mu(1-\phi) - (1-k)r^2}{\sqrt{m[8mu\phi - 4mu + (1-2k^2)r^2]}} < 0$$

$$E(\prod_{NS}^{f}) - E(\prod_{CS}^{f}) > E(\prod_{NS}^{T}) - E(\prod_{CS}^{T}) > 0$$

其中，$A_1 = \frac{\sqrt{m(8mu\phi - 4mu + r^2)}}{m}$，$A_2 = \sqrt{m[8mu\phi - 4mu + (1-2k^2)r^2]}$。

证毕。

该命题表明，从经济利润的角度，合资企业在共同研发模式下获得的利润比资金投入分担模式更多。这是由于在共同研发模式下合资者参与创新的程度比较高，创新收益远高于研发成本。因此合资企业有动力和研发企业一起真正参与产品研发过程，共同提高产品创新水平。但是，对于研发企业而言，在研发主导权下降意味着部分利润被掠夺，其在共同研发模式下获取的总利润明显低于资金分担模式，而在独立研发模式下研发企业具有绝对主导权，期望利润为最高。这充分说明出于利润最大化目的，研发企业并不希望合资企业参与研发过程。综上，合资企业的研发模式偏好为 WIS>CS，研发企业的模式偏好为 NS>CS>WIS。

命题 9-12： 在满足式（9-9）和式（9-18）的条件下，$E(\prod_{WIS}^{T}) > E(\prod_{NS}^{T}) > E(\prod_{CS}^{T})$。

证明： 由式（9-5）、式（9-13）和式（9-22）用作差法，再结合条件式（9-18）得到：

$$E(\prod_{NS}^{T}) - E(\prod_{CS}^{T}) = \frac{[4mu(1-\phi)-r^2]^2}{m(8mu\phi-4mu+r^2)}(A_3+A_4) > 0$$

$$E(\prod_{WIS}^{T}) - E(\prod_{NS}^{T}) = \frac{[4mu(1-\phi)-r^2]^2 + 8mukr^2(1-\phi) - k(2-k)r^4}{m[8mu\phi-4mu+(1-2k^2)r^2]}$$

$$(A_3+A_5) > 0$$

其中，$A_3 = \sqrt{\dfrac{4um-r^2}{m}}$，$A_4 = \dfrac{4mu\phi}{\sqrt{m(8mu\phi-4mu+r^2)}}$，

$A_5 = \dfrac{4mu\phi - kr^2}{\sqrt{m[8mu\phi-4mu+(1-2k^2)r^2]}}$。

该命题指出，在两种合作研发模式均成立的条件下，研发联盟从共同研发模式中获取的总利润高于另两种模式，这说明合资企业从共同研发模式中的收益高于研发企业利润的降低。结合以上命题我们可以得知，无论从产品创新角度，还是合资企业和研发联盟总经济利益等角度考虑，共同研发模式都是最佳的合作研发模式，研发企业应该主动向合资方分享技术细节以实现真正的合作研发，从产品创新中实现企业价值最大化。但是从命题9-11可知 WIS 模式并不能实现研发企业的价值最大化，从研发企业的角度出发它更偏向于合资企业仅分担部分资金成本而不愿其完全参与研发过程，甚至最偏好于独立研发。因此作为博弈的主导方，合资企业应该通过合适的协调机制提高研发企业分享研发过程的动力，实现双方共同的模式偏好。

第七节　数值仿真

为进一步分析各参数对不同合作模式下各方决策的影响，并对理论分析部分得出的相关结论进行验证，以下采用数值仿真的方法进行研究。

首先设定参数 $u = 5.0$，$m = 2.0$，$r = 3.0$，比较在 CS 和 WIS 模式下合资者愿意承担资金比例的大小，并分析 k 的变化对结果的影响。用 Matlab 编程得到图9-1。由图9-1可以看出，无论是哪种合作创新模式，随着承担资金收益比

例的增大，合资者愿意承担资金成本的比例也不断上升。这与命题9－4得出的结论一致。从该图还可以看到，代表CS模式的虚线位于代表WIS模式的实线上部，即在WIS模式下合资者愿意承担的资金成本比例小于CS，并且该比例随着创新收益分享比例的升高（即k的增大）而不断下降。这充分说明合资者参与产品创新程度越高，其资金投入的意愿越低，研发联盟的资金边际利润越低，资金投入总量也越低。这解释了命题9－10的结论。从另一角度观察该图［熊榆等（2013）也采用类似方法］，所有WIS曲线均位于CS曲线右方，并且随着k的增大WIS曲线的位置更加偏右，这表明在WIS模式下合资者在资金收益上的讨价还价能力高于CS模式，并且随着创新边际收益的上升，这种能力也不断攀升。

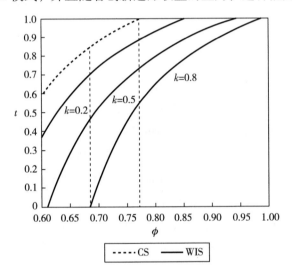

图9－1　φ对资金分担率的影响

　　然后分析投资与研发之间的交互作用。首先研究研发成本系数 m 和创新边际收益 r 对各种模式下研发联盟资金利润的影响，然后研究资金边际收益 u 对在各种模式下研发联盟创新利润的影响。分别得到图9－2至图9－4［为保证各类利润非负，设定在 CS 和 WIS 模式下 φ＝0.6，k＝0.5，并保证横坐标都在式(9－9)和式（9－18）允许范围内］。由图9－2和图9－3可知，随着研发成本系数的增大，在 NS 模式下的资金利润缓慢增大，而在 CS 和 WIS 模式下的资金利润显著降低；随着创新边际收益的增大，在 NS 模式下的资金利润缓慢降低，而在 CS 和 WIS 模式下的资金利润显著上升。由此可知，在 CS 和 WIS 模式下联盟的资金利润与研发效率显著正相关，而独立研发时呈微弱负相关。这进一步扩展熊榆等（2013）的结论（该文献只研究资金投入量和研发效率之间的关系）。但由于独立研发时的资金投入总量明显高于另两种模式（命题 9 - 10 得出），因而只要研发联盟不破裂，合作研发时的资金利润仍小于独立研发。

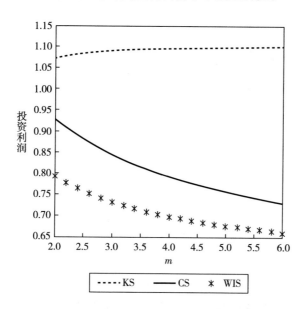

图 9 - 2　研发能力对联盟资金利润的影响

图 9 - 3　创新边际收益对联盟资金利润的影响

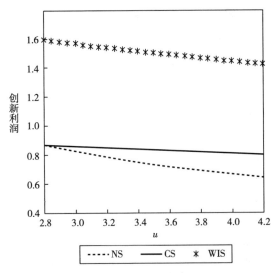

图9-4 资金边际收益对联盟创新利润的影响

由图9-4可知，无论哪种研发模式，资金边际收益的增大一定会引起创新利润的下降，并且独立模式下下降的幅度要明显高于资金分担模式，这再次证明在独立模式下资金效益与创新水平之间的负相关关系（命题9-1）。而从图9-5中可以看出在合作联盟条件成立的情况下，研发联盟的总利润会随资金边际收益的增大而上升，说明高资金效益带来投资总量的提升也会有效弥补创新利润降低的影响，而独立研发模式的曲线上升趋势最快，说明这种效应显然要高于两种合作研发模式。

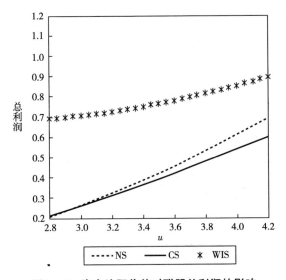

图9-5 资金边际收益对联盟总利润的影响

第八节　本章小结

对于很多开展合作研发的企业联盟而言，研发投资的增加虽然会提升资金收益，但也意味着研发成本的升高，这可能会降低产品创新程度和创新收益。本章同时考虑企业资金收益和创新收益，通过博弈论研究研发联盟成员的资金投入决策和研发决策，并探讨各种合作形成的条件，通过理论比较和数值仿真对各种研发模式下的均衡值和各方期望利润进行分析。研究得出的主要结论有：

（1）在独立研发模式下资金边际效益和研发努力水平负相关，创新边际收益和资金投入量负相关。在合作模式下创新效率和资金利润正相关。

（2）只有当合资企业资金收益分享比率在一定范围内时两种合作模式才有可能形成。该范围受到研发能力、研发边际收益等的影响，并且两种合作形成的条件存在差异。

（3）在资金分担模式下产品创新水平与资金收益分享率负相关，资金投入总量与该比率正相关；在共同创新模式下产品总创新水平与创新收益分享比率正相关，资金投入总量与该比率负相关。

（4）当各种合作模式形成的前提下，独立研发时资金投入总量最大，资金分担投入模式下次之，双方共同研发时资金投入总量最小；在共同研发模式下产品创新程度最高，资金分担投入模式次之，独立研发时产品创新程度最小。

（5）在共同研发模式下合资者愿意承担的资金成本比例小于资金投入分担模式，在共同研发模式下合资者在资金收益上的讨价还价能力高于资金投入分担模式。

第十章　R&D 投资对再制造供应链运作模式的影响①

本章研究再制品和新产品存在价格竞争时，独立再制造商（IR）进行的 R&D 投资对再制造闭环供应链运作效率的影响。分别研究竞争模式（FJ）、合作模式（FH）和一体化模式（C）下 IR 的独立 R&D 投资额、投资价值、各方利润的大小，特别关注消费者对再制品的接受程度以及再制造节约的单位成本对决策结果的影响。本章暂不涉及 OEM 和 IR 的合作研发。

第一节　引　言

随着美国等国家再制造产业在国民经济中的比例越来越高，很多独立再制造商（IR）开始单独承担再制品回收、再制造及销售的所有流程，这给原制造商（OEM）带来很大竞争威胁。如本书第三章引言部分所述，近年来许多学者开始关注 OEM 和 IR 竞争下的运作策略问题。

然而以上研究都忽略了研发（R&D）投资活动对再制造供应链运作模式产生的重要影响。事实上，R&D 不仅是一个企业内生长的驱动因素，而且往往会对其他战略伙伴或竞争者产生重要影响。已有很多学者采用博弈论对供应链中的 R&D 投资决策进行详细分析，如 Aspremont 和 Jacquemin（1988）、Kamien 等（1992）、Suetens（2004）研究了水平合作 R&D 对供应链绩效、各方利润产生的影响。Ge 等（2014）重点考察溢出效应对垂直供应链中制造商、零售商等成员各自利润的影响，具体分析他们提高知识共享的动机。孙晓华和郑辉（2012）构

---

① 本章主要内容经修改后已被《系统管理学报》采用。

建了同时包括水平技术溢出和垂直技术溢出的三阶段古诺德竞争模型，考察水平和垂直溢出率对不同研发模式下企业投资的影响。然而，这些研究都局限于正向供应链领域，涉及逆向再制造供应链中 R&D 投资问题的文献则尚未见。再制造产业其实是一种高技术修复和改造产业，其中蕴含大量的技术创新活动。各国政府及大企业已开始重视再制造产业中的 R&D 问题。如 2009 年 12 月，美国再制造巨头卡特彼勒与广西玉柴股份有限公司合资成立研发中心，致力于再制造发动机和零部件方面的技术 R&D。2010 年 7 月，由 18 家国内汽车生产企业、科研院校等单位成立"汽车产品回收利用产业技术创新战略联盟"，重点开展汽车产品可拆解性设计、可回收性设计与绿色供应链关键技术 R&D 研究。很显然，再制造供应链中的 R&D 活动由于在降低再制造成本、提升再制品质量方面的重要作用，势必会对供应链成员的运作策略产生重大影响。

鉴于此，本章致力于研究再制造供应链在不同运作模式下再制造供应链的 R&D 投资策略问题，重点分析由 IR 独立开展的 R&D 投资策略对再制造供应链的社会效应及成员利润产生的重大影响以及该 R&D 活动在不同的运作模式下产生的效应有何差异，进而分析供应链成员的运作模式偏好变化。

第二节　模型的建立

考虑单一 OEM 和单一 IR 构成的供应链系统，OEM 负责新产品的生产和销售，IR 负责废旧品回收和再制造。消费者认为再制品无论在功能、质量还是耐用度方面均与新产品存在一定差距，故支付意愿较低，从而造成新产品和再制品的价格存在差异。OEM 和 IR 之间存在竞争与合作两种运作关系。IR 开展以降低再制造成本为目的的研发活动。

一、符号约定

本章用到的一些基本参数符号及相关说明如下：

p_n：新产品的零售价格，为原制造商的决策变量。

p_r：再制品的零售价，为再制品销售方（可能为 IR，也可能为 OEM）的决策变量。

c：新产品的单位制造成本，为常量。

c_r：IR 开展 R&D 活动前的再制品的单位制造成本，为常量。显然有 $c_r < c$，本章设定 $c_r = \theta c$，其中 $0 < \theta < 1$，体现再制造成本的大小。

q_n，q_r：新产品和再制品的需求量。根据 Majumder 和 Groenevelt（2001）、熊中楷等（2011）的研究以及消费者效用的相关理论，在价格竞争下新产品和再制品需求量可表示为：

$$q_n = 1 - \frac{p_n - p_r}{1 - \rho}, \quad q_r = = \frac{\rho p_n - p_r}{\rho(1 - \rho)} \tag{10-1}$$

在式（10-1）中，ρ（$0 < \rho < 1$）表示消费者对再制品的接受程度，ρ 越大表示再制造品越受消费者欢迎，相同价格的情况下再制品需求量越大，新产品需求量越小。特别地，本章把 ρ/θ 称为再制造活动的价值成本比，该值较大说明投入较小的成本，可吸引较多的消费者购买再制品，因而该比值体现再制造活动的经济性，可以用该比值衡量再制造产业的成熟性。

x：IR 开展 R&D 活动的产出额。IR 开展 R&D 活动后其再制造成本降低为 $\theta c - x$。

I：IR 开展 R&D 活动的投资成本。显然，IR 的 R&D 产出额 x 与 R&D 投资成本（包括技术、设备、人工等投入）密切相关。根据孙晓华和郑辉（2012）的研究，设 $I(x) = \frac{1}{2}tx^2$。其中，t 为 IR 研发投资成本系数。即 R&D 投资成本为投资产出的凸函数，这与很多企业的实际情况是相符的。

π_j（i = FJ, FH, C; j = IR, OEM, S）：i 决策模式主体 j 的利润函数。下角标 j 分别为：原制造商（OEM）、再制造商（IR），供应链（S）；上角标 i 分别为一体化模式（C）、分散合作模式（FH）、分散化竞争模式（FJ）；上角标中含 * 表示最优值。文中其他变量若出现上下角标，含义同此。

二、模型假设

本章用到如下假设：

（1）在分散决策时，OEM 和 IR 进行 Stackelberg 主从博弈，其中 IR 为主导者，原制造商为追随者。

（2）首先由 IR 进行 R&D 投资决策，然后 OEM 和 IR 进行价格博弈。这是因为研发决策属于企业战略层决策，而价格决策仅为作业层决策。

（3）IR进行研发投资后，其再制造单位成本始终大于0，即$\theta c > x$；OEM的单位成本小于市场规模，即$c < 1$。

（4）本章仅考虑在单周期下OEM和IR的价格博弈和数量博弈模型。所有信息均为两者的共同知识且双方均为风险中性决策者。

第三节　分散模式下的研发决策

一、竞争模式（FJ）

在该模式下，OEM负责进行新产品的生产和销售，IR进行废旧品的再制造并通过自有渠道进行销售，两者在市场上形成价格竞争。在现实生活中，诸如打印机墨盒、硒鼓等普通的易耗品具有使用周期短、可再制造部分回收迅速、再制造过程简单等特点，因此再制造品和新产品之间的竞争尤为激烈。像惠普等主要的打印机供应商经常要通过质量提升等方法才能保持相对于IR的竞争优势。该种运作模式下IR进行研发投资的三阶段博弈顺序描述为：

（1）IR决定R&D投资水平。

（2）IR根据投资水平决定再制品售价。

（3）OEM根据再制品价格决定新产品价格。

根据以上分析，该模式博弈模型可表示为：

$$\max_{p_r}\pi_{IR}^{FJ}(p_r \mid p_n,\ x) = \left[p_r - (\theta c - x)\right]\left[\frac{\rho p_n - p_r}{\rho(1 - \rho)}\right] - \frac{1}{2}tx^2$$

$$\text{s. t.}\quad p_n \in \operatorname*{argmax}_{p_n}\pi_{OEM}^{FJ}(p_n \mid x) = (p_n - c)\left(1 - \frac{p_n - p_r}{1 - \rho}\right) \qquad (10-2)$$

采用逆向归纳法进行求解。得到在FJ模式下新产品和再制品关于R&D投资产出的均衡价格和需求表达式为：

$$p_n^{FJ*}(x) = \frac{(1-\rho)(4-\rho) + \left[(2-\rho)\theta + (4-\rho)\right]c - (2-\rho)x}{4(2-\rho)},$$

$$p_r^{FJ*}(x) = \frac{\rho(1-\rho) + \left[(2-\rho)\theta + \rho\right]c - (2-\rho)x}{2(2-\rho)}$$

$$q_n^{FJ*}(x) = \frac{(1-\rho)(4-\rho) + [(2-\rho)\theta - (4-3\rho)]c - (2-\rho)x}{4(1-\rho)(2-\rho)},$$

$$q_r^{FJ*}(x) = \frac{\rho(1-\rho) - [(2-\rho)\theta - \rho]c + (2-\rho)x}{4\rho(1-\rho)} \qquad (10-3)$$

将式（10-3）代回式（10-2），可以得到在 FJ 模式下 IR 关于 R&D 投资决策的利润表达式为：

$$\pi_{IR}^{FJ}(x) = \frac{\{\rho(1-\rho) - [(2-\rho)\theta - \rho]c + (2-\rho)x\}^2}{8\rho(1-\rho)(2-\rho)} - \frac{1}{2}tx^2 \qquad (10-4)$$

求解可得到均衡 R&D 产出水平表达式，并把该 R&D 产出水平表达式代回式（10-2）、式（10-3）可求得 FJ 模式下新产品和再制品的价格、需求表达式以及双方的利润表达式，具体见第四节表 10-1。

二、分散合作模式（FH）

在该模式下，OEM 充当 IR 经销商的角色。例如作为世界范围内著名的机械设备再制造商，卡特彼勒公司经常与路虎、伊顿、利行星等拥有多种销售渠道的制造商签订再制造供销协议，由卡特彼勒进行废旧品的回收和再制造，然后以一定批发价 w 把再制品批发给制造商（OEM），由制造商负责再制品的销售。该种运作模式下 IR 进行研发投资的三阶段博弈顺序描述为：

（1）IR 决定 R&D 投资水平。

（2）IR 根据 R&D 产出水平决定再制品批发价。

（3）OEM 根据再制品批发价决定再制品和新产品零售价。博弈模型可表示为：

$$\max_w \pi_{IR}^{FH}(w \mid x) = [w - (\theta c_r - x)]\left[\frac{\rho p_n - p_r}{\rho(1-\rho)}\right] - \frac{1}{2}tx^2$$

$$s.t. \quad p_n,\ p_r \in \underset{p_n, p_r}{\operatorname{argmax}} \pi_{OEM}^{FH}(p_n,\ p_r \mid w,\ x) = (p_n - c)\left(1 - \frac{p_n - p_r}{1-\rho}\right) +$$

$$(p_r - w)\left[\frac{\rho p_n - p_r}{\rho(1-\rho)}\right] \qquad (10-5)$$

采用逆向归纳法进行求解。得到在 FH 模式下新产品和再制品关于 R&D 投资产出的均衡售价、批发价和需求表达式为：

$$p_n^{FH} = \frac{1+c}{2},\ p_r^{FH} = \frac{2\rho + (\rho + \theta)c - x}{4},\ w^{FH} = \frac{(\rho + \theta)c - x}{2}$$

表 10 - 1　三种模式的均衡解和最优利润

	FJ	FH	C
x^{i*}	$\dfrac{\rho(1-\rho)+[\rho-(2-\rho)\theta]c}{4\rho(1-\rho)t-(2-\rho)}$	$\dfrac{(\rho-\theta)c}{4\rho(1-\rho)t-1}$	$\dfrac{(\rho-\theta)c}{2\rho(1-\rho)t-1}$
p_n^{i*}	$\dfrac{(1-\rho)(4-\rho)+[(2-\rho)\theta+(4-\rho)]c-(2-\rho)x^{FJ*}}{4(2-\rho)}$	$\dfrac{1+c}{2}$	$\dfrac{1+c}{2}$
p_r^{i*}	$\dfrac{[2\rho(1-\rho)t-(2-\rho)][\rho(1-\rho)+[\rho-(2-\rho)\theta]c]}{(2-\rho)(4\rho(1-\rho)t-(2-\rho))}+\theta c$	$\dfrac{[2\rho(1-\rho)(\rho+\theta)t-\rho]c}{2[4\rho(1-\rho)t-1]}+\dfrac{\rho}{2}$	$\dfrac{[2\rho(1-\rho)\theta t-\rho]c}{2[2\rho(1-\rho)t-1]}+\dfrac{\rho}{2}$
q_n^{i*}	$\dfrac{(1-\rho)(4-\rho)+[(2-\rho)\theta-(4-3\rho)]c-(2-\rho)x^{FJ*}}{4(1-\rho)(2-\rho)}$	$\dfrac{1}{2}-\dfrac{[2\rho(1-\rho)(2-\rho)t-(1-\rho)]c}{2(1-\rho)[4\rho(1-\rho)t-1]}$	$\dfrac{1-\rho-(1-\theta)c-x^{c*}}{2(1-\rho)}$
q_r^{i*}	$\dfrac{t[\rho(1-\rho)+[\rho-(2-\rho)\theta]c]}{4\rho(1-\rho)t-(2-\rho)}$	$\dfrac{t(\rho-\theta)c}{4\rho(1-\rho)t-1}$	$\dfrac{t(\rho-\theta)c}{2\rho(1-\rho)t-1}$
π_{IR}^{i*}	$\dfrac{t[\rho(1-\rho)+(\rho-(2-\rho)\theta)c]^2}{2(2-\rho)(4\rho(1-\rho)t-(2-\rho))}$	$\dfrac{t(\rho-\theta)^2c^2}{2[4\rho(1-\rho)t-1]}$	$\dfrac{t(\rho-\theta)(\rho-\theta c)c}{2[2\rho(1-\rho)t-1]}$
π_{OEM}^{i*}	$\dfrac{\{(1-\rho)(4-\rho)+[(2-\rho)\theta-(4-3\rho)]c-(2-\rho)x^{FJ*}\}^2}{16(1-\rho)}$	$\dfrac{\left[\begin{array}{l}2\rho(1-c)[2(1-\rho)-(2-\rho)\theta]c-x^{FH*}]\\+(2\rho-(\rho+\theta)c+x^{FH*})[(\rho-\theta)c+x^{FH*}]\end{array}\right]}{16\rho(1-\rho)}$	$\dfrac{(1-c)^2}{4}-\dfrac{t\rho(\rho-\theta)(1-c)c}{2[2\rho(1-\rho)t-1]}$
π_S^{i*}	$\pi_{IR}^{FJ*}+\pi_{OEM}^{FJ*}$	$\pi_{IR}^{FH*}+\pi_{OEM}^{FH*}$	$\dfrac{(1-c)^2}{4}+\dfrac{t(\rho-\theta)^2c^2}{2[2\rho(1-\rho)t-1]}$
条件	$\theta<\dfrac{\rho(1-\rho+c)}{(2-\rho)c},t>\dfrac{2-\rho}{[4\rho(1-\rho)]}$	$\theta<\rho,t>1/[4\rho(1-\rho)]$	$\theta<\rho,t>1/[2\rho(1-\rho)]$

注：经检验三种模式中海塞矩阵是负定的，可知表 10 - 1 中的各利润均为最大利润。

$$q_n^{FH} = \frac{2(1-\rho) - (2-\rho-\theta)c - x}{4(1-\rho)}, \quad q_r^{FH} = \frac{(\rho-\theta)c + x}{4\rho(1-\rho)} \qquad (10-6)$$

将式（10-6）代入式（10-5），可以得到在 FH 模式下 IR 关于 R&D 投资决策的利润表达式为：

$$\pi_{IR}^{FH}(x) = \frac{\left[(\rho-\theta)c + x\right]^2}{8\rho(1-\rho)} - \frac{1}{2}tx^2 \qquad (10-7)$$

求解可得到均衡 R&D 产出水平表达式，并把该 R&D 产出水平表达式代入式（10-5）和式（10-6）可求得在 FH 模式下新产品和再制品的价格、需求表达式以及双方的利润表达式，具体见第四节表 10-1。

第四节　一体化决策模式（C）

该模式是指建立一个理想化的集权型的组织，原制造商和再制造商均为该组织的成员，它们均不追求自身利润最大化，而是以供应链总体利润最大化为目标。该模式决策模型可表示为：

$$\max_{p_r, p_n, x} \pi_{\zeta} = (p_n - c)\left(1 - \frac{p_n - p_r}{1 - \rho}\right) + \left[p_r - (\theta c - x)\right]\left[\frac{\rho p_n - p_r}{\rho(1-\rho)}\right] - \frac{1}{2}tx^2 \qquad (10-8)$$

分别对式（10-8）中 p_n，p_r 求导，另一阶导数为 0，联立求解得到在 C 模式下新产品和再制品关于 R&D 投资产出的均衡售价、批发价和需求表达式为：

$$p_n^C(x) = \frac{1+c}{2}, \quad p_r^C(x) = \frac{\rho + \theta c - x}{2},$$

$$q_n^C(x) = \frac{(1-\rho) - (1-\theta)c - x}{2(1-\rho)}, \quad q_r^C(x) = \frac{(\rho-\theta)c + x}{2\rho(1-\rho)} \qquad (10-9)$$

式（10-9）代回式（10-8）得到利润关于 x 的表达式，把该表达式对 x 求导，令其为 0，再与式（10-9）联立可以得到所有决策变量以及供应链各成员利润表达式。具体见表 10-1。

由于 IR 是开展再制造和 R&D 的主体，当再制品需求小于 0 或者 IR 利润小于 0 时，整个再制造策略将变得无利可图。因此，为保证再制造研发的顺利开展，必须满足：

$$q_r^{i*} > 0, \quad \pi_{IR}^{i*} > 0$$

得出各种模式需满足的基础条件，列于表 10-1 最后一行。总体来讲，再制造成本不能太大，研发成本系数不能太小。若再制造成本太大，其单位利润不足以支持研发成本，若研发成本系数太小则会引起过大的研发投入，两者都会导致再制造策略无利可图。由于 $\frac{\rho(1-\rho+c)}{(2-\rho)c} > \rho$，$1/[2\rho(1-\rho)] > \frac{2-\rho}{4\rho(1-\rho)}$，也就是在 FJ 模式下的再制造成本要求最宽松，在 C 模式下的研发成本系数要求最严格，因此本章假设满足条件：

$$\theta < \rho,\ t > 1/[2\rho(1-\rho)] \tag{10-10}$$

即能保证三种模式下的再制造均有利可图。后面的讨论若无特殊说明，均假设该条件成立。

第五节　分散决策下再制造商 **R&D** 投资效应分析

命题 10-1：当 IR 和 OEM 分散决策时：

（1）在 FJ 模式下，p_n，p_r，q_n 与 x 负相关，q_r 与 x 正相关。

（2）在 FH 模式下，p_r，q_n 与 x 负相关，q_r 与 x 正相关，p_n 与 x 不相关。

证明：由式（10-3）和式（10-6）中 p_n，p_r，q_n，q_r 的表达式对 x 求一阶导数可得，具体过程略。

该命题表明，当 R&D 投资额为外生变量时，再制品价格和新产品数量随着 R&D 投资水平的增大而降低，再制品数量随 R&D 投资水平的增大而增大。这说明无论在 IR 和 OEM 处于合作还是竞争状态，IR 开展的 R&D 活动都会增大其成本优势，使 IR 有动力降低再制品价格，从而增强再制品的挤兑效应，有助于提高整个社会的绿色效应。另外，在合作模式下，IR 成本的降低仅会影响其制定的再制品批发价，因而新产品价格不会随投资水平的变化而变化。

命题 10-2：当再制造有利可图时：

（1）$\pi_{IR}^{FJ}(x^{FJ*}) > \pi_{IR}^{FJ}(0)$，$\pi_{IR}^{FH}(x^{FH*}) > \pi_{IR}^{FH}(0)$。

（2）$\pi_{OEM}^{FJ}(x^{FJ*}) < \pi_{OEM}^{FJ}(0)$，$\pi_{OEM}^{FH}(x^{FH*}) > \pi_{OEM}^{FH}(0)$。

证明：（1）由于 x^{FJ*} 和 x^{FH*} 分别是使 $\pi_{IR}^{FJ}(x)$ 和 $\pi_{IR}^{FH}(x)$ 取得最大值的决策变量，故显然 $\pi_{IR}^{FJ}(x^{FJ*}) > \pi_{IR}^{FJ}(0)$，$\pi_{IR}^{FH}(x^{FH*}) > \pi_{IR}^{FH}(0)$ 成立。

(2) 由于 $\dfrac{\partial \pi_{OEM}^{FJ}(x)}{x} = \dfrac{-\{(1-\rho)(4-\rho)+[(2-\rho)\theta-(4-3\rho)]c-(2-\rho)x\}}{8(1-\rho)(2-\rho)} < 0$，故 $\pi_{OEM}^{FJ}(x^{FJ*}) < \pi_{OEM}^{FJ}(0)$。

由于 $\pi_{OEM}^{FH}(x^{FH*}) - \pi_{OEM}^{FH}(0) = \dfrac{2c(\rho-\theta)x^{FH*}+x^{FH*2}}{16\rho(1-\rho)} = \dfrac{3c^2(\rho-\theta)^2}{16\rho(1-\rho)[4\rho(1-\rho)t-1]} > 0$，故 $\pi_{OEM}^{FH}(x^{FH*}) > \pi_{OEM}^{FH}(0)$。

证毕。

该命题揭示 IR 主导的 R&D 活动对供应链双方的经济价值。无论哪种模式，R&D 活动都会提高 IR 的利润。也就是说，IR 进行 R&D 投资一定是有利可图的。在合作模式下，R&D 活动同样也可以提升 OEM 的利润，实现供应链双方的"双赢"。这是由于 IR 再制造成本的降低使其愿意通过降低批发价的形式降低 OEM 成本，形成明显的正向溢出效应。但是在竞争模式下，R&D 投资成为 IR 获取竞争优势的重要武器，该活动通过增强再制品对新产品的挤出效应而降低 OEM 的利润，负向溢出效应明显。

命题 10 - 3：(1) $\pi_S^{FH}(x^{FH*}) < \pi_S^{FH}(0)$。

(2) 当满足 $\rho/\theta > \dfrac{\{2[(8-5\rho)c+\rho-\rho^2]A-(2-\rho)(1-\rho+c)B\}}{(2-\rho)(2(4-\rho)A-(2-\rho)B)c}$ 时，$\pi_S^{FJ}(x^{FJ*}) > \pi_S^{FJ}(0)$，否则 $\pi_S^{FJ}(x^{FJ*}) < \pi_S^{FJ}(0)$。其中 $A = 4\rho(1-\rho)t-(2-\rho)$，$B = 8\rho(1-\rho)t-(4-\rho)$。

证明：在命题 3 中 (1) 由于 $\pi_{IR}^{FH}(x^{FH*}) > \pi_{IR}^{FH}(0)$ 且 $\pi_{OEM}^{FH}(x^{FH*}) > \pi_{OEM}^{FH}(0)$，故显然 $\pi_S^{FH}(x^{FH*}) > \pi_S^{FH}(0)$ 成立。

(2) 的证明用作差法结合式（10 - 10）得到：

$$\pi_{OEM}^{FJ}(x^{FJ*}) - \pi_{OEM}^{FJ}(0) = \dfrac{\{\rho(1-\rho)-[(2-\rho)\theta-\rho]c+(2-\rho)x^{FJ*}\}^2}{8\rho(1-\rho)(2-\rho)} -$$

$$\dfrac{1}{2}tx^{FJ*2} - \dfrac{\{\rho(1-\rho)-[(2-\rho)\theta-\rho]c\}^2}{8\rho(1-\rho)(2-\rho)} +$$

$$\dfrac{\{(1-\rho)(4-\rho)+[(2-\rho)\theta-(4-3\rho)]c-(2-\rho)x^{FJ*}\}^2}{16(1-\rho)(2-\rho)^2} -$$

$$\dfrac{\{(1-\rho)(4-\rho)+[(2-\rho)\theta-(4-3\rho)]c\}^2}{16(1-\rho)(2-\rho)^2}$$

$$= \dfrac{\{\rho\{2[(8-5\rho)c+\rho-\rho^2]A-(2-\rho)(1-\rho+c)B\}-\theta(2-\rho)c[2(4-\rho)A-(2-\rho)B]\}x^{FJ*}}{16\rho(2-\rho)(1-\rho)[4\rho(1-\rho)t-(2-\rho)]}$$

求解不等式 $\pi_{\text{OEM}}^{\text{FJ}}(x^{\text{FJ}*}) - \pi_{\text{OEM}}^{\text{FJ}}(0) > 0$ 和 $\pi_{\text{OEM}}^{\text{FJ}}(x^{\text{FJ}*}) - \pi_{\text{OEM}}^{\text{FJ}}(0) < 0$ 并整理，即得到命题 10 – 3 中（2）的结论。

该命题从再制造供应链整体利润的角度阐明 R&D 活动的有效性。在合作模式下 IR 主导的 R&D 活动能实现双方利润的共赢，无疑将提升供应链整体利润。但在竞争模式下，R&D 活动是否能提高供应链利润取决于再制造活动的成本价值比。只有在该比值较高的情况下 R&D 活动才能体现出其应有价值，否则该活动反而将降低供应链整体利润。这是因为若再制造活动成本较高或者再制品受欢迎程度较低时，R&D 活动对新产品的挤兑作用是一种"劣币驱逐良币"的过程，因而将降低社会总利润。因此，从供应链总利润的角度，在再制品与新产品竞争效应明显的环境中，只有当再制造产业发展成熟，再制造活动效率较高时政府才应鼓励再制造商开展研发活动。

第六节　三种模式比较分析

命题 10 – 4：当再制造有利可图时：

（1）无论哪种模式，R&D 投资水平 x 与再制造成本比例 θ 负相关。

（2）当 $\theta > \dfrac{1 - c - 2\rho t(1 - \rho - c)}{2\rho tc}$ 时，$x^{\text{FJ}*} > x^{\text{C}*} > x^{\text{FH}*}$。

（3）当 $\theta < \dfrac{1 - c - 2\rho t(1 - \rho - c)}{2\rho tc}$ 时，$x^{\text{C}*} > x^{\text{FJ}*} > x^{\text{FH}*}$。

证明：命题 10 – 4 中（1）由表 10 – 1 中 x^{i*} 在各种模式下的表达式对 θ 求一阶导数简单可得，详细过程略。（2）（3）由表 10 – 1 中 x^{i*} 在各种模式下的表达式用作差法，并结合式（10 – 10）得到：

$$x^{\text{C}*} - x^{\text{FH}*} = \frac{2\rho(1-\rho)tc(\rho - \theta)}{[2\rho(1-\rho)t - 1][4\rho(1-\rho)t - 1]} > 0$$

$$x^{\text{FJ}*} - x^{\text{FH}*} = \frac{[4\rho(1-\rho)t - 1] - [4\theta(1-\rho)t - 1]c}{[4\rho(1-\rho)t - (2-\rho)][4\rho(1-\rho)t - 1]} > 0$$

$$x^{\text{FJ}*} - x^{\text{C}*} = \frac{\rho(1-\rho)\{[2\rho(1-\rho)t - 1] - [2\rho t(1-\theta) - 1]c\}}{[4\rho(1-\rho)t - (2-\rho)][2\rho(1-\rho)t - 1]} \qquad (10-11)$$

求解不等式 $x^{\text{FJ}*} - x^{\text{C}*} > 0$，得到当 $\theta > \dfrac{1 - c - 2\rho t\ (1 - \rho - c)}{2\rho tc}$ 时，有 $x^{\text{FJ}*} >$

x^{C*}，否则 $x^{FJ*} < x^{C*}$。证毕。

该命题表明，无论在哪种运作模式下，再制造成本越低，IR 投入的 R&D 投资额越多，也就是说 R&D 投资产生的边际效应会随着再制造活动经济性的增加而越发明显。比较不同研发模式，在竞争模式下吸引的 R&D 投资额高于合作模式，这是因为在合作模式下 IR 开展 R&D 投资产生的利润一部分要通过降低批发价的形式转移至 OEM，IR 研发动力较低。在合作模式下双方进行一体化研发决策能吸引比分散决策更多的 R&D 投资，然而在竞争模式下这一结论则未必成立，只有当再制造成本较小时才能得到相似的结论。而当再制造成本较高时，分散决策下的 R&D 投资额会对 IR 产生的边际效应更高，因而投入的 R&D 投资额甚至会高于一体化研发。

命题 10 - 5： 当再制造有利可图时：

（1）当 $\theta > \dfrac{1 - c - 2\rho t(1 - \rho - c)}{2\rho tc}$ 时，$q_r^{FJ*} > q_r^{C*} > q_r^{FH*}$。

（2）当 $\theta < \dfrac{1 - c - 2\rho t(1 - \rho - c)}{2\rho tc}$ 时，$q_r^{C*} > q_r^{FJ*} > q_r^{FH*}$。

证明： 由表 10 - 1 中 q_r^{i*} 在各种模式下的表达式用作差法并结合式（10 - 10）得到：

$$q_r^{C*} - q_r^{FH*} = \frac{2\rho(1 - \rho)t^2 c(\rho - \theta)}{[2\rho(1 - \rho)t - 1][4\rho(1 - \rho)t - 1]} > 0$$

$$q_r^{FJ*} - q_r^{FH*} = \frac{t\{[4\rho(1 - \rho)t - 1] - [4\theta(1 - \rho)t - 1]c\}}{[4\rho(1 - \rho)t - (2 - \rho)][4\rho(1 - \rho)t - 1]} > 0$$

$$q_r^{FJ*} - q_r^{C*} = \frac{t\rho(1 - \rho)\{[2\rho(1 - \rho)t - 1] - [2\rho t(1 - \theta) - 1]c\}}{[4\rho(1 - \rho)t - (2 - \rho)][2\rho(1 - \rho)t - 1]} \tag{10 - 12}$$

该命题表明在各种模式下再制品数量的大小关系与 R&D 投资额之间的关系是一致的，即合作模式始终最低，当再制造单位成本较低时一体化模式最高，竞争模式次之；当再制造单位成本较高时竞争模式最高，一体化模式次之。这说明从提高社会绿色效应的角度出发，当再制造活动比较"经济"时，政府应该鼓励 IR 开展一体化研发模式，否则应鼓励 IR 在进行 R&D 活动的同时与 OEM 开展适当竞争。

命题 10 - 6： 当再制造有利可图时：

（1）$p_r^{FH*} > p_r^{C*} > p_r^{FJ*}$。

（2）$p_n^{FH*} = p_n^{C*} > p_n^{FJ*}$。

证明：由式（10-4）、式（10-7）和式（10-10）及表10-1中 x^{i*} 在各种模式下的表达式用作差法得到：

$$p_r^{FH*} - p_r^{C*} = \frac{(\rho-\theta)c + 2x^{C*} - x^{FH*}}{4} > 0, \quad p_n^{FH*} - p_n^{C*} = 0$$

$$p_r^{C*} - p_r^{FJ*} = \frac{\rho\left\{[4\rho(1-\rho)t-(2-\rho)][2\rho(1-\rho)t-1](1-c) + \rho(1-\rho)(2-\rho)\{[2\rho(1-\rho)t-1]-[2\rho t(1-\theta)-1]c\}\right\}}{2(2-\rho)[4\rho(1-\rho)t-(2-\rho)][2\rho(1-\rho)t-1]} > 0$$

$$p_n^{FJ*} - p_n^{FH*} = \frac{4\rho(1-\rho)(2-\rho)tc\theta - \rho\{(3-\rho-c)[4\rho(1-\rho)t-(2-\rho)]+(2-\rho)(1+c-\rho)\}}{4(2-\rho)[4\rho(1-\rho)t-(2-\rho)]} < 0 \qquad (10-13)$$

该命题表明比较另外两种R&D模式，在竞争模式下的R&D投资能获得较低的再制品售价和新产品售价，因而最受消费者青睐。而合作研发模式下的再制品售价最高，一体化研发模式次之。产生这一现象的原因除了各模式的内部机制使然外，还有一个原因在于合作模式下IR的R&D投资额最少，成本降低的幅度最小，因而IR降价的动力也最小。而竞争模式下IR进行R&D投资的动力最为明显。因而从提高消费者剩余的角度出发，政府应鼓励IR与OEM进行适当竞争。

命题10-7：当再制造有利可图时：

（1）当 $\theta < \dfrac{B - \sqrt{B^2 - 8c^2(1-\rho)(2-\rho)tM}}{4c^2(1-\rho)(2-\rho)t}$ 时，$\pi_{IR}^{C*} > \pi_{IR}^{FJ*} > \pi_{IR}^{FH*}$。

（2）当 $\theta > \dfrac{B - \sqrt{B^2 - 8c^2(1-\rho)(2-\rho)tM}}{4c^2(1-\rho)(2-\rho)t}$ 时，$\pi_{IR}^{FJ*} > \pi_{IR}^{C*} > \pi_{IR}^{FH*}$。其中，$B = c(2-\rho)[4\rho(1-\rho)t-1+c]$，$C = [2(2\rho+2c-1-\rho^2-c^2)\rho(1-\rho)t + (1-c)(1-c+\rho^2-2\rho)]$。

证明：由表10-1中 π_i^{i*} 在各种模式下的表达式用作差法并结合式（10-10）得到：

$$\pi_{IR}^{FJ*}S - \pi_{IR}^{FH*}S > \frac{t\{\{\rho(1-\rho)+[\rho-(2-\rho)\theta]c\}-(2-\rho)(\rho-\theta)c\}^2}{[2-\rho)(4\rho(1-\rho)t-1]}$$

$$= \frac{t[\rho(1-\rho)(1-c)]^2}{(2-\rho)[4\rho(1-\rho)t-1]} > 0$$

$$\pi_{IR}^{C*}S - \pi_{IR}^{FH*}S = \frac{t(\rho-\theta)c\{[4\rho(1-\rho)t-1](\rho-\theta c)-[2\rho(1-\rho)t-1](\rho-\theta)\}}{2[2\rho(1-\rho)t-1][4\rho(1-\rho)t-1]} > 0$$

$$\pi_{IR}^{C*} - \pi_{IR}^{FJ*} = \frac{t\rho^2 \{2c^2(1-\rho)(2-\rho)t\theta^2 - c(2-\rho)[4\rho(1-\rho)t-1+c]\theta + [2(2\rho+2c-1-\rho^2-c^2)\rho(1-\rho)t + (1-c)(1-c+\rho^2-2\rho)]\}}{2(2-\rho)[2\rho(1-\rho)t-1][4\rho(1-\rho)t-(2-\rho)]}$$

$$(10-14)$$

求解关于 θ 二次项的不等式 $\pi_{IR}^{C*}S - \pi_{IR}^{FJ*}S > 0$，可以得到该结论。

该命题表明，当再制造策略有利可图时，若再制造成本较低，则 IR 的利润在一体化研发模式下最高，竞争模式下次之，合作模式下最低。若再制造成本较高，IR 的利润在竞争模式下最高，一体化研发模式下次之，合作模式下最低。由于在合作模式下 IR 创造的逆向利润很大一部分将与 OEM 分享，再加上 IR 开展 R&D 活动的动力不足，因而该模式下 IR 的利润明显小于另两种模式。而当再制造成本较低时，一体化研发模式能吸引较高的 R&D 投资，产生较高的边际利润，因此 IR 的研发模式偏好为 C > FJ > FH。当再制造成本较高时，竞争模式下的再制品数量最高，IR 的研发模式偏好为 FJ > C > FH。

第七节　数值仿真

由于表 10 - 1 中各方利润的表达式太复杂，难以用理论分析的方法进行研究，故本部分采用数值仿真的方法研究三种研发模式下 OEM 的利润和供应链总利润大小，进一步分析再制品接受程度和再制造成本大小对 IR 运作模式选择的影响，并且分析 R&D 活动对供应链价值的影响。通过对某地区相关再制造企业以及当地消费者对再制品接受程度的调研，设定再制造供应链中的重要参数为 $c = 0.8$，$t = 10$，$\rho = 0.8$。首先研究再制造成本 θ 对各种研发模式下 OEM 的利润和供应链总利润的影响。用 Matlab7.0 作图得到图 10 - 1 和图 10 - 2。仔细观察可得到如下结果：

（1）当 IR 开展 R&D 活动时，竞争模式和一体化模式下 OEM 的利润随着再制造成本的上升而增大，但一体化模式下的利润变动幅度明显高于竞争模式，而在合作模式下 OEM 的利润则随着再制造成本的上升而缓慢降低。这是由于合作模式 OEM 和 IR 共享逆向利润，该利润会受到较高再制造成本的影响。但该模式下的 OEM 利润仍大于另两种模式，OEM 的模式偏好大多数情况下为 FH > C >

FJ，只有当再制造成本很低时为 FH＞FJ＞C。

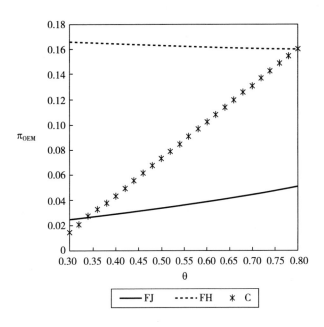

图 10－1 再制造成本对 OEM 利润影响

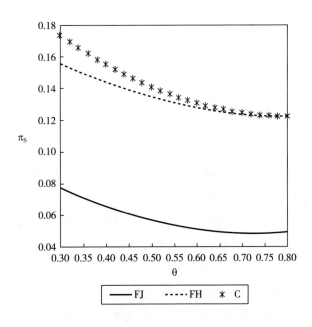

图 10－2 再制造成本对供应链总利润影响

（2）不管哪种研发模式，供应链总利润都随着再制造成本的上升而降低，整体供应链的模式偏好始终为 C＞FH＞FJ。

接着详细研究 IR 开展的 R&D 投资活动对 IR 和供应链总价值的影响。此研究是基于 IR 开展 R&D 活动前后各方利润的变动情况。从命题 3 可知再制造价值成本比 ρ/θ 会影响 R&D 价值的正负，因而此处也分析该比值对各方价值的影响。得到图 10 - 3 和图 10 - 4。

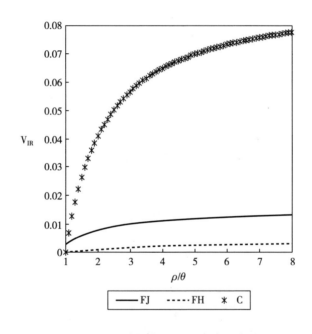

图 10 - 3 ρ/θ 对各模式 IR 研发价值的影响

（1）无论哪种模式，IR 从 R&D 活动中获得的价值始终大于 0，并且该价值随着再制造活动价值成本比例的增大而上升，这说明再制品的接受程度越高，再制造活动成本越低（表明再制造活动越经济），IR 开展 R&D 活动的动力越大。从图 10 - 3 还可以看出一体化研发模式中研发价值的上升速度远远高于另两种模式，而在合作模式下的研发价值始终小于竞争模式，因而从研发活动创造价值的角度，绝大多数情况下 IR 的模式偏好为 C＞FJ＞FH。

（2）无论哪种模式，R&D 活动对供应链整体产生的价值始终与再制造活动的经济性正相关。另外，供应链价值的变动速度在合作模式下最慢，其次是竞争模式，最快是一体化研发模式，这说明在一体化模式下 R&D 活动对供应链产生的

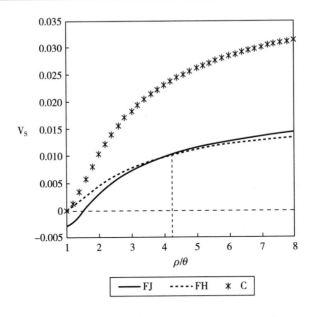

图 10 - 4　ρ/θ 对各模式供应链研发价值的影响

边际效应最高，其价值也是三种模式中最高的。因而无论从总利润角度还是从 R&D 活动创造价值的角度，政府都应该鼓励一体化研发模式。特别是在竞争模式下，形成一体化研发甚至有利于 OEM 利润的最大化。

　　最后详细分析消费者对再制品的接受程度和再制造成本的组合对再制造商模式选择的影响。IR 的模式偏好区域如图 10 - 5 所示。图中粗实线为再制造有利可图的分界线。

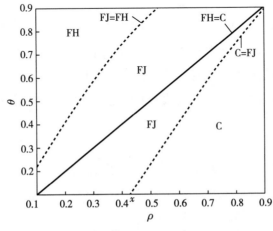

图 10 - 5　IR 的模式选择区域（基于 ρ 和 θ 的组合）

从图 10-5 中可以看出 FH 区域位于图形的左上角，说明只有当再制造效率低下，再制造商无利可图时才有选择合作模式的动机。当再制造有利可图时（粗实线右下角部分），IR 只会选择 FJ 或者 C 模式。具体而言，当 ρ 较小（小于图中 x）时，只要 θ 在可行的范围内 IR 都会选择 FJ 模式；当 ρ 较大（大于图中 x）时，若 θ 较大，IR 偏好于 FJ 模式，若 θ 较小则会选择 C 模式。在此范围内，随着 ρ 的增大，IR 选择 C 模式的可能性也不断增大。这说明当消费者对再制品接受度相对较低时，只要再制品仍有利可图，IR 就会选择和 OEM 展开价格竞争而不会参与一体化战略。因为独立开展的 R&D 活动会给其带来较大的竞争优势。而当消费者对再制品接受度较高，且再制造成本较低，也就是再制造效率较高的情况下，IR 则可能选择一体化模式，甚至当接受度达到 0.9 时，IR 一定会选择一体化模式。这进一步说明随着再制造价值成本比的上升，一体化研发价值的上升速度要高于 FJ 模式下研发价值。

总而言之，对于一个开展研发投资的再制造商而言，随着再制品接受程度的提升和再制造成本的降低，在运作模式方面将会选择一条合作—竞争—一体化的优化路径。例如，全球最大的再制造供应商卡特彼勒在全球推广其再制造业务时，在不同地区采取不同的策略。卡特彼勒曾经把在中国上海、江苏等地的再制品销售业务外包给利星行等经销商，这是由于中国消费者中占据主导的是"一次性"消费理念，对再制品的接受度较低，并且废旧品回收成本也相对较高。而在欧美等一些再制品接受程度较高的国家，卡特彼勒不仅通过并购和建设独立再制造工厂等方式扩展业务，并主要通过自有渠道进行销售，直接与其他生产商展开竞争。而在 2009 年 12 月，卡特彼勒与苏州玉柴股份有限公司成立合资公司，为玉柴柴油发动机和零部件以及部分卡特彼勒柴油发动机和零部件提供再制造服务，一体化运作模式初显。这也是由于近年来随着国家对循环经济和再制造的大力宣传，人们对再制造的接受程度有显著提升，再加上国家对再制造持续投入的财政补贴降低了再制造成本，一体化模式开始成为卡特彼勒的最优选择。

第八节　本章小结

本章通过博弈论研究由一个原制造商和一个独立再制造商构成再制造供应链

系统，该系统中 IR 进行以降低再制造成本为目的的 R&D 投资，并且新产品和再制品存在价格竞争。研究得出的结论有：

（1）再制品价格和新产品数量随 R&D 投资水平的增大而降低，再制品数量随 R&D 投资水平的增大而增大。

（2）无论在哪种运作模式下，R&D 投资额均与再制造成本负相关。合作模式下 IR 的 R&D 投资额始终最低，再制造成本较小时一体化模式下的 R&D 投资额高于竞争模式，在制造成本较高时则相反；在各种模式下再制品数量的大小关系与 R&D 投资额之间的关系类似。

（3）合作模式下的 R&D 活动能同时提升 OEM、IR 及供应链三者利润。竞争模式下的 R&D 活动能提升 IR 利润，但会降低 OEM 利润。当再制造活动价值成本比较高时竞争模式下的 R&D 能提升供应链整体利润，否则会降低供应链整体利润。

（4）从经济利润的角度，OEM 的模式偏好大多数情况下为 FH＞C＞FJ，供应链的模式偏好始终为 C＞FH＞FJ。若再制造接受程度较低且成本较高时，IR 偏向于选择 FH 模式，再制造接受度较高且成本较低时，IR 偏向于选择 C 模式，其他情形 IR 则可能选择 FJ 模式。

（5）从 R&D 活动创造的价值的角度，IR 的模式偏好绝大多数情况下为 C＞FJ＞FH，供应链的模式偏好在再制造活动价值成本比较高时为 C＞FJ＞FH，较低时为 C＞FH＞FJ。

第十一章　不同研发模式下的再制造供应链 R&D 投资策略①

本章重点研究消费者对再制品和新产品认知无差异时，OEM 和 IR 之间不同的合作研发模式对回收再制造闭环供应链 R&D 投资决策的影响。比较分析了独立研发（NC）、合作研发（C）、独立完全溢出（V）、合作完全溢出（CV）四种研发模式下的 R&D 投资额，再制品价格和数量以及供应链各方利润的大小，并探讨 IR 废旧品回收率、投资溢出率等关键参数对投资策略的影响。最后本章就再制造产业联盟如何实现由独立研发向合作完全溢出（CV）过渡提供一定的政策建议。

第一节　引言

对任何制造企业而言，技术研究发展（R&D）在降低制造成本和提升产品质量方面的作用越来越明显，不仅成为一个企业内生增长的主要驱动因素，而且往往表现出显著的溢出效应，能对供应链其他伙伴企业产生重要影响。随着科学技术的不断发展和知识技术的难度日益加深，合作研发正逐渐成为一种新的 R&D 模式（李纪珍，2000）。例如，早在 1987 年，美国半导体行业技术联盟项目就已经成立，该联盟由行业内的多家知名企业构成，通过共同合作研发和制造知识的集成，促进美国半导体行业的复苏（于惊涛和武春友，2005）。1997 年，美国汽车行业巨头 GM 公司就和中国上海汽车公司以卡特尔组织的形式组成泛亚汽车技术中心。2011 年，第二阶段研发联盟又在中国武汉成立（上汽集团）。本

---

① 本章主要内容经修改发表在《研究与发展管理》2016 年第 28 卷第 2 期。

书第七章已经对企业横向合作研发模式进行详细分析。近年来，纵向合作联盟（VRA）的运作机制及契约治理更是成为许多主流学者的关注焦点。如骆品亮等（2013）以 BL 模型为基础，以 2 对 2 的纵向关系为例拓展 VRA 的竞争效应，从福利角度详细分析有效市场规模增长率对 VRA 结构选择有效性的影响，研究发现在 1 个上游和 2 个下游的情形下，让垄断上游主导设计 VRA 是社会有效的，多个 VRA 竞争的有效性取决于有效市场规模增长率和研发成本之间的平衡关系。骆品亮和殷华祥（2007）在 VRA 的成本分担契约内生确定以及上游企业对联盟成员进行价格歧视这种特殊条件下，探讨 VRA 规模选择的有效性问题。Ishii（2004）通过构建两个纵向关联的寡头市场模型分析 VRJVs 的福利效应。李勇等（2005）考虑研发投入和补贴政策，定量研究纵向合作研发的效率，并探讨最优可行帕累托有效新产品合作研发方案存在的问题。Ge 等（2014）重点考察了独立研发、合作研发、独立完全溢出、合作完全溢出四种 R&D 模式，研究溢出效应对纵向供应链中制造商、零售商等成员各自利润的影响，具体分析他们提高知识共享的动机。陈宇科等（2010）通过引入上游企业间双寡头竞争关系和创新成本函数，探讨在产业链上游双寡头竞争条件下，当以过程创新为目的上游创新企业的研发成本分担比例一定时，上游创新企业与下游成员企业的联盟策略，及其对四类企业利润函数的影响。

以上关于供应链 R&D 合作研发的研究均局限于正向供应链方面，涉及逆向再制造供应链 R&D 的研究鲜见诸报告，而在再制造实践中 IR 和 IR 以及 IR 和 OEM 结成研发联盟进行合作研发的案例已经显现。如 2009 年 12 月，美国再制造巨头卡特彼勒与广西玉柴股份有限公司合资成立研发中心，致力于再制造发动机和零部件方面的技术 R&D，在提高产品质量的同时降低制造成本（卡车之家，2008）；2010 年 7 月，由 18 家国内汽车生产企业、科研院校等单位成立了"汽车产品回收利用产业技术创新战略联盟"，重点开展汽车产品可拆解性设计、可回收性设计与绿色供应链关键技术研究，目标是进一步提升我国汽车行业的创新能力（世界工厂装备制造网，2001）。与一般企业的合作研发不同的是，由于再制品和新产品在原材料、生产工艺等方面的相似性，OEM 和 IR 之间的 R&D 活动存在非常明显的溢出效应，这将对再制造供应链的合作研发决策产生重要影响。另外，由于再制造的利润源泉在于废旧品回收、翻新、再制造的成本低于新产品，因此再制造商废旧品回收和再制造能力的强弱将影响再制品数量和再制造总成本大小，这也将对再制造供应链的 R&D 决策产生重要影响。

基于此，本章主要研究再制造闭环供应链中以降低成本为目的的 R&D 投资决策，比较各种 R&D 合作模式下 OEM 和 IR 的 R&D 投入额以及双方利润差异，并且分析废旧品回收率的大小对决策结果的影响。希望本章的结论能为再制造产业合作联盟的实现提供一些理论帮助。

第二节　模型描述与假设

考虑一个 OEM 和一个 IR 构成的再制造闭环供应链系统。OEM 为市场主导者，IR 为追随者。OEM 生产新产品，并以批发价 w 委托 IR 进行销售。IR 在销售新产品的同时进行废旧品的回收并进行再制造活动（IR 同时担当经销商和再制造商的角色）。假设所有回收的废旧品均用于再制造，即再制造率为 100%。再制品和新产品无质量和功能差异，消费者对两者的认可程度完全相同（熊中楷等，2011）。根据 Ge 等（2014）的研究，设产品零售价格 p 为销售量 q 的反函数，即 $p = p_0 - kq$，k 为数量敏感系数。IR 进行废旧品回收的单价为 b，回收率为 τ（$\tau \in [0, 1]$），由 IR 的回收能力决定，为定值。OEM 生产新产品的单位成本为 c_n，IR 进行再制造的单位成本为 c_r，并且 $c_n > c_r$。

OEM 和 IR 均开展以降低成本为目的的技术 R&D 活动，并且双方 R&D 活动均具有一定的溢出效应。技术创新后 OEM 的单位生产成本不仅与自身 R&D 产出有关，还与 IR 的 R&D 产出有关。同样，IR 的单位再制造成本也与两者的 R&D 产出均有关。设 x_n 和 x_r 分别为 OEM 和 IR 的 R&D 产出额，OEM 的 R&D 投资溢出率为 β_n（OEM 一个单位的 R&D 产出将使 IR 的再制造单位成本降低 β_n 个单位），IR 的 R&D 投资溢出率为 β_r。由此，OEM 的新产品单位生产成本为 $c_n - (x_n + \beta_r x_r)$，IR 的单位再制造成本为 $c_r - (x_r + \beta_n x_n)$。根据孙晓华和郑辉（2012）的研究，OEM 和 IR 的 R&D 产出额与各自 R&D 投入成本（包括技术、设备、人工等投入）密切相关，并且 $I_n = \rho_n x_n^2/2$，$I_r = \rho_r x_r^2/2$。其中，I_n，I_r 分别为 OEM 和 IR 的 R&D 投资成本，ρ_n，ρ_r 为两者研发投资成本系数。即 R&D 投资成本为投资产出的凸函数，随着投资产出额的增大，R&D 投入成本显著升高，这与很多企业的实际情况是相符的。

本章假设 OEM 和 IR 先同时进行 R&D 投资决策，然后进行主从 Stackelberg

博弈。这是由于研发投资属于企业战略层决策，而价格决策仅为战术层决策（Ishii，2004）。另外，假设产品为短生命周期产品，仅研究单周期内闭环供应链的运作；OEM 和 IR 均为风险中性且所有信息均为双方的共同知识。由以上模型描述，IR 和 OEM 利润函数分别为：

$$\pi_{\text{IR}} = (p_0 - kq - w)q + [w - (c_r - x_r - \beta_n x_n) - b]\tau q - \frac{\rho_r}{2}x_r^2 \qquad (11-1)$$

$$\pi_{\text{OEM}} = [w - (c_n - x_n - \beta_r x_r)](1 - \tau)q - \frac{\rho_n}{2}x_n^2 \qquad (11-2)$$

为保证开展 R&D 活动后 OEM 和 IR 的生产成本为正，c_n 和 c_r 需要满足条件：

$$c_n > x_n + \beta x_r, \quad c_r > x_r + \beta x_n \qquad (11-3)$$

第三节　R&D 溢出下的三阶段博弈模型求解

当 OEM 和 IR 分别开展 R&D 活动时，两者分别按照式（11-1）和式（11-2）描述的利润目标进行决策。具体决策过程可描述为：

（1）OEM 和 IR 同时进行 R&D 投资决策。

（2）OEM 决定新产品批发价 w。

（3）IR 决定产品数量 q。可采用逆向回溯法进行求解。

一、阶段三：IR 决定产品数量

该阶段 IR 的决策目标为 $\max\limits_q \pi_{\text{IR}}$。式（11-1）分别对 q 求导，得到产品数量的反应函数为：

$$q(w, x_r, x_n) = \frac{p_0 - (1-\tau)w - (c_r - x_r - \beta_n x_n + b)\tau}{2k} \qquad (11-4)$$

二、阶段二：OEM 决定新产品批发价

将式（11-4）代入式（11-2），得到 OEM 关于批发价的利润表达式为：

$$\pi_{\text{OEM}} = \frac{(1-\tau)[w - (c_n - x_n - \beta_r x_r)][p_0 - (1-\tau)w - (c_r - x_r - \beta_n x_n + b)\tau]}{2k} - \frac{\rho_n x_n^2}{2}$$

$$(11-5)$$

该阶段 OEM 决策目标为 $\max\limits_{w}\pi_{OEM}$。式（11-5）对 w 求导，令一阶导数为零，得到驻点方程，求解该方程，得到均衡批发价关于 R&D 产出的表达式为：

$$w^*(x_n,\ x_r) = \frac{p_0 - (c_r - x_r - \beta_n x_n + b)\tau + (1-\tau)(c_n - x_n - \beta_r x_r)}{2(1-\tau)} \qquad (11-6)$$

将式（11-6）代入式（11-4）、式（11-5）和式（11-1），得到均衡产品数量以及两者利润关于 R&D 产出的表达式为：

$$q^*(x_n,\ x_r) = \frac{p_0 - (c_r - x_r - \beta_n x_n + b)\tau - (1-\tau)(c_n - x_n - \beta_r x_r)}{4k} \qquad (11-7)$$

$$\pi_{OEM}(x_n,\ x_r) = \frac{\{p_0 - (c_r + b)\tau - c_n(1-\tau) + [1-(1-\beta_n)\tau]x_n + [\beta_r + (1-\beta_r)\tau]x_r\}^2}{8k} - \frac{\rho_n x_n^2}{2} \qquad (11-8)$$

$$\pi_{IR}(x_n,\ x_r) = \frac{\{p_0 - (c_r + b)\tau - c_n(1-\tau) + [1-(1-\beta_n)\tau]x_n + [\beta_r + (1-\beta_r)\tau]x_r\}^2}{16k} - \frac{\rho_r x_r^2}{2} \qquad (11-9)$$

三、阶段一：OEM 和 IR 同时进行 R&D 决策

在该阶段，OEM 和 IR 将同时根据式（11-8）和式（11-9）的利润函数决定 R&D 产出水平。为了全面考察再制造闭环供应链的 R&D 投资决策，类似于 Ge 等（2014）的理论框架，本章考虑四种研发模式，分为独立研发（NC）、合作研发（C）、独立完全溢出模式（V）和合作完全溢出模式（CV）。

1. 独立研发模式（NC）

在该模式下，OEM 和 IR 均单独进行 R&D 投资活动，双方目标为各自利润的最大化。决策模型可表示为：

$$\begin{cases} \max\limits_{x_n}\pi_{OEM} = \dfrac{\{p_0 - (c_r + b)\tau - c_n(1-\tau) + [1-(1-\beta_n)\tau]x_n + [\beta_r + (1-\beta_r)\tau]x_r\}^2}{8k} - \dfrac{\rho_n x_n^2}{2} \\[4mm] \max\limits_{x_r}\pi_{IR} = \dfrac{\{p_0 - (c_r + b)\tau - c_n(1-\tau) + [1-(1-\beta_n)\tau]x_n + [\beta_r + (1-\beta_r)\tau]x_r\}^2}{16k} - \dfrac{\rho_r x_r^2}{2} \end{cases} \qquad (11-10)$$

由方程 $\partial\pi_M/\partial x_n = 0$，$\partial\pi_r/\partial x_r = 0$ 得两驻点方程组，联立求解得到 $x_n^{NC^*}$，$x_r^{NC^*}$ 的表达式，代入式（11-6）至式（11-9）可以得到 NC 模式下的批发价、

产品数量、双方利润及社会福利的表达式，具体见表 11 – 1。

在表 11 – 1 中，$\delta = p_0 - (c_r + b)\tau - c_n(1 - \tau)$，$E_n = 1 - (1 - \beta_n)\tau$，$E_r = \beta_r + (1 - \beta_r)\tau$，$H_n = \dfrac{E_n^2}{k\rho_n}$，$H_u = \dfrac{E_r^2}{k\rho_r}$。不难发现，$H_n$ 与成本系数 ρ_n 负相关，与溢出率 β_n 正相关，因此可以把 H_n 称为 OEM 的 R&D 效率。同理，可以把 H_r 称作 IR 的 R&D 效率。把 H_n 和 H_r 分别对 τ 求一阶导数可知，OEM 的 R&D 效率随着回收率的增大而降低，IR 的 R&D 效率随着回收率的增大而增大。另外，从表 11 – 1 可以看出为使均衡结果有意义，必须满足条件：

$$H_n + H_r < \frac{8}{3} \tag{11 – 11}$$

2. 合作研发模式（C）

该模式又称卡特尔（Catel）模式，即在一定的投资溢出下，双方以合作研发联盟的方式进行 R&D 投资决策。如美国 GM 公司和上海汽车集团公司于 1997 年组建的泛亚汽车联合研发中心就属于这种模式。双方对该中心的研发成果各享有 50% 的股权，并且以双方总利润最大化为目标进行决策。因而决策模型可表示为：

$$\max_{x_n, x_r} \pi_S = \max_{x_n, x_r}(\pi_{OEM} + \pi_{IR}) = \frac{3\{p_0 - (c_r + b)\tau - c_n(1 - \tau) + [1 - (1 - \beta_n)\tau]x_n + [\beta_r + (1 - \beta_r)\tau]x_r\}^2}{16k} - \frac{\rho_n x_n^2}{2} - \frac{\rho_r x_r^2}{2} \tag{11 – 12}$$

由方程 $\partial\pi_S/\partial x_n = 0$，$\partial\pi_S/\partial x_r = 0$ 得两驻点方程组，联立求解得到 x_n^{C*}，x_r^{C*} 的具体表达式，代入式（11 – 6）至式（11 – 9）可以得到 C 模式下的批发价、产品数量、双方利润及社会福利的表达式，具体见表 11 – 1。

3. 独立完全溢出模式（V）

该模式也称为"研究合资企业"，这种模式存在于一些有多年合作历史的企业之间，如康明斯公司和东风汽车有限公司在 2006 年建立研发中心之前的 20 余年时间内都是采用这种模式进行技术研发。在这种模式下，研发双方完全共享各自 R&D 成果（投资溢出为 1），但都独立进行 R&D 投资决策。于是决策模型可以表示为：

$$\begin{cases} \max_{x_n}\pi_{OEM} \Big|_{\beta_n = \beta_r = 1} = \dfrac{[p_0 - (c_r + b)\tau - c_n(1 - \tau) + x_n + x_r]^2}{8k} - \dfrac{\rho_n x_n^2}{2} \\[4mm] \max_{x_r}\pi_{IR} \Big|_{\beta_n = \beta_r = 1} = \dfrac{[p_0 - (c_r + b)\tau - c_n(1 - \tau) + x_n + x_r]^2}{16k} - \dfrac{\rho_r x_r^2}{2} \end{cases} \tag{11 – 13}$$

表 11-1 各种研发模式下的再制造供应链均衡值及各方利润

	NC	C	V	CV
x_n^{i*}	$\dfrac{2H_n\delta}{E_n(8-2H_n-H_r)}$	$\dfrac{3H_n\delta}{E_n(8-3H_n-3H_r)}$	$\dfrac{2\rho_r\delta}{(8k\rho_n\rho_r-\rho_n-2\rho_r)}$	$\dfrac{3\rho_r\delta}{(8k\rho_n\rho_r-3\rho_n-3\rho_r)}$
x_r^{i*}	$\dfrac{H_r\delta}{E_r(8-2H_n-H_r)}$	$\dfrac{3H_r\delta}{E_r(8-3H_n-3H_r)}$	$\dfrac{\rho_n\delta}{(8k\rho_n\rho_r-\rho_n-2\rho_r)}$	$\dfrac{3\rho_n\delta}{(8k\rho_n\rho_r-3\rho_n-3\rho_r)}$
w^{i*}	$\dfrac{\psi_1+[(1+\beta_n)\tau-\beta_r]x_r^{NC*}}{2(1-\tau)}+c_n$	$\dfrac{\psi_2+[(1+\beta_r)\tau-\beta_r]x_r^{C*}}{2(1-\tau)}+c_n$	$\dfrac{\delta+(2\tau-1)(x_n^{V*}+x_r^{V*})}{2(1-\tau)}+c_n$	$\dfrac{\delta+(2\tau-1)(x_n^{CV*}+x_r^{CV*})}{2(1-\tau)}+c_n$
q^{i*}	$\dfrac{\delta+E_nx_n^{NC*}+E_rx_r^{NC*}}{4k}$	$\dfrac{\delta+E_nx_n^{C*}+E_rx_r^{C*}}{4k}$	$\dfrac{2\rho_n\rho_r\delta}{(8k\rho_n\rho_r-\rho_n-2\rho_r)}$	$\dfrac{2\rho_n\rho_r\delta}{(8k\rho_n\rho_r-3\rho_n-3\rho_r)}$
π_{OEM}^{i*}	$\dfrac{2(4-H_n)\delta^2}{k(8-2H_n-H_r)^2}$	$\dfrac{(16-9H_n)\delta^2}{2k(8-3H_n-3H_r)^2}$	$\dfrac{(8k\rho_n\rho_r-2\rho_r)\rho_n\rho_r\delta^2}{(8k\rho_n\rho_r-\rho_n-2\rho_r)^2}$	$\dfrac{(16k\rho_n\rho_r-9\rho_r)\rho_n\rho_r\delta^2}{2(8k\rho_n\rho_r-3\rho_n-3\rho_r)^2}$
π_{IR}^{i*}	$\dfrac{(8-H_r)\delta^2}{2k(8-2H_n-H_r)^2}$	$\dfrac{(8-9H_r)\delta^2}{2k(8-3H_n-3H_r)^2}$	$\dfrac{(8k\rho_n\rho_r-\rho_n)\rho_n\rho_r\delta^2}{2(8k\rho_n\rho_r-\rho_n-2\rho_r)^2}$	$\dfrac{(8k\rho_n\rho_r-9\rho_n)\rho_n\rho_r\delta^2}{2(8k\rho_n\rho_r-3\rho_n-3\rho_r)^2}$
W_i^*	$\dfrac{(24-4H_n-H_r)\delta^2}{2k(8-2H_n-H_r)^2}$	$\dfrac{3\delta^2}{2k(8-3H_n-3H_r)^2}$	$\dfrac{(24k\rho_n\rho_r-\rho_n-4\rho_r)\rho_n\rho_r\delta^2}{2(8k\rho_n\rho_r-\rho_n-2\rho_r)^2}$	$\dfrac{3\rho_n\rho_r\delta^2}{2(8k\rho_n\rho_r-3\rho_n-3\rho_r)^2}$

注：$\psi_1=\delta+[(1+\beta_n)\tau-1]x_n^{NC*}$，$\psi_2=\delta+[(1+\beta_n)\tau-1]x_n^{C*}$。

由方程 $\partial_{\pi_M}/\partial x_n = 0$，$\partial_{\pi_R}/\partial x_r = 0$ 得两驻点方程组，联立求解得到 x_n^{V*}，x_r^{V*} 的具体表达式，代入式（11-6）至式（11-9）可以得到 V 模式下的批发价、产品数量、利润及社会福利的表达式，具体见表 11-1。

4. 合作完全溢出模式（CV）

该模式是 C 模式和 V 模式的综合，即 OEM 和 IR 进行一体化合作研发，并且完全共享他们的研发成果（$\beta_n = \beta_r = 1$）。如在"研究合资企业"的基础上，2006 年康明斯公司和东风汽车有限公司通过 55%～45% 的出资在武汉建立一个新型研发中心来协调两者之间的所有研发活动，该研发中心即属于 CV 模式。于是决策模型可以表示为：

$$\max_{x_n,x_r} \pi_S \Big|_{\beta_n = \beta_n = 1} = \frac{3\left[p_0 - (c_r + b)\tau - c_n(1 - \tau) + x_n + x_r \right]^2}{16k} - \frac{\rho_n x_n^2}{2} - \frac{\rho_r x_r^2}{2}$$

$$(11-14)$$

由方程 $\partial_{\pi_S}/\partial x_n = 0$，$\partial_{\pi_S}/\partial x_r = 0$ 得两驻点方程组，联立求解得到 x_n^{CV*}，x_r^{CV*} 的具体表达式，代入式（11-6）至式（11-9）得 CV 模式下的批发价、产品数量、双方利润及社会福利的表达式，见表 11-1。

第四节　模型结果分析

该部分首先研究各种 R&D 模式下的双方 R&D 投入水平，产品数量等决策变量，得到以下命题：

命题 11-1：

（1）$x_n^{NC*} < \{ x_n^{C*}, x_n^{V*} \} < x_n^{CV*}$。

（2）$x_r^{NC*} < \{ x_r^{C*}, x_r^{V*} \} < x_r^{CV*}$。

证明： 首先证明（1）。由表 11-1 中各模式下 x_n 的表达式，用作差法得到：

$$x_n^{C*} - x_n^{NC*} = \frac{(8 + 3H_r)H_n\delta}{E_n(8 - 2H_n - H_r)(8 - 3H_n - 3H_r)} > 0$$

$$x_n^{CV*} - x_n^{V*} = \frac{(8k\rho_n\rho_r + 3H_n)\rho_r\delta}{(8k\rho_n\rho_r - \rho_n - 2\rho_r)(8k\rho_n\rho_r - 3\rho_n - 3\rho_r)} > 0$$

故 $x_n^{C*} > x_n^{NC*}$，$x_n^{CV*} > x_n^{V*}$ 恒成立。x_n^{NC*} 和 x_n^{C*} 分别对 β_n 和 β_r 求一阶导数，

得到：

$$\frac{\partial x_n^{NC*}}{\partial \beta_n} = \frac{2\tau(8k\rho_n\rho_r + 2E_n^2\rho_r - E_r^2\rho_n)\rho_r\delta}{(8k\rho_n\rho_r - 2E_n^2\rho_r - E_r^2\rho_n)^2} > 0, \quad \frac{\partial x_n^{NC*}}{\partial \beta_r} = \frac{4(1-\tau)E_rE_n\rho_n\rho_r\delta}{(8k\rho_n\rho_r - 2E_n^2\rho_r - E_r^2\rho_n)^2} > 0$$

$$\frac{\partial x_n^{C*}}{\partial \beta_n} = \frac{3\tau(8k\rho_n\rho_r + 3E_n^2\rho_r - 3E_r^2\rho_n)\rho_r\delta}{(8k\rho_n\rho_r - 3E_n^2\rho_r - 3E_r^2\rho_n)^2} > 0, \quad \frac{\partial x_n^{C*}}{\partial \beta_r} = \frac{18(1-\tau)E_rE_n\rho_n\rho_r\delta}{(8k\rho_n\rho_r - 3E_n^2\rho_r - 3E_r^2\rho_n)^2} > 0$$

故 x_n^{NC*} 和 x_n^{C*} 均与 β_n 和 β_r 正相关。因而 $x_n^{V*} = x_n^{NC*}\big|_{\beta_n=\beta_r=1} > x_n^{NC*}$，$x_n^{CV*} = x_n^{C*}\big|_{\beta_n=\beta_r=1} > x_n^{C*}$，（1）证毕。

（2）的证明与（1）类似，此处略。

该命题表明，形成合作研发联盟或者提高研发技术共享这两种方式均能同时提高 OEM 和 IR 研发投入的边际效应，刺激双方增大各自研发投资额。因而无论是 OEM 还是 IR，CV 模式下的 R&D 投资额最高，C 模式和 V 模式次之，NC 模式投资额最低。由表 11 - 1 中 q^{i*} 与 x_n^{i*} 和 x_r^{i*} 的关系不难得到以下推论：

推论 11 - 1： $q^{NC*} < \{q^{C*}, q^{V*}\} < q^{CV*}$。

该推论表明，合作研发联盟下的产品数量和废旧品回收量均高于独立研发模式。这是因为合作研发时 OEM 和 IR 的研发投入均高于独立模式，而研发投入的增加能降低 IR 的再制造成本，使 IR 有动力通过扩大再制造规模的方式获取更高的收益。因而，CV 模式下产品数量最高，同时产品零售价最低，消费者效用达到最大。

接下来研究各种 R&D 模式下 OEM 和 IR 的利润水平，得到以下命题：

命题 11 - 2：

（1）当满足 $H_n < G_r(H_r)$ 时，$\pi_{OEM}^{NC*} < \pi_{OEM}^{C*}$，否则 $\pi_{OEM}^{NC*} > \pi_{OEM}^{C*}$。

（2）当满足 $H_r < G_n(H_n)$ 时，$\pi_{IR}^{NC*} < \pi_{IR}^{C*}$，否则 $\pi_{IR}^{NC*} > \pi_{IR}^{C*}$。其中：

$$G_r(x) = \min\left[\frac{8}{3} - x, \frac{-27x^2 + 272x + 64 - \sqrt{729x^4 + 3744x^3 + 4992x^2 + 2048x + 4096}}{2(16 + 36x)}\right]$$

$$G_n(x) = \min\left[\frac{8}{3} - x, \frac{256 - 128x + 27x^2 - \sqrt{65536 - 81920x + 44544x^2 - 9792x^3 + 729x^4}}{2(32 - 18x)}\right]$$

证明： 由表 11 - 1 中 NC 和 C 模式下 π_{OEM}，π_{IR}，π_S 的表达式，用作差法得到：

$$\pi_{OEM}^{C*} - \pi_{OEM}^{NC*} = \frac{[(36H_r + 16)H_n^2 + (27H_r^2 - 272H_r - 64)H_n - 128H_r^2 + 512H_r]\delta^2}{2k(8 - 2H_n - H_r)^2(8 - 3H_n - 3H_r)^2}$$

$$\pi_{IR}^{C*}S - \pi_{IR}^{NC*} = \frac{[(32 - 18H_n)H_r^2 + (-256 + 128H_n - 27H_n^2)H_r + 128H_n - 40H_n^2]\delta^2}{2k(8 - 2H_n - H_r)^2(8 - 3H_n - 3H_r)^2}$$

分别求解不等式 $\pi_{OEM}^{C*} - \pi_{OE}^{NC*} > 0$ 和 $\pi_{IR}^{C*} - \pi_{IR}^{NC*} > 0$，结合式（11 - 11），便得

到 $\pi_{OE}^{NC*} < \pi_{OEM}^{C*}$ 的条件为 $H_n < G_r (H_r)$，$\pi_{OE}^{NC*} < \pi_{6EM}^{C}$ 的条件为 $H_r < G_n (H_n)$。而
(1) 恒成立。证毕。

该命题表明，就经济利益而言，无论对 OEM 或是对 IR，合作研发模式不一定优于独立研发模式。只有当 OEM 研发效率小于由 IR 研发效率决定的一个阈值时，合作研发模式才对 OEM 有利。对 IR 来讲亦如此。由于 $G_r (x)$ 和 $G_n (x)$ 的表达式比较复杂，并且 R&D 效率分别与溢出率、R&D 成本系数和废品回收率相关，为详细研究 OEM 和 IR 对两种研发模式的偏好，首先作出 OEM 和 IR 关于 β_n 和 β_r 的帕累托区域（合作模式下两者的利润均高于分散模式），并考虑成本系数 ρ_n 和 ρ_r 的影响，如图 11 -1 所示。图 11 -1 中粗实线围成区域 V1（阴影部分）即为 $\rho_n = \rho_r = 1.2$ 时两者帕累托区域。可以看出，在帕累托区域内 OEM 的溢出率不能太小，IR 的溢出率不能太大。粗虚线围成区域 V2，点画线围城区域 V3 部分分别为 $\rho_n = \rho_r = 1.5$，$\rho_n = \rho_r = 1.8$ 时的帕累托区域，可以看到随着双方 R&D 成本系数的增大，帕累托区域面积不断变大。由此可知，双方 R&D 成本越高，选择合作研发模式的概率就越大。进一步作出关于 ρ_n 和 ρ_r 的帕累托区域，并考虑 τ 的影响，如图 11 -2 所示。从图 11 -2 中可以看出，尽管 τ 的变化基本不会改变帕累托区域的面积，但随着 τ 的增大，帕累托区域更加狭长并且位置更低。这说明尽管回收率的变化基本不会改变双方结成合作联盟的概率，但会改变合作联盟形成条件中双方研发成本系数的关系。当双方溢出率一定的情况下，回收率

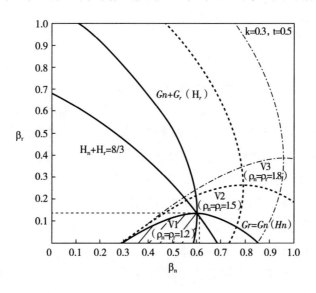

图 11 -1 基于溢出率的 NC 模式帕累托区域

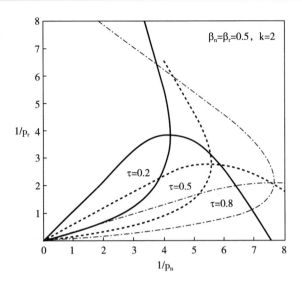

图 11 - 2   基于成本系数的 NC 模式帕累托区域

越大，帕累托区域中 IR 的研发成本高出 OEM 的部分越明显；反之亦然。这说明如果 IR 本身回收再制造能力较弱，当它刚进入再制造领域时，由于其研发成本与 OEM 差距较大，双方将各自独立研发，直到 IR 研发技术逐渐成熟，研发成本与 OEM 差距较小时合作研发联盟才会形成。若 IR 的废旧品回收能力较强则结论正好相反，即它刚进入再制造领域时双方会选择合作研发，待研发技术成熟，成本降低后则会进行独立研发。

　　例如，现阶段我国汽车再制造业刚处于起步阶段，回收再制造能力比较弱，研发成本也比较高，而美国的汽车制造业已经发展几百年，GM、福特等著名公司已经具备相当高的研发能力。当这些公司进入中国市场时往往不会与中国的再制造商结成 Catel 式合作研发联盟，因为这样做会拖累前者的研发效率和经济利益。我国政府应该鼓励美国公司通过公开研发资料等方式帮助我国再制造企业提高研发能力后再结成研发联盟。而如果像我国的大众、上汽等实力较强的汽车制造商进入美国市场时，和美国的汽车再制造商结成合作研发联盟是一个不错的选择，因为双方研发能力之间的差距不大，对方回收再制造能力比较强，结成合作联盟是有利于双方的一个帕累托选择。

　　由于 V 模式和 CV 模式其实是 NC 模式和 C 模式在 $\beta_n = \beta_r = 1$ 时的特例，故容易得到：

推论 11 - 2：

（1）当满足 $\dfrac{1}{k\rho_n} < G_r\left(\dfrac{1}{k\rho_r}\right)$ 时，$\pi_{OEM}^{V*} < \pi_{OEM}^{CV*}$，否则 $\pi_{OEM}^{V*} > \pi_{OEM}^{CV*}$。

（2）当满足 $\dfrac{1}{k\rho_r} < G_n\left(\dfrac{1}{k\rho_n}\right)$ 时，$\pi_{IR}^{V*} < \pi_{IR}^{CV*}$，否则 $\pi_{IR}^{V*} > \pi_{IR}^{CV*}$。

该推论表明，当双方在完全共享研发技术的情况下，也只有当双方 R&D 成本系数满足一定条件时，OEM 和 IR 才会更偏好 CV 模式。从图 11 - 3 可以看出，完全溢出下的帕累托区域的面积小于其他模式，这说明 V 模式的合作联盟比基于 NC 模式的合作联盟更难形成。

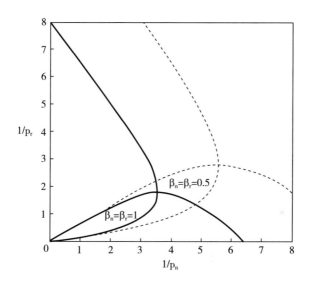

图 11 - 3　基于成本系数的 V 模式帕累托区域

命题 11 - 3：π_{OEM}^{NC*}，π_{IR}^{NC*} 均与 β_n 正相关，与 β_r 正相关，因此 $\pi_{OE}^{NC*} < \pi_{OEM}^{V*}$，$\pi_{IR}^{NC*} < \pi_{IR}^{V*}$。

证明：由表 11 - 1 中 NC 模式下 π_{OEM}，π_{IR}，π_S 的表达式：

$$\frac{\partial \pi_{OE}^{NC*}}{\partial \beta_n} = \frac{2\delta^2(8 - 2H_n + H_r)}{k(8 - 2H_n - H_r)^3} \times \frac{\partial H_n}{\partial \beta_n} > 0, \quad \frac{\partial \pi_{OE}^{NC*}}{\partial \beta_r} = \frac{4\delta^2(4 - H_n)}{k(8 - 2H_n - H_r)^3} \times \frac{\partial H_r}{\partial \beta_r} > 0$$

$$\frac{\partial \pi_{IR}^{NC*}}{\partial \beta_n} = \frac{2\delta^2(8 - H_r)}{k(8 - 2H_n - H_r)^3} \times \frac{\partial H_n}{\partial \beta_n} > 0, \quad \frac{\partial \pi_{IR}^{NC*}}{\partial \beta_r} = \frac{\delta^2(8 + 2H_n - H_r)}{2k(8 - 2H_n - H_r)^3} \times \frac{\partial H_r}{\partial \beta_r} > 0$$

证毕。

该命题表明，在独立研发模式下，OEM 和 IR 的利润都会随着双方研发溢出率的提高而增大，因而 V 模式下的两者利润均高于 NC 模式。事实上，两者溢出率的提高都会降低 OEM 的制造成本，使 OEM 愿意降低产品批发价以激励 IR 销售更多的产品，从而获得更多的正向利润。另外，溢出率的提高也会降低 IR 的再制造成本，扩大再制造规模，逆向利润增大。这都会使 OEM 和 IR 同时受益。因而在独立研发模式下，OEM 和 IR 均有动力提高研发技术共享力度，增大溢出效应。

命题 11 - 4:

（1）π_{OEM}^{C*} 与 β_r 正相关，当 $H_n - H_r > (= , <)\dfrac{8}{9}$ 时，π_{OEM}^{C*} 与 β_n 负（不，正）相关。

（2）π_{IR}^{C*} 与 β_n 正相关，当 $H_n - H_r > (= , <)\dfrac{8}{9}$ 时，π_{IR}^{C*} 与 β_r 正（不，负）相关。

证明： 由表 11 - 1 中 C 模式下 π_{OEM}，π_{IR}，π_S 的表达式：

$$\frac{\partial \pi_S^{C*}}{\partial \beta_n} = \frac{9\delta^2}{2k(8 - 3H_n - 3H_r)^2} \frac{\partial H_n}{\partial \beta_n} > 0, \quad \frac{\partial \pi_S^{C*}}{\partial \beta_r} = \frac{9\delta^2}{2k(8 - 3H_n - 3H_r)^2} \frac{\partial H_r}{\partial \beta_r} > 0$$

$$\frac{\partial \pi_{OEM}^{C*}}{\partial \beta_n} = \frac{3\delta^2(8 - 9H_n + 9H_r)}{2k(8 - 3H_n - 3H_r)^3} \frac{\partial H_n}{\partial \beta_n}, \quad \frac{\partial \pi_{OEM}^{C*}}{\partial \beta_r} = \frac{3\delta^2(16 - 9H_n)}{k(8 - 3H_n - 3H_r)^3} \frac{\partial H_r}{\partial \beta_r} > 0$$

$$\frac{\partial \pi_{IR}^{C*}}{\partial \beta_n} = \frac{3\delta^2(8 - 9H_r)}{2k(8 - 3H_n - 3H_r)^3} \frac{\partial H_n}{\partial \beta_n} > 0, \quad \frac{\partial \pi_{IR}^{C*}}{\partial \beta_r} = \frac{3\delta^2(9H_n - 9H_r - 8)}{2k(8 - 3H_n - 3H_r)^3} \frac{\partial H_r}{\partial \beta_r}$$

故当 $H_n - H_r > (= , <)\dfrac{8}{9}$ 时，$\dfrac{\partial \pi_{OEM}^{C*}}{\partial \beta_n} < (= , >)0$，$\dfrac{\partial \pi_{IR}^{C*}}{\partial \beta_r} > (= , <)0$。证毕。

该命题表明，在双方已结成合作研发联盟的情况下，溢出率的提高不一定会提升供应链成员的利润。具体来讲，OEM 和 IR 提高溢出率一定会提升对方的利润，但只有当自身 R&D 效率相对于对方而言比较小时 $\left(\text{对 OEM 而言，} H_n < H_r + \dfrac{8}{9}, \text{对 IR 而言，} H_r < H_n - \dfrac{8}{9}\right)$ 才有动力提高自身溢出率。这是由于在合作模式下双方需要一起进行 R&D 决策，在追求整体利润最大化时都会对是否提高技术共享做出一定权衡。由该命题不难得到以下推论：

推论 11 - 3: 只有满足条件 $H_n - H_r = \dfrac{8}{9}$ 时，C 模式下的 OEM 和 IR 才有可能形成 CV 模式，此时 $\pi_{OEM}^{CV*} = \pi_{IR}^{CV*} = \dfrac{9\rho_r\delta^2}{8(8k\rho_r - 9)} > \pi_{OEM}^{C*} = \pi_{IR}^{C*} = \dfrac{9\delta^2}{8k(8 - 9H_r)}$。

从命题 4 的证明过程可以发现，在不满足条件 $H_n - H_r = \dfrac{8}{9}$ 的情况下必然有一方利润与溢出率负相关，不可能出现双方都愿意单独主动提高溢出率的情况，也就不可能形成 CV 模式。因而 $H_n - H_r = \dfrac{8}{9}$ 是从 C 模式形成 CV 模式的必要条件。经检验，此时 $\pi_{OEM}^{C} = \pi_{IR}^{C} = \dfrac{9\delta^2}{8k(8-9H_r)}$。也就是说，在合作模式下，只有双方平分供应链利润时才有可能提高溢出率，并且一定是同时提高（不可能一方单独提高，否则平衡条件 $H_n - H_r = \dfrac{8}{9}$ 会被破坏）。在此过程中由于一方利润与对方溢出率正相关，与自身研发溢出率无关，因而利润不断增大且双方利润一直相同。当到达 CV 模式（$\beta_n = \beta_r = 1$）时，必然有 $\dfrac{1}{\rho_n} - \dfrac{1}{\rho_r} = \dfrac{8k}{9}$，并且满足 $\pi_{OEM}^{CV*} = \pi_{IR}^{CV*} = \dfrac{9\rho_r\delta^2}{8(8k\rho_r - 9)}$。

最后研究各种 R&D 模式下社会福利水平，得到以下命题：

命题 11 - 5： $W^{NC*} < \{W^{C*},\ W^{V*}\} < W^{CV*}$

证明： 对于 W^{C*} 和 W^{NC*} 的关系由表 11 - 1 中相应表达式用作差法，得到：

$$W^{C*} - W^{NC*} = \frac{(8H_n + 32H_r - 3H_nH_r)\delta^2}{2k(8 - 2H_n - H_r)^2(8 - 3H_n - 3H_r)}$$

$$= \frac{[H_n(8 - 3H_r) + 32H_r]\delta^2}{2k(8 - 2H_n - H_r)^2(8 - 3H_n - 3H_r)} > 0$$

对于 W^{CV*} 和 W^{V*} 的关系由于 V 模式和 CV 模是 NC 模式和 C 模式在 $\beta_n = \beta_r = 1$ 时的特例，故得到 $W^{CV*} - W^{V*} > 0$。对于 W^{V*} 和 W^{NC*} 的关系，由 W^{NC*} 表达式分别对 β_n 和 β_r 求导，得到：

$$\frac{\partial W^{NC*}}{\partial \beta_n} = \frac{\partial \pi_{OE}^{NC*}}{\partial \beta_n} + \frac{\partial \pi_{IR}^{NC*}}{\partial \beta_n} > 0, \quad \frac{\partial W^{NC*}}{\partial \beta_r} = \frac{\partial \pi_{OEM}^{NC*}}{\partial \beta_r} + \frac{\partial \pi_{IR}^{NC*}}{\partial \beta_r} > 0$$

故显然有 $W^{V*} - W^{NC*} > 0$。对于 W^{CV*} 和 W^{C*} 的关系，由 W^{C*} 表达式分别对 β_n 和 β_r 求导，得到：

$$\frac{\partial W^{C*}}{\partial \beta_n} = \frac{9\delta^2}{2k(8 - 3H_n - 3H_r)^2}\frac{\partial H_n}{\partial \beta_n} > 0, \quad \frac{\partial W^{C*}}{\partial \beta_r} = \frac{9\delta^2}{2k(8 - 3H_n - 3H_r)^2}\frac{\partial H_r}{\partial \beta_r} > 0$$

故显然有 $W^{CV*} - W^{C*} > 0$。

证毕。

该命题表明，从各种研发模式创造的社会福利角度来看，CV 模式为最优，NC

模式最差。也就是说,供应链双方结成合作研发联盟并且实现完全的技术溢出能够创造出最大的社会价值,而独立研发的社会有效性最低。这是因为无论合作研发联盟的形成还是双方技术资料的充分共享都能有效降低供应链自身的"双重边际效应",实现供应链总体利润的最大化。再加上 CV 模式能够实现最大的消费者效用,因而政府应该鼓励 OEM 和 IR 结成一体化研发联盟,并且促进双方相互完全分享研发技术资料。然而从命题 11 - 2、命题 11 - 4 以及推论 11 - 2、推论 11 - 3 中可以看到,对于 OEM 和 IR 而言,他们并不是任何时候都有结成合作研发联盟的经济动力,在结成研发联盟后也并不是都愿意提高技术溢出率(尽管都希望对方提高溢出),甚至在某些条件下他们都更愿意独立研发。因而如何积极创造条件,实现OEM 和 IR 从独立研发模式到 CV 模式的顺利过渡对于政府而言是非常重要的。

第五节　数值仿真

本部分主要通过数值仿真的方式研究在投资溢出率、IR 的废品回收率对双方 R&D 投资额以及各方利润的影响。其他参数如下:$p_0 = 100$,$c_n = 50$,$c_r = 20$,$b = 15$,$k = 5$,$\beta_n = \beta_r = 0.3$,并且双方研发成本系数均为 1。首先分析 τ 的变化对双方 R&D 投资额的影响,如图 11 - 4 和图 11 - 5 所示。

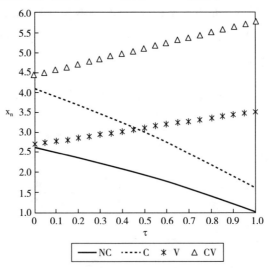

图 11 - 4　回收率对 OEM 投资额的影响

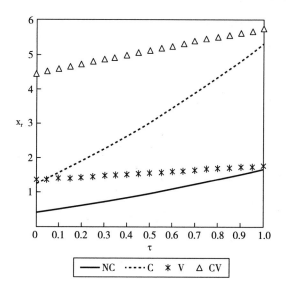

图 11 - 5 回收率对 IR 投资额的影响

从图 11 - 4 中看出，NC 和 C 模式下 OEM 的 R&D 投资与废旧品回收率负相关，V 和 CV 模式下则变为正相关。这说明只有当溢出率较高时，再制造规模的扩大才能给 OEM 带来正的投资效应，否则 OEM 将通过降低 R&D 投资的方法来规避再制品的挤兑效应。从图 11 - 4 中还可以看到，当回收率较低时 $x_n^{C*} > x_n^{V*}$，回收率较高时 $x_n^{C*} < x_n^{V*}$，这进一步扩展了命题 1 的结论。从图 11 - 5 可以看出，无论哪种研发模式，IR 的 R&D 投资额均会随着废旧品回收率的提高而上升。这是由于回收率提高能降低 IR 的再制造成本，IR 有动力投入更多的资本进行研发投资。在 τ 不是很小的情况下，V 模式下的 R&D 投资额高于 C 模式，说明大多数情况下双方提高 R&D 技术共享比结成合作联盟更有利于吸引 IR 投资。

然后分析废旧品回收率对 OEM 和 IR 利润的影响。从图 11 - 6 和图 11 - 7 可以看到，无论哪种研发模式，随着废品回收率的提高，OEM 利润、IR 利润都有明显提升，这显然也将提高社会福利。说明回收再制造规模扩大带来的成本优势会惠及所有的供应链成员。另外，回收率的变化会影响双方研发模式的偏好。从图 11 - 6 中可以看出，CV 模式始终最受 OEM 青睐，并且随着回收率的上升，OEM 在 C 模式时的利润增长速度要超过 NC 模式和 C 模式。这说明再制造规模较大时，OEM 更倾向于和 IR 结合合作联盟；再制造规模较小时，OEM 则更倾向于共享研发技术。而对于 IR 而言，大多数情况下对 V 模式的偏好程度要高于 CV

模式，对 NC 模式的偏好要高于 C 模式，并且这种倾向会随着回收率的上升而越发明显。这说明在回收能力较强的情况下，研发技术共享在降低再制造成本的作用更加明显，IR 更倾向于双方完全共享研发技术。

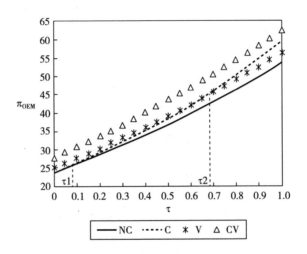

图 11 - 6　回收率对 OEM 利润的影响

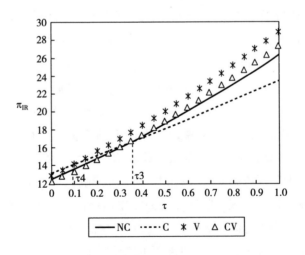

图 11 - 7　回收率对 IR 利润的影响

最后分析回收率和溢出率的变化对 C 模式和 V 模式社会福利差异的影响。考虑双方溢出率关系的四种情况：

（1）双方溢出率都较小（$\beta_n = \beta_r = 0.2$）。

（2）双方溢出率都较大（$\beta_n = \beta_r = 0.9$）。

（3）OEM 的溢出率较小，IR 的溢出率较大（$\beta_n = 0.2$，$\beta_r = 0.9$）。

（4）OEM 的溢出率较大，IR 的溢出率较小（$\beta_n = 0.9$，$\beta_r = 0.2$）。

图 11-8 是四种情况下社会福利差异随回收率变化趋势图。从中可以看出，情况 1 中无论回收率怎样，C 模式下的社会福利均低于 V 模式，这是由于此种情况下溢出率的提升空间较大，双方制造成本的节约高于合作联盟降低的双重边际效应。而情况 2 双方溢出均较大时结论正好相反。情况 3 中当回收率较小时 C 模式下的社会福利均高于 V 模式，回收率较大时 C 模式下的社会福利低于 V 模式。这说明当 OEM 溢出明显小于 IR 溢出，并且 IR 回收率较低时 OEM 明显处于有利地位，合作联盟降低的双重边际效应更加明显；反之亦然。情况 4 和情况 3 的结论正好相反。这也为政府制定相应政策提供了一定的支持。

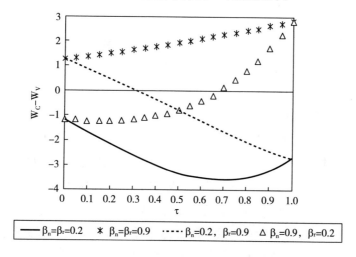

图 11-8　溢出率和回收率对福利差异的影响

第六节　本章结论和政策建议

本章主要从理论上研究 R&D 投资溢出效应对再制造闭环供应链的影响，建立并求解独立研发（NC）、合作研发（C）、独立完全溢出（V）和合作完全溢出

（CV）四种 R&D 模式下的三阶段闭环供应链研发投资博弈模型，并采用对比分析和数值模拟的方法对结果进行探讨。研究得出的主要结论有：

（1）OEM 和 IR 的 R&D 投资额均在 CV 模式下最高，NC 模式下最低。CV 模式的消费者效用最大。

（2）C 模式下某供应链成员利润只有当其 R&D 效率小于对方 R&D 效率所决定的阈值时才会高于 NC 模式；各方在 CV 模式和 V 模式下的利润大小关系也如此。

（3）NC 模式下 OEM、IR 的利润与双方投资溢出率都正相关，因而 V 模式下 OEM、IR 利润始终高于 NC 模式；只有当两者 R&D 效率之差为一定值（8/9）时，C 模式下 OEM 和 IR 才愿意主动提高溢出率至 CV 模式。

（4）回收率的增大会促进 IR 提高 R&D 投资额，但只有在 CV 和 V 模式下才会吸引更高的 OEM 投资；回收率的增大一定会提高 OEM、IR 的利润，并且也会影响供应链各成员的模式偏好。

（5）CV 模式下的社会福利始终最高，NC 模式始终最低。至于另两种模式下社会福利孰高孰低不仅取决于双方技术溢出率的大小，在某些情况下也受到回收率的影响。

本章主要的政策意义有：

（1）政府应该创造条件促进 OEM 和 IR 结成合作研发联盟并充分共享研发成果，以形成 CV 模式，从而实现社会福利的最大化。为实现这一目标有两条路径可以选择：一条路径是 NC—V—CV（如康明斯和东风之间的合作研发模式）。由于 OEM 和 IR 均会无条件从 NC 模式过渡到 V 模式，第一步政府不需要采取任何实质措施，只需要加强研发技术共享的宣传即可。第二步从 V 模式达到 CV 模式需满足条件 $\frac{1}{k\rho_n} < G_r\left(\frac{1}{k\rho_r}\right)$ 和 $\frac{1}{k\rho_r} < G_n\left(\frac{1}{k\rho_n}\right)$，政府可对研发成本较高一方的研发活动进行适当财政补贴，使双方研发成本尽可能接近，从而形成研发合作联盟。另一条路径是 NC—C—CV。沿着这条路径，政府应该充分考虑双方的研发效率（由溢出率、研发成本和回收率共同决定）的差异。实现第一步的条件是 $H_n < G_r(H_r)$ 和 $H_r < G_n(H_n)$，实现第二步的条件是 $H_n - H_r = \frac{8}{9}$，也即先对研发效率低的一方通过财政补贴等方式减小双方研发效率的差距，以形成合作研发联盟。在此基础上再通过增大 OEM 技术溢出、降低研发成本等方式适当拉大 OEM 和 IR

研发效率之间的差异，促进双方愿意同时提高技术溢出，从而实现 CV 模式。

（2）以上两条路径的有效性是不同的：当双方溢出率均比较小，或者 OEM 溢出率远小于 IR 且 IR 回收能力比较强时，或者 OEM 溢出率远高于 IR 且 IR 回收能力比较弱时，政府应采用第一条路径。在其他情况下政府应采用第二条路径。若完整研发路径不能形成（CV 模式不能达到），则前一种情况下政府应鼓励双方放开对研发成果的保护，实现充分的研发技术共享以获得较高的社会福利。后一种情况下政府应先向双方宣传一体化决策的优势，并积极创造条件（如上部分所言）倡导合作研发联盟的形成。

（3）无论何时，政府都应该在全社会范围内大力提高绿色宣传，提高公众绿色意识，并对 IR 进行回收补贴等方式引导 IR 提高废品回收率，这有利于 OEM 和 IR 利润的提高，也有利于消费者效用和社会福利的充分实现。

第十二章 专利授权型再制造供应链的 R&D 投资策略[①]

本章在第二篇研究的基础上进一步分析 OEM 和 IR 的研发投资决策对专利授权型再制造闭环供应链的影响。探讨研发投资成本系数、研发溢出效应的大小对前面章节得出结论的影响，并比较独立研发和合作研发两种模式下研发投资额、单位专利许可费、产品售价以及供应链成员利润的大小。

第一节 引 言

近年来，再制造闭环供应链中的再制品专利权的问题成为该领域的一个热点问题。申诚然等（2011）、熊中楷等（2011）、Wang 等（2011）、易余胤等（2014）以及本书第二章都对这种特殊的再制造闭环供应链运作模式进行详细研究。研究得知，单位专利许可费和废旧品回收价随着再制造节约成本的增大而提高，产品售价随着再制造节约成本的增大而降低。然而前面研究均没有考虑供应链（OEM 和 IR）进行研发创新活动这一重要的背景。事实上，在专利授权型再制造供应链这种模式下，不仅 IR 的原材料来源于 OEM，而且根据专利授权协议，OEM 需要对 IR 提供技术支持，两者在研发技术资料方面的共享性更强，因而 OEM（或 IR）的技术 R&D 投资也必然对对方的生产成本产生重要影响，即存在明显溢出效应。此外，专利授权型再制造供应链的经济利润本质上来源于再制造成本较低，那么当供应链成员开展成本降低型 R&D 活动时，IR 的成本优势会发生怎样的变化？OEM 进行专利授权经营活动的动力会不会发生变化？这些变

---

① 本章主要内容经修改发表在《科技管理研究》2015 年第 35 卷第 10 期。

化又会不会对前面章节得出的结论产生影响？这些问题是有趣的也是具有较强现实意义的。

基于此，本章研究 OEM 和 IR 同时进行 R&D 投资活动并且存在双向技术溢出效应的情况下专利授权型再制造闭环供应链的运作效率问题，重点分析研发投资成本系数、研发溢出效应的大小对前面章节得出结论的影响，并进一步比较分析独立研发和合作研发两种研发模式下的投资额、专利许可费以及供应链成员的利润差异。希望本章结果能为专利授权型再制造闭环供应链的 R&D 投资策略提供帮助。

第二节 模型描述与假设

考虑一个 OEM 和一个 IR 构成的再制造闭环供应链系统。OEM 为市场主导者，IR 为追随者。OEM 生产新产品并且委托 IR 以零售价 p 进行销售（IR 同时担当经销商和再制造商的角色）。IR 以价格 r 进行废旧品的回收，并且通过向 OEM 支付单位专利许可费 f 以获得再制造活动的授权进行再制造活动，OEM 为 IR 提供再制造的技术支持和人员培训，IR 同时销售新产品和再制品，再制品和新产品无质量和功能差异，消费者对两者的认可程度完全相同。根据前面的研究，设产品需求函数 $D(p) = \phi - \alpha p$，废旧品回收量函数为 $G(r) = a + br$，其中，α 和 b 为价格敏感系数。OEM 生产新产品的成本为 c_n，IR 进行再制造的单位成本为 c_r，假设 $\delta = c_n - c_r > 0$，称为再制造节约成本。

本章假设 OEM 和 IR 均开展以降低成本为目的的技术 R&D 投资活动，x_n 和 x_r 分别为双方 R&D 产出。OEM 每单位的 R&D 产出使 IR 的再制造单位成本降低 β_n，IR 每单位的 R&D 产出使 OEM 的单位生产成本降低 β_r。由此，OEM 的单位成本为 $c_n - (x_n + \beta_r x_r)$，IR 的单位再制造成本为 $c_r - (x_r + \beta_n x_n)$。事实上，投资溢出率由两个企业研发技术的共享程度决定（Ge 等，2014），因而本章假设双方 R&D 溢出率相同，即 $\beta_n = \beta_r = \beta$。

本章用到的其他假设有：

（1）先由两者进行 R&D 投资决策，然后 OEM 和 IR 根据投资水平进行主从 Stackelberg 博弈。这是因为研发投资属于企业战术层决策，而价格决策仅为作业层决策。

（2）OEM 和 IR 的 R&D 产出额 x_n，x_r 与 R&D 投资（包括技术、设备、人工等投入）密切相关。根据孙晓华和郑辉（2012）的研究，设 $I_n = \frac{1}{2}\rho_n x_n^2$，$I_r = \frac{1}{2}\rho_r x_r^2$。其中，$I_n$，$I_r$ 分别为 OEM 和 IR 的 R&D 投资成本，ρ_n，ρ_r 为两者研发投资成本系数。即 R&D 投资成本为投资产出的凸函数，这与很多企业的实际情况是相符的。

（3）所有回收的废旧产品均用于再制造，即再制造率为 100%。

（4）产品为短生命周期产品，仅研究单周期内闭环供应链的运作。OEM 和 IR 均为风险中性且所有信息均为双方的共同知识。产品需求正好被全部满足，无缺货和产品库存。

由前所述，建立 IR 和 OEM 利润函数如下：

$$\pi_R = (p - w)(\phi - \alpha p) + [w - (c_r - x_r - \beta x_n) - f - r](a + br) - \frac{1}{2}\rho_r x_r^2 \qquad (12 - 1)$$

$$\pi_M = [w - (c_n - x_n - \beta x_r)][\phi - \alpha p - (a + br)] + f(a + br) - \frac{1}{2}\rho_n x_n^2 \qquad (12 - 2)$$

第三节　R&D 溢出下的三阶段博弈模型求解

当 OEM 和 IR 均开展 R&D 活动时，两者分别按照式（12 - 1）和式（12 - 2）描述的利润目标进行决策。根据假设（1），具体决策过程可描述为：①OEM 和 IR 同时进行 R&D 决策。②OEM 决定新产品批发价 w 和单位专利许可费 f。③IR 决定产品零售价 p 以及废旧品回收单价 r。可采用逆向回溯法进行求解。

一、阶段三：IR 决定零售价和废旧品回收价

该阶段 IR 的决策目标为 $\max\limits_{p, r}\pi_R$。式（12 - 1）分别对 p 和 r 求导，令一阶导数为零，得到驻点方程组，求解该方程组，得到零售价和回收价对批发价、专利许可费及 R&D 产出的反应函数为：

$$p^*(w, f, x_r, x_n) = \frac{\phi + \alpha w}{2\alpha}, \quad r^*(w, f, x_r, x_n)$$

$$= \frac{b[w - (c_r - x_r - \beta x_n) - f] - a}{2b} \qquad (12-3)$$

二、阶段二：OEM 决定新产品批发价和单位专利许可费

将式（12-3）式代入式（12-2），得到 OEM 关于批发价、单位专利许可费的利润表达式为：

$$\pi_M = \frac{[w - (c_n - x_n - \beta_r x_r)](\phi - \alpha w) - [w - (c_n - x_n - \beta x_r) - f]\{b[w - (c_r - x_r - \beta x_n) - f] + a\} - \rho_n x_n^2}{2} \qquad (12-4)$$

在式（12-4）中，该阶段 OEM 决策目标为 $\max\limits_{w, f} \pi_M$，分别对 w 和 f 求导，令一阶导数为零，得到驻点方程组，求解该方程组，得到均衡批发价和单位专利许可费关于 R&D 产出的表达式为：

$$w^*(x_n, x_r) = \frac{\phi + \alpha(c_n - x_n - \beta x_r)}{2\alpha},$$

$$f^*(x_n, x_r) = \frac{\phi - \alpha(c_n - x_n - \beta x_r)}{2\alpha} + \frac{b[\delta - (1 - \beta)x_n + (1 - \beta)x_r] + a}{2b} \qquad (12-5)$$

将式（12-5）代入式（12-1）、式（12-3）和式（12-4），得到零售价、废旧品回收价以及两者利润关于 R&D 产出的表达式为：

$$p^*(x_n, x_r) = \frac{3\phi + \alpha(c_n - x_n - \beta x_r)}{4\alpha},$$

$$r^*(x_n, x_r) = \frac{b[\delta - (1 - \beta)x_n + (1 - \beta)x_r] - 3a}{4b} \qquad (12-6)$$

$$\pi_M(x_n, x_r) = \frac{[\phi - \alpha(c_n - x_n - \beta x_r)]^2}{8\alpha} + \frac{\{a + b[\delta - (1 - \beta)x_n + (1 - \beta)x_r]\}^2}{8b} - \frac{\rho_n x_n^2}{2} \qquad (12-7)$$

$$\pi_R(x_n, x_r) = \frac{[\phi - \alpha(c_n - x_n - \beta x_r)]^2}{16\alpha} + \frac{\{a + b[\delta - (1 - \beta)x_n + (1 - \beta)x_r]\}^2}{16b} - \frac{\rho_r x_r^2}{2} \qquad (12-8)$$

显然，双方利润表达式的前两项分别表示正向利润的分配额和逆向利润的分配额。

三、阶段一：OEM 和 IR 同时进行 R&D 决策

在该阶段，OEM 和 IR 将同时根据式（12 − 7）和式（12 − 8）的利润函数决定 R&D 产出水平。为了全面考察供应链的 R&D 投资决策，本章将研发模式分为独立研发（NC）和合作研发（C）。

1. 独立研发模式（NC）

在该模式下，OEM 和 IR 均单独进行 R&D 投资活动，双方目标为各自利润的最大化。决策模型可表示为：

$$\begin{cases} \max\limits_{x_n} \pi_M = \dfrac{[\phi - \alpha(c_n - x_n - \beta x_r)]^2}{8\alpha} + \dfrac{\{a + b[\delta - (1-\beta)x_n + (1-\beta)x_r]\}^2}{8b} - \dfrac{\rho_n x_n^2}{2} \\[3mm] \max\limits_{x_r} \pi_R = \dfrac{[\phi - \alpha(c_n - x_n - \beta x_r)]^2}{16\alpha} + \dfrac{\{a + b[\delta - (1-\beta)x_n + (1-\beta)x_r]\}^2}{16b} - \dfrac{\rho_r x_r^2}{2} \end{cases}$$

$$(12-9)$$

由方程 $\partial \pi_M / \partial x_n = 0$，$\partial \pi_r / \partial x_r = 0$ 得两驻点方程组，联立求解得到：

$$x_n^{NC*} = \frac{[8\rho_r - b(1+\beta)(1-\beta)^2](\phi - \alpha c_n) - [8(1-\beta)\rho_r - \alpha\beta(1-\beta^2)](a+b\delta)}{[4\rho_n - \alpha - b(1-\beta)^2][8\rho_r - \alpha\beta^2 - b(1-\beta)^2] - [\alpha\beta - b(1-\beta)^2]^2}$$

$$x_r^{NC*} = \frac{[4\rho_n\beta - b(1+\beta)(1-\beta)^2](\phi - \alpha c_n) + [4(1-\beta)\rho_n - \alpha(1-\beta^2)](a+b\delta)}{[4\rho_n - \alpha - b(1-\beta)^2][8\rho_r - \alpha\beta^2 - b(1-\beta)^2] - [\alpha\beta - b(1-\beta)^2]^2}$$

$$(12-10)$$

经检验，要使 π_M 和 π_R 的海塞矩阵负定，需满足的条件为：

$$4\rho_n > \alpha + b(1-\beta)^2, \quad 8\rho_r > \alpha\beta^2 + b(1-\beta)^2, \quad [4\rho_n - \alpha - b(1-\beta)^2][8\rho_r - \alpha\beta^2 - b(1-\beta)^2] - [\alpha\beta - b(1-\beta)^2]^2 > 0 \quad (12-11)$$

即双方的 R&D 成本系数不能太小。本章假设满足条件式（12 − 11），这与许多制造企业耗费大量资金进行研发投资的现实是符合的。此时式（12 − 11）所描述的 x_n 和 x_r 即为 OEM 和 IR 的唯一均衡 R&D 产出。由此得到 OEM 和 IR 由 R&D 投资节约的单位成本为：

$$u_n^{NC} = x_n^{NC} + \beta x_r^{NC} = \frac{\begin{aligned}&[8\rho_r + 4\beta^2\rho_n - b(1-\beta^2)^2](\phi - \alpha c_n) - \\ &[8(1-\beta)\rho_r - 4\beta(1-\beta)\rho_n](a+b\delta)\end{aligned}}{[4\rho_n - \alpha - b(1-\beta)^2][8\rho_r - \alpha\beta^2 - b(1-\beta)^2] - [\alpha\beta - b(1-\beta)^2]^2}$$

$$u_r^{NC} = x_r^{NC} + \beta x_n^{NC} = \frac{\begin{matrix}[4\beta\rho_n + 8\beta\rho_r - b(1-\beta^2)^2](\phi - \alpha c_n) - \\ [8\beta(1-\beta)\rho_r - 4(1-\beta)\rho_n + \alpha(1-\beta^2)^2](a+b\delta)\end{matrix}}{[4\rho_n - \alpha - b(1-\beta)^2][8\rho_r - \alpha\beta^2 - b(1-\beta)^2] - [\alpha\beta - b(1-\beta)^2]^2}$$

$$(12-12)$$

将式（12-12）分别代入式（12-5）和式（12-6）得到独立研发模式下新产品批发价、再制品单位专利许可费、产品零售价以及废旧品回收价的表达式为：

$$w^{NC*} = \frac{\phi + \alpha(c_n - u_n^{NC})}{2\alpha} = \frac{\phi + \alpha c_n}{2\alpha} - \frac{\begin{matrix}[8\rho_r + 4\beta^2\rho_n - b(1-\beta^2)^2](\phi - \alpha c_n) - \\ [8(1-\beta)\rho_r - 4\beta(1-\beta)\rho_n](a+b\delta)\end{matrix}}{2\{[4\rho_n - \alpha - b(1-\beta)^2][8\rho_r - \alpha\beta^2 - b(1-\beta)^2] - [\alpha\beta - b(1-\beta)^2]^2\}}$$

$$f^{NC*} = \frac{b(\phi - \alpha c_n) + \alpha(a+b\delta) + \alpha b u_r^{NC}}{2\alpha b}$$

$$= \frac{\begin{matrix}[32\rho_n\rho_r - 4\rho_n(b - b\beta - \alpha\beta)(1-\beta) - 8\rho_r(\alpha + b - b\beta)(1-\beta)]b(\phi - \alpha c_n) \\ + [32\rho_n\rho_r + 4\rho_n(b - b\beta - \alpha\beta)\beta - 8\rho_r(\alpha + b - b\beta)]\alpha(a+b\delta)\end{matrix}}{2\alpha b\{[4\rho_n - \alpha - b(1-\beta)^2][8\rho_r - \alpha\beta^2 - b(1-\beta)^2] - [\alpha\beta - b(1-\beta)^2]^2\}}$$

$$p^{NC*} = \frac{3\phi + \alpha(c_n - u_n^{NC})}{4\alpha} = \frac{3\phi + \alpha c_n}{4\alpha} - \frac{\begin{matrix}[8\rho_r + 4\beta^2\rho_n - b(1-\beta^2)^2](\phi - \alpha c_n) - \\ [8(1-\beta)\rho_r - 4\beta(1-\beta)\rho_n](a+b\delta)\end{matrix}}{4\{[4\rho_n - \alpha - b(1-\beta)^2][8\rho_r - \alpha\beta^2 - b(1-\beta)^2] - [\alpha\beta - b(1-\beta)^2]^2\}}$$

$$r^{NC*} = \frac{b[\delta - (u_n^{NC} - u_r^{NC})] - 3a}{4b}$$

$$= \frac{b\delta - 3a}{4b} - \frac{\begin{matrix}(1-\beta)\{(8\rho_r - 4\beta\rho_n)(\phi - \alpha c_n) - (1-\beta) \\ [(8\rho_r + 4\rho_n) - \alpha(1+\beta)^2](a+b\delta)\}\end{matrix}}{4\{[4\rho_n - \alpha - b(1-\beta)^2][8\rho_r - \alpha\beta^2 - b(1-\beta)^2] - [\alpha\beta - b(1-\beta)^2]^2\}}$$

$$(12-13)$$

将式（12-12）代入式（12-7）、式（12-8）可求得 NC 模式下 π_M^{NC*}、π_R^{NC*}、π_S^{NC*} 的具体表达式。此处略。

2. 合作研发模式（C）

在该模式下，OEM 和 IR 形成 R&D 合作联盟，它们在 R&D 决策时以供应链总体利润最大化为目标而不考虑各自的利润。决策模型可表示为：

$$\max_{x_n,x_r}\pi_S = \max_{x_n,x_r}(\pi_M + \pi_R) = \frac{3[\phi - \alpha(c_n - x_n - \beta x_r)]^2}{16\alpha} +$$

$$\frac{3\{a + b[\delta - (1 - \beta)x_n + (1 - \beta)x_r]\}^2}{16b} - \frac{\rho_n x_n^2}{2} - \frac{\rho_r x_n^2}{2} \qquad (12 - 14)$$

由方程 $\partial \pi_S / \partial x_n = 0$，$\partial \pi_S / \partial x_r = 0$ 得两驻点方程组，联立求解得到：

$$x_n^{C*} = \frac{[8\rho_r/3 - b(1 + \beta)(1 - \beta)^2](\phi - \alpha c_n) - [8(1 - \beta)\rho_r/3 - \alpha\beta(1 - \beta^2)](a + b\delta)}{[8\rho_n/3 - \alpha - b(1 - \beta)^2][8\rho_r/3 - \alpha\beta^2 - b(1 - \beta)^2] - [\alpha\beta - b(1 - \beta)^2]^2}$$

$$x_r^{C*} = \frac{[8\rho_n\beta/3 - b(1 + \beta)(1 - \beta)^2](\phi - \alpha c_n) + [8(1 - \beta)\rho_n/3 - \alpha(1 - \beta^2)](a + b\delta)}{[8\rho_n/3 - \alpha - b(1 - \beta)^2][8\rho_r/3 - \alpha\beta^2 - b(1 - \beta)^2] - [\alpha\beta - b(1 - \beta)^2]^2}$$

$$(12 - 15)$$

设满足海塞矩阵负定的条件：

$$8\rho_n/3 > \alpha + b(1 - \beta)^2,\quad 8\rho_r/3 > \alpha\beta^2 + b(1 - \beta)^2,\quad [8\rho_n/3 - \alpha - b(1 - \beta)^2]$$
$$[8\rho_r/3 - \alpha\beta^2 - b(1 - \beta)^2] - [\alpha\beta - b(1 - \beta)^2]^2 > 0 \qquad (12 - 16)$$

则式（12 - 15）所描述的 x_n 和 x_r 即为合作研发模式下的唯一均衡 R&D 产出。由此得到该模式下 OEM 和 IR 从 R&D 投资中节约的单位成本为：

$$u_n^C = x_n^C + \beta_r x_r^C = \frac{\begin{aligned}&[8(\rho_r + \beta^2\rho_n)/3 - b(1 - \beta^2)^2](\phi - \alpha c_n) - \\ &\{8[(1 - \beta)\rho_r - \beta(1 - \beta)\rho_n]/3\}(a + b\delta)\end{aligned}}{[8\rho_n/3 - \alpha - b(1 - \beta)^2][8\rho_r/3 - \alpha\beta^2 - b(1 - \beta)^2] - [\alpha\beta - b(1 - \beta)^2]^2}$$

$$u_r^C = x_r^C + \beta_n x_n^C = \frac{\begin{aligned}&[8(\beta\rho_n + \beta\rho_r)/3 - b(1 - \beta^2)^2](\phi - \alpha c_n) - \{8[\beta \\ &(1 - \beta)\rho_r - (1 - \beta)\rho_n]/3 + \alpha(1 - \beta^2)\}(a + b\delta)\end{aligned}}{[8\rho_n/3 - \alpha - b(1 - \beta)^2][8\rho_r/3 - \alpha\beta^2 - b(1 - \beta)^2] - [\alpha\beta - b(1 - \beta)^2]^2} \qquad (12 - 17)$$

将式（12 - 17）分别代入式（12 - 5）和式（12 - 6）得到 C 模式下新产品批发价、再制品单位专利许可费、产品零售价以及废旧品回收价的表达式为：

$$w^{C*} = \frac{\phi + \alpha(c_n - u_n^C)}{2\alpha} = \frac{\phi + \alpha c_n}{2\alpha} - \frac{\begin{aligned}&[8(\rho_r + \beta^2\rho_n)/3 - b(1 - \beta^2)^2](\phi - \alpha c_n) - \\ &\{8[(1 - \beta)\rho_r - \beta(1 - \beta)\rho_n]/3\}(a + b\delta)\end{aligned}}{2\{[8\rho_n/3 - \alpha - b(1 - \beta)^2][8\rho_r/3 - \alpha\beta^2 - b(1 - \beta)^2] - [\alpha\beta - b(1 - \beta)^2]^2\}}$$

$$f^{NC*} = \frac{b(\phi - \alpha c_n) + \alpha(a + b\delta) + \alpha b u_r^{NC}}{2\alpha b}$$

$$\begin{aligned}
=&\frac{\left\{\begin{array}{l}[64\rho_n\rho_r/9-8\rho_n(b-b\beta-\alpha\beta)(1-\beta)/3-8\rho_r(\alpha+b-b\beta)(1-\beta)/3]b(\phi-\\ \alpha c_n)+[64\rho_n\rho_r/9+8\rho_n(b-b\beta-\alpha\beta)\beta/3-8\rho_r(\alpha+b-b\beta)/3]\alpha(a+b\delta)\end{array}\right\}}{2\alpha b\{[8\rho_n/3-\alpha-b(1-\beta)^2][8\rho_r/3-\alpha\beta^2-b(1-\beta)^2]-[\alpha\beta-b(1-\beta)^2]^2\}}
\end{aligned}$$

$$p^{C*}=\frac{3\phi+\alpha(c_n-u_n^C)}{4\alpha}=\frac{3\phi+\alpha c_n}{4\alpha}-\frac{\begin{array}{c}[8(\rho_r+\beta^2\rho_n)/3-b(1-\beta^2)^2](\phi-\alpha c_n)-\\ \{8[(1-\beta)\rho_r-\beta(1-\beta)\rho_n]/3\}(a+b\delta)\end{array}}{4\{[8\rho_n/3-\alpha-b(1-\beta)^2][8\rho_r/3-\\ \alpha\beta^2-b(1-\beta)^2]-[\alpha\beta-b(1-\beta)^2]^2\}},$$

$$r^{C*}=\frac{b[\delta-(u_n^C-u_r^C)]-3a}{4b}=\frac{b\delta-3a}{4b}-\frac{\begin{array}{c}(1-\beta)\{8(\rho_r-\beta\rho_n)(\phi-\alpha c_n)/3-(1-\beta)\\ [8(\rho_r+\rho_n)/3-\alpha(1+\beta)^2](a+b\delta)\}\end{array}}{4\{[8\rho_n/3-\alpha-b(1-\beta)^2][8\rho_r/3-\\ \alpha\beta^2-b(1-\beta)^2]-[\alpha\beta-b(1-\beta)^2]^2\}}$$

$$(12-18)$$

将式（12-18）分别代入式（12-7）和式（12-8）可求得 C 模式下 π_M^{C*}、π_R^{C*}、π_S^{C*} 的具体表达式，此处略。

第四节　再制造节约成本对决策参数的影响分析

由于 NC 模式与 C 模式得出的结论类似，因而仅对 NC 模式进行分析。

命题 12-1：

（1）当 $\rho_n > (=,<)\dfrac{\alpha(1+\beta)}{4}$ 时，均衡 x_r 与 δ 正（不，负）相关。

（2）当 $\rho_r > (=,<)\dfrac{\alpha\beta(1+\beta)}{8}$ 时，均衡 x_n 与 δ 负（不，正）相关。

证明： 由式（12-11）得到：

$$\frac{\partial x_n^{NC*}}{\partial\delta}=\frac{-(1-\beta)[8\rho_r-\alpha\beta(1+\beta)]}{[4\rho_n-\alpha-b(1-\beta)^2][8\rho_r-\alpha\beta^2-b(1-\beta)^2]-[\alpha\beta-b(1-\beta)^2]^2}$$

$$\frac{\partial x_r^{NC*}}{\partial\delta}=\frac{(1-\beta)[4\rho_n-\alpha(1+\beta)]}{[4\rho_n-\alpha-b(1-\beta)^2][8\rho_r-\alpha\beta^2-b(1-\beta)^2]-[\alpha\beta-b(1-\beta)^2]^2}$$

该命题表明，当 OEM 的投资成本较高时 IR 的 R&D 投资额会随着再制造节约成本的提高而增大，当 OEM 投资成本较低时 IR 的 R&D 投资额随着再制造节约成本的提高而降低。这说明 OEM 的 R&D 投资成本较高时溢出效应相对较小，再制造节约成本的提高会对 IR 的投资效应产生推动，因而 IR 投资额增加。

命题 12 – 2：

（1）当满足 $8\rho_n\rho_r > (= , <)\rho_n((\alpha + b)\beta - b)\beta + 2\rho_r(\alpha + b - b\beta)$ 时，f 与 δ 正相关（不相关，负相关）。

（2）当满足 $8\rho_n\rho_r > (= , <)\alpha\beta^2\rho_n + 2\alpha\rho_r$ 时，r 与 δ 正相关（不相关，负相关）。

（3）当满足 $2\rho_r > (= , <)\beta\rho_n$ 时，p 与 δ 正相关（不相关，负相关）。

证明： 由式（12 – 13）得到：

$$\frac{\partial f^{NC*}}{\partial\delta} = \frac{2b\{8\rho_n\rho_r - \rho_n[(\alpha + b)\beta - b]\beta - 2\rho_r(\alpha + b - b\beta)\}}{b\{[4\rho_n - \alpha - b(1 - \beta)^2][8\rho_r - \alpha\beta^2 - b(1 - \beta)^2] - [\alpha\beta - b(1 - \beta)^2]^2\}}$$

$$\frac{\partial r^{NC*}}{\partial\delta} = \frac{8\rho_n\rho_r - \alpha\beta^2\rho_n - 2\alpha\rho_r}{[4\rho_n - \alpha - b(1 - \beta)^2][8\rho_r - \alpha\beta^2 - b(1 - \beta)^2] - [\alpha\beta - b(1 - \beta)^2]^2}$$

$$\frac{\partial p^{NC*}}{\partial\delta} = \frac{4b(1 - \beta)(2\rho_r - \beta\rho_n)}{[4\rho_n - \alpha - b(1 - \beta)^2][8\rho_r - \alpha\beta^2 - b(1 - \beta)^2] - [\alpha\beta - b(1 - \beta)^2]^2}$$

$$(12 – 19)$$

将式（12 – 19）的结果分别与 0 比较即得结论，证毕。

该命题扩展申成然等（2011）、熊中楷等（2011）的结论，再制造节约成本对单位专利费，废旧品回收价和产品零售价的影响存在着不确定性。当 OEM 和 IR 的 R&D 投资成本都较高时，再制造节约成本对供应链的影响大于 R&D 投资效应。因而专利许可费和废旧品回收价随着再制造节约成本的增大而提高，这与申成然等（2011）、熊中楷等（2011）的结论一致。但当 R&D 投资成本较低时，R&D 投资效应对两者利润的影响超过再制造节约成本的影响，并且再制造节约成本会放大 R&D 投资效应，因而专利许可费和废旧品回收价随之降低。另外，当 IR 投资成本较大或者 OEM 投资成本比较小时，产品零售价随着再制造节约成本的提高而提高，这也与申成然等（2011）、熊中楷等（2011）的结论不一致。

第五节　数值仿真

由于 R&D 投资额对 β 求一阶导数的结果中含有 β 的 6 次方，故不能直接采用理论分析的方法研究投资溢出系数对决策变量以及各方利润的影响，只能通过数值模拟来进行。本部分设计具体算例来研究不同研发模式下 R&D 投资额、专利许可费、废旧品回收价以及产品零售价随投资溢出率的变化情况，并研究 OEM、IR 以及供应链的研发模式偏好。

参照熊中楷等（2011）的假设，首先设置专利授权型再制造闭环供应链相关环境参数为 $\phi = 120000$，$\alpha = 160$，$c_n = 550$，$a = 2000$，$b = 200$。设双方 R&D 投资成本系数 $\rho_n = \rho_r = 150$，从而满足式（12-11）和式（12-16）的条件。

一、溢出率对 R&D 投资额的影响

首先分析 NC 模式下 R&D 投资溢出率对 OEM 和 IR 的 R&D 投资额的影响。从式（12-10）和式（12-15）可以看出，$\varphi = (a + b\delta)/(\phi - \alpha c_n)$ 的值对决策变量的影响很大，因而分别考虑低再制造节约成本（$\delta = 50$）、高再制造节约成本（$\delta = 300$）两种情况，如图 12-1 和图 12-2 所示。

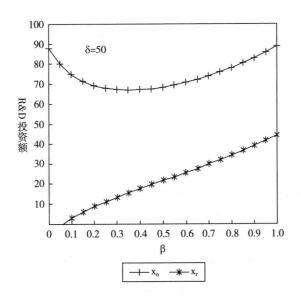

图 12-1　溢出率对研发投资影响（低节约成本）

比较图 12-1 和图 12-2 可以知道，OEM 和 IR 的 R&D 投资额随技术溢出率变化的情况受制于再制造节约成本的大小。若再制造节约成本处于较低水平，当溢出率比较小时，OEM 增加 R&D 研发投资节约的制造成本不足以抵销研发投资

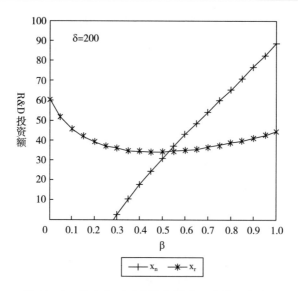

图12-2 溢出率对研发投资影响（高节约成本）

成本，故投资额随溢出率的提高反而下降。当再制造节约成本处于较高水平时，再制造活动本身效率较高。若投资溢出率较低，IR研发投资产生的边际效应会随溢出率提高而下降，故其投资额也降低。从图中还可以看出，若溢出率过低可能出现OEM或IR不愿意投资的情况（投资额为负）。因而，从提高R&D投资效应的角度，OEM和IR应加大研发技术共享、提高研发溢出效应，并且使再制造节约成本保持在适当的水平。

二、研发模式对闭环供应链决策参数影响

接着比较两种研发模式下的R&D投资额、专利许可费、废旧品回收价和产品零售价的大小，设置δ=100，并且使β保持在有意义的范围内。作图得到图12-3至图12-6。

由图12-3可知，在合作研发模式下，无论是OEM还是IR，其R&D投资额都要高于独立研发模式，并且随着投资溢出率的增大，两种模式下的投资额差异会越来越大。因而合作研发模式有利于闭环供应链成员加大研发投资，从而节约更多的生产成本和再制造成本，有利于提高供应链正向利润和逆向利润。由于专利许可费是OEM获取逆向利润的主要武器，因而合作研发模式下的单位专利许可费高于独立研发模式，并且这种差异随着溢出率的增大而更加明显。这一点可以从图12-4得到印证。

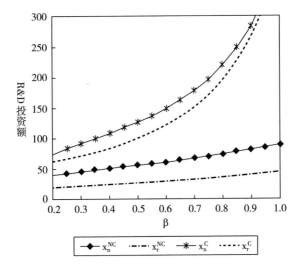

图 12 - 3　两种模式下的 R&D 投资额

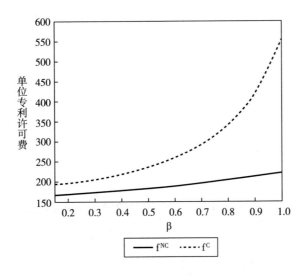

图 12 - 4　两种模式下的单位专利许可费

图 12 - 5 和图 12 - 6 表明，IR 制定的产品零售价和废旧品回收价也受到研发溢出效应和研发模式的影响。首先，由于溢出率的增大可以降低新产品的单位制造成本，这将促使 IR 降低产品零售价以扩大销售量。其次，大多数情况下溢出率增大引起的再制品的节约成本要高于新产品节约成本，这将激励 IR 提升废旧

品回收价格以提高再制造规模。最后，由于合作研发模式下的投资效应比独立研发模式更加明显，因而合作模式下能提供较独立研发模式更高的废旧品回收价和更低产品零售价，有利于消费者效用和社会绿色效应的充分实现。同时注意到合作模式下溢出率比较小时废旧品回收价与溢出率负相关，这说明溢出率较小时新产品节约成本要高于再制品节约成本，再制造活动的不经济会降低 IR 扩大再制造规模的动力。

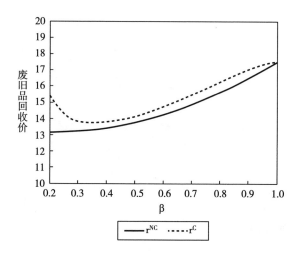

图 12 - 5　两种模式下的废旧品回收价

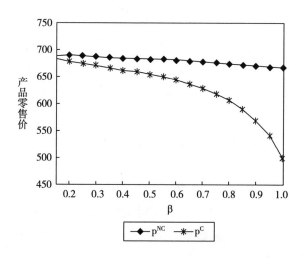

图 12 - 6　两种模式下的产品零售价

三、决策主体和供应链对研发模式偏好分析

最后比较两种研发模式下 OEM、IR 的实际利润以及供应链总利润，继而分析三者对研发模式的偏好，数值模拟结果如图 12 – 7 至图 12 – 9 所示。

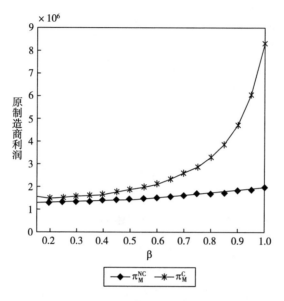

图 12 – 7 溢出率、研发模式对 OEM 利润影响

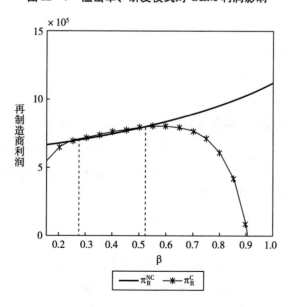

图 12 – 8 溢出率、研发模式对 IR 利润影响

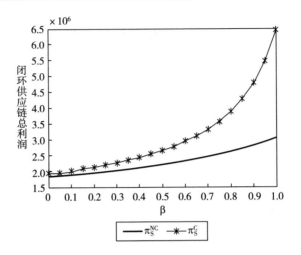

图 12 – 9　溢出率、研发模式对供应链总利润影响

　　由图 12 – 7 至图 12 – 9 可知，对于 OEM 而言，无论是合作研发模式还是独立研发模式，其利润都会随着研发溢出率的提高而上升。这是由于 OEM 在博弈中处于主导地位，其 R&D 投资外部性被充分内部化，再加上分享的专利许可费也随溢出率的提高而上升，因而其总体利润随溢出率提高有加速上升趋势。对于 IR 而言，在独立研发模式下利润随溢出率提高缓慢上升，合作研发模式下其利润随溢出率的提高先上升后下降，并且下降速度越来越快。这说明合作模式下高溢出率引起增加的投资成本难以被充分消化，IR 作为追随者，在研发博弈中处于不利地位。对于供应链整体而言，无论溢出率如何，OEM 增加的利润均超过零售商损失的利润，因而供应链利润随溢出率的提高而显著上升。

　　比较两种研发模式下的各方利润不难发现，合作研发下 OEM 的利润显著高于独立研发模式，因而其模式偏好始终为 NC > C。当溢出率比较小或比较大时，IR 的利润在独立研发模式下较高，其模式偏好为 C > NC。而当溢出率适中时在合作研发模式下稍高，其模式偏好为 NC > C。对于供应链整体而言，合作研发下的利润明显高于独立研发，其模式偏好始终为 NC > C。由此可知，合作研发模式不仅可以实现较高的消费者效用和社会绿色效应，而且能有效降低独立研发时"双重边际效应"引起的利润损失，实现供应链整体利润的最优，但是在大多数情况下该种研发模式会损害 IR 的利润。因而作为博弈领导者的 OEM 如何给予 IR 一定的利润补偿使其接受合作研发模式是非常重要的。

第六节　本章小结

本章通过博弈论，研究 R&D 投资溢出效应对专利授权经营的再制造闭环供应链的影响，建立并求解包括两种 R&D 模式在内的三阶段闭环供应链研发投资博弈模型，并采用理论分析和数值模拟的方法对结果进行研究。得出的主要结论为：

（1）OEM 和 IR 研发投入与再制造节约成本之间的关系取决于对方研发投资成本的大小。

（2）只有当双方研发投资成本系数均较大时，单位专利许可费、废旧品回收价以及产品零售价才与再制造节约成本正相关，否则结论相反。

（3）再制造节约成本处于适当水平时，随着投资溢出率的增大，双方 R&D 投资额增大，单位专利许可费上升，废旧品回收价提高，产品零售价降低。

（4）合作研发模式下的 R&D 投资额，单位专利许可费、废旧品回收价高于独立研发模式，产品零售价低于独立研发模式。

（5）两种研发模式下 OEM 和供应链整体利润均随投资溢出率的增大而增大，但合作模式下 IR 的利润随溢出率的增大先变小后变大。

（6）合作研发模式下 OEM 和供应链整体利润始终高于独立研发模式，大多数情况下 IR 的利润在合作研发模式低于独立研发模式。

第五篇

新因素影响下的再制造供应链竞争策略

　　再制造产业巨大的盈利空间和发展远景吸引着更多的企业和投资者进入该领域。再制造的类型主要有三种：第一种是原始设备制造商（OEM）进行再制造，而且一般只进行自己产品的回收和再制造业务。例如，世界著名的汽车制造企业大众、宝马、通用等都有自己的再制造公司，通用公司每年销售的再制造部件达到250万件。第二种是从提供服务和维修开始，然后逐渐过渡到开展再制造业务，这类企业主要是电子产品再制造企业。如日本施乐公司已在全国建立超过百个废旧复印机回收点，对回收后的零件进行再制造后再次投入使用。第三种是专职从事再制造业务的公司，这种公司具备开展各种产品再制造的能力，再制造已上升为企业的核心业务，并且有相对独立的再制品销售渠道。如卡特彼勒全球有超过50家专业的再制造公司，为不同产品提供各类再制造服务，年处理再制造产品超过200万件。这类企业我们称为独立再制造商（IR）。为了争夺利润空间，IR生产的再制品与OEM生产的新产品进行全方位竞争。近几年，OEM和IR的竞争有不断加剧的趋势，双方的竞争转变为新产品、OEM的再制造品和IR的再制造品之间的竞争。例如，施乐公司生产新的硒鼓和墨盒以及再制造品，与从事硒鼓和墨盒再制造同时生产新轮胎和再制造轮胎的米其林公司，与独立的轮胎再制造商之间的竞争等。所有进入再制造领域的OEM和IR在开展再制造业务时都必须制定合适的价格、质量策略应对竞争者的挑战。

　　学术界对OEM和IR之间的竞争策略给予足够的重视。熊中楷等（2011）研究OEM和IR竞争模式下消费者对再制造产品的接受度、生产成本对制造商盈利的影响。王凯等（2012）对以上研究进行扩展，研究考虑回收情况下两个周期内

OEM 与 IR 的竞争与合作。Ferguson 和 Toktay（2006）从原制造商的角度出发，对比了引入再制造品和通过集中处理废旧产品来阻止再制造品这两种模式的利润差异。Majumder 和 Groenevelt（2001）研究在面临再制造商竞争时，制造商的定价与再制造策略。Ferrer 和 Swaminathan（2006）把以上策略扩展到两个周期、多个周期以及无限周期内。Ferguson 和 Toktay（2006）进一步分析制造商为阻止再制造商进入所采取的市场策略。前面第二篇研究的专利授权策略也是 OEM 为了应对 IR 竞争威胁所采用的一种保护策略。

近两年随着再制造领域竞争形式的变化，一些新的因素成为决策者制定竞争策略不可忽视的条件：

第一，OEM 和 IR 在 Stackelberg 竞争中的权力地位发生改变。原来的竞争关系中 IR 一般只从事部分废旧品的回收或再制造，他们要么本身就是附属于 OEM 的子部门，要么资金实力难以与 OEM 相抗衡，在市场竞争中缺乏定价话语权。而现在这种形势发生了改变，例如全球最大的再制造商之一的卡特彼勒在与路虎的合作中已成为其再制造产品的全球首选供应商，资金实力非常雄厚，并且经常与路虎、伊顿、利行星等拥有多种销售渠道的制造商签订再制造供销协议，把这些公司作为自己的再制品经销商。这说明 IR 在市场竞争中已经有和 OEM 相同的权力地位，甚至有能力成为市场主导者。另外，在美国法律规定 IR 不需经过 OEM 的授权便可从事该品牌废旧产品的再制造，这为再制造商成为市场主导者创造了有利条件（熊中楷，2011）。

第二，OEM 和 IR 的竞争手段不断丰富，特别是质量竞争成为比价格竞争更有利的武器。在使用周期较短、可再制造部分回收迅速、再制造过程简单的再制造品中，OEM 的质量决策问题更为重要。比如，最为普遍的易耗品——打印墨盒和硒鼓，它们的最大打印纸张数仅为 3500 张，对于商业性的打印室而言，其使用寿命不到一个星期。因而常常可以发现在各种型号的新打印墨盒和硒鼓上市不久，就会出现再生的墨盒和硒鼓进入市场，这种再制品其实就是回收品的简单翻新，其质量和新产品存在很大的关联性，而这种产品的新件消费者也更容易向再制造品转移（曹俊等，2010）。因此，质量策略如何制定对 OEM 或 IR 竞争优势的获取尤为重要。

第三，消费者一些特殊的心理特征不断影响着消费者的购买选择。一般而言，消费者对再制品存在心理歧视，其对再制品的支付意愿也明显小于新产品。但是现代消费者普遍存在后悔、炫耀等心理特征有可能改变这一点。例如，后悔心理特征,某个消费者在购买商品后往往会与其他消费者的购买经历进行比较,从而可能产生后悔心理。一些信誉良好的商场已在减小消费者后悔心理上有一定程度的实践,例如,"消费者后悔权"是指消费者在购买商品后的一定时间内,可不需要说明任何理由,商品无条件地退回给经营者,并不承担任何费用。很显然,消费者对购买后悔的预期会改变他们购买新产品或再制品时的支付意愿,从而对 OEM 和 IR 的竞争策略产生重要影响。

本篇重点关注以上几个新因素对 OEM 和 IR 的竞争策略的影响,分别考虑质量决策、消费者后悔影响下竞争型再制造供应链产品价格,产品销量、成员利润的具体表达式,并比较不同权力结构对决策结果的影响。本篇包含第十三章和第十四章的内容。

第十三章　考虑质量影响再制品成本的再制造供应链竞争策略[①]

本章研究了质量决策下不同权力结构的竞争型再制造供应链运作策略。在推导消费者需求函数的基础上分别对 OEM 和 IR 开展价格竞争（Stackelberg）和数量竞争（Counnot）两种情形展开分析，每种情形又分别考虑 OEM 领导、IR 领导以及无领导三种权力结构。详细求解各种竞争模式和权力结构下的产品质量、产品售价、销售量以及各方利润，并对供应链成员的模式偏好进行深入分析。

第一节　引　言

在竞争型再制造供应链中，许多 OEM 不仅通过限制数量、降低价格等手段与 IR 展开竞争，更把产品质量作为获取竞争优势的重要武器（Desai，2002）。然而，与单向供应链不同，再制造供应链中的产品质量水平不再表现出"越高越好"的特性。这是由于 OEM 在提高新产品质量时也在一定程度上提升再制品质量，从而加剧 IR 的竞争能力。如惠普公司在其新款打印机中使用特制打印头以降低 IR 的市场竞争。另外，再制品质量的提高在很大程度上又会提升再制造成本，这使竞争型闭环供应链下的产品质量决策问题变得更加复杂。

现有文献在供应链博弈中考虑产品质量决策的研究比较少。Souza 等（2004）、Plambeck 和 Wang（2009）虽然意识到产品质量是新产品发展战略中的决定因素，但并没有考虑到新产品质量和再制品成本之间的密切关系，也没有把质量作为单独的决策变量来考虑。鲁其辉和朱道立（2009）研究无协调情形、混

[①]　本章主要内容经修改发表在《管理工程学报》2016 年第 30 卷第 4 期。

合情形和有协调情形下同时存在质量和价格竞争的供应链均衡和协调策略，但该文献仅考虑单向供应链的情形。曹军等（2012）综合考虑新件与再制造件的质量水平之间的内在关系、新件对再制造件的数量限制以及不同消费者的价格敏感性差异研究制造商和再制造商同时进入存在消费转移的市场后，如何进行质量和价格竞争。邵宝玉和石岿然（2012）在废旧品回收充足的静态环境下，假设可再制造部分的质量水平在再制造的过程中发生衰减，研究制造商如何选择再制造品的质量以及如何有效地规划新产品和再制造品的价格，但并没有详细分析质量决策对决策者利润的影响。Adem Rosemary 等（2013）虽然全面考虑 OEM 和 IR 之间的质量决策和数量竞争对各方利润、消费者剩余以及社会总福利的影响，但该研究仅分析 OEM 和 IR 市场地位均等的情景。事实上，市场领导力量的不同由于会影响决策双方的博弈顺序，将对供应链运作效率产生深刻影响。也有一些文献研究市场领导结构对供应链的影响。如 Chan（1991）研究制造商为领导、零售商为领导和无领导三种结构下双头垄断的制造商共用一个零售商时的供应链决策问题。在此基础上，Chan（1996）又把研究扩展到双垄断制造商和双垄断零售商的情形。易余胤（2009）则研究一个由单一制造商、两个竞争零售商和第三方回收方组成的闭环供应链，研究得出无领导者的闭环供应链结构最优，其次是零售商主导，最后是制造商主导。但这些研究并未涉及 OEM 和 IR 之间的竞争问题，也没有考虑到市场领导结构对产品质量决策的影响。

基于此，本章详细研究由一个 OEM 和一个 IR 构成的闭环再制造供应链在价格博弈和数量博弈下的质量决策问题。假定再制品成本和新产品质量之间存在相关关系，分析再制造活动的成本价值比对供应链决策的影响。本章同时考虑 OEM 和 IR 在市场竞争中的领导结构问题，详细比较质量决策下不同领导结构中的新产品和再制品价格、需求以及各方利润，并深入挖掘再制造成本价值比对这些结果的影响。

第二节　模型的建立

考虑单一原制造商和单一独立再制造商构成的再制造供应链系统，OEM 负责新产品的生产和销售，IR 负责废旧品回收、再制造和再制品销售。两者之间进行价格竞争或数量竞争。OEM 进行质量决策，通过控制产品质量的高低来获取更多的利润。

一、需求函数

本章假设尽管再制品与新产品在质量、功能及外形上基本相同，但消费者能对两者进行有效识别。假设 A 为市场潜在需求量，θ 为消费者对新产品支付意愿，$0 \leq \theta \leq A$ 并服从 $[0, A]$ 上的均匀分布。消费者认为再制品是由废旧品加工而来，对其支付意愿低于新产品，可用 $\rho\theta$ 表示消费者对再制品的支付意愿。其中 $0 < \rho < 1$，表示消费者对再制品的接受程度。根据 Adem 等（2013）的研究，新产品的质量水平 s 会影响消费者对新产品的支付意愿，且再制品的质量与新产品质量紧密相关，因而 s 也会影响消费者对再制品的支付意愿。故当新产品和再制品的定价分别为 p_n 和 p_r 时，消费者购买新产品和再制品得到的实际效用分别为 $u_n = \theta s - p_n$ 以及 $u_r = \rho\theta s - p_r$。当满足 $u_n > u_r > 0$ 时，消费者更愿意购买新产品，$u_r > u_n > 0$ 时消费者更愿意购买再制品。由以上假设可以推导出价格博弈下新产品和再制品的需求为：

$$q_n = A \int_{\substack{u_n > u_r, u_n > 0}} f(\theta)d\theta = A \int_{\substack{\theta s - p_n > \rho\theta s - p_r > 0 \\ 0 \leq \theta \leq A}} (1/A)d\theta = A - \frac{p_n - p_r}{(1 - \rho)s}$$

$$q_r = A \int_{\substack{u_r > u_n, u_r > 0}} f(\theta)d\theta = A \int_{\substack{0 < \theta s - p_n < \rho\theta s - p_r \\ 0 \leq \theta \leq A}} (1/A)d\theta = \frac{\rho p_n - p_r}{\rho(1 - \rho)s} \qquad (13-1)$$

同时求解得到数量博弈下新产品和再制品价格关于产品数量的表达式为：

$$p_n = s(A - q_n - \rho q_r), \quad p_r = \rho s(A - q_n - q_r) \qquad (13-2)$$

二、模型假设

本章用到如下假设：

（1）首先由 OEM 进行质量决策，然后 OEM 和 IR 根据最优产品质量水平进行价格博弈或数量博弈。这是因为质量决策属于企业战术层决策，而价格或数量决策仅为作业层决策。

（2）新产品的单位制造成本由新产品质量水平决定，并且边际单位成本随质量提高而增大。故假设 $c_n = \beta s^2$，即单位成本为质量水平的二次凸函数。其中 β 称为成本质量系数，其大小代表制造成本的高低（Moorthy，1988）。新产品的质量水平同时也影响再制品的单位成本。这是由于再制造过程需要通过更换部分磨损过的部件达到像新产品一样的质量。另外，由于有些部件可以使用再制的零件，所以再制品的单位成本低于新产品。因而，参照 Adem 等（2013）的研究，本章假设再制品的单位成本为 $c_r = \alpha\beta s^2$，其中 $0 < \alpha < 1$。特别地，本章把 α/ρ 称为成本价值比，用来衡量再制造活动是否经济。该值越大表示吸引相同的消费者要投入更大的再制造成本，或者同样的再制造成本只能吸引更少的消费者，表明再制造活动效率越低。

（3）不考虑再制品数量受制于新产品销量的约束。因为从废旧品的回收源来看，IR 的回收源不一定是单一的。如 Bosch 公司除了回收自己公司的废旧品，也将回收范围扩大到市场上的其他废旧品。

（4）不考虑与质量无关的单位成本，也不考虑固定成本。即使考虑也仅会增加数学处理的复杂程度而不会改变本章结论。

（5）IR 采用低价策略以吸引一部分普通消费者，即满足条件 $p_r < \rho p_n$，从而保证再制造品有一定的需求。

第三节　价格博弈模型

当市场处于饱和状态时，决策者经常通过价格竞争来获取更大的需求。OEM 和 IR 进行价格博弈时，两者的决策变量分别为 p_n 和 p_r，新产品需求 q_n 和再制品需求 q_r 由式（13－1）决定。根据不同的市场领导结构，分别考虑 OEM 为市场领导者（OL），IR 为市场领导者（IRL）和无市场领导者（NL）三种模式。

一、OL 模式

当 OEM 为市场领导者时，价格博弈模型表达式为：

$$\max_{p_n} \pi^P_{OEM}(p_n \mid p_r, s) = (p_n - \beta s^2)\left[A - \frac{p_n - p_r}{(1 - \rho)s} \right]$$

$$\text{s. t.}\quad p_r \in \mathop{\arg\max}_{p_r} \pi^P_{IR}(p_r \mid s) = (p_r - \alpha\beta s^2)\left[\frac{\rho p_n - p_r}{\rho(1 - \rho)s} \right] \tag{13-3}$$

用逆向归纳法进行求解。得到 OL 模式下新产品和再制品关于质量水平 s 的均衡价格以及需求表达式为：

$$p_n^{POL*}(s) = \frac{2(1-\rho)As + (2+\alpha-\rho)\beta s^2}{2(2-\rho)},$$

$$p_r^{POL*}(s) = \frac{2\rho(1-\rho)As + [(2-\rho)\rho + (4-\rho)\alpha]\beta s^2}{4(2-\rho)}$$

$$q_n^{POL*}(s) = \frac{A}{2} - \frac{(2-\alpha-\rho)\beta s}{4(1-\rho)}, \quad q_r^{POL*}(s) = \frac{A}{2(2-\rho)} + \frac{[(2-\rho)\rho - (4-3\rho)\alpha]\beta s}{4\rho(1-\rho)(2-\rho)}$$

$$(13-4)$$

代回 OEM 的利润函数，可以得到 OL 模式下 OEM 质量决策的利润目标表达式为：

$$\max_s \pi_{OEM}^{POL}(s) = \frac{s[2(1-\rho)A - (2-\alpha-\rho)\beta s]^2}{8(2-\rho)(1-\rho)} \qquad (13-5)$$

求解可得到均衡质量水平表达式，并求得该模式下新产品和再制品的价格、需求表达式以及 OEM 和 IR 的利润表达式。具体结果见表 13-1。

表 13-1　价格博弈下三种模式的最优解和最优利润

	OL	IRL	NL
s^{Pi*}	$\dfrac{2(1-\rho)A}{3(2-\alpha-\rho)\beta}$	$\dfrac{(4-\rho)(1-\rho)A}{3(4-3\rho-(2-\rho)\alpha)\beta}$	$\dfrac{2(1-\rho)A}{3(2-\alpha-\rho)\beta}$
p_n^{Pi*}	$\dfrac{4(1-\rho)^2A^2(4-\alpha-2\rho)}{9(2-\rho)(2-\alpha-\rho)^2\beta}$	$\dfrac{(4-\rho)^2(1-\rho)^2A^2[8-5\rho-(2-\rho)\alpha]}{18(2-\rho)[4-3\rho-(2-\rho)\alpha]^2\beta}$	$\dfrac{4(1-\rho)^2A^2(8-2\alpha-3\rho)}{9(4-\rho)(2-\alpha-\rho)^2\beta}$
p_r^{Pi*}	$\dfrac{4(1-\rho)^2A^2(2\rho+\alpha-\rho\alpha-\rho^2)}{9(2-\rho)(2-\alpha-\rho)^2\beta}$	$\dfrac{(4-\rho)(1-\rho)^2A^2(8\rho-5\rho^2-6\alpha\rho+2\alpha\rho^2+4\alpha)}{9(2-\rho)(4-3\rho-(2-\rho)\alpha)^2\beta}$	$\dfrac{2(1-\rho)^2A^2(4\alpha+8\rho-3\rho\alpha-3\rho^2)}{9(4-\rho)(2-\alpha-\rho)^2\beta}$
q_n^{Pi*}	$\dfrac{A}{3}$	$\dfrac{(4-\rho)A}{6(2-\rho)}$	$\dfrac{4A}{3(4-\rho)}$
q_r^{Pi*}	$\dfrac{2(2\rho-\rho^2-\alpha)A}{3\rho(2-\rho)(2-\alpha-\rho)}$	$\dfrac{(8\rho-5\rho^2+\alpha\rho^2-4\alpha)A}{6\rho(4-3\rho-(2-\rho)\alpha)}$	$\dfrac{(8\rho-\alpha\rho-3\rho^2-4\alpha)A}{3\rho(4-\rho)(2-\alpha-\rho)}$
π_{OEM}^{Pi*}	$\dfrac{4(1-\rho)^2A^3}{27(2-\rho)(2-\alpha-\rho)\beta}$	$\dfrac{(1-\rho)^2(4-\rho)^3A^3}{108(2-\rho)[4-3\rho-(2-\rho)\alpha]\beta}$	$\dfrac{32(1-\rho)^2A^3}{27(4-\rho)^2(2-\alpha-\rho)\beta}$
π_{IR}^{Pi*}	$\dfrac{8(1-\rho)^2A^3(2\rho-\rho^2-\alpha)^2}{27\rho(2-\rho)^2(2-\alpha-\rho)^3\beta}$	$\dfrac{(4-\rho)(1-\rho)^2A^3(8\rho-5\rho^2+\alpha\rho^2-4\alpha)^2}{54\rho(2-\rho)[4-3\rho-(2-\rho)\alpha]^3\beta}$	$\dfrac{2(1-\rho)^2A^3(8\rho-\rho\alpha-3\rho^2-4\alpha)^2}{27\rho(4-\rho)^2(2-\alpha-\rho)^3\beta}$

二、IRL 模式

当 IR 为市场领导者时，价格博弈模型表达式为：

$$\max_{p_r} \pi_{IR}^P(p_r \mid p_n, s) = (p_r - \alpha\beta s^2)\left[\frac{\rho p_n - p_r}{\rho(1-\rho)s}\right]$$

$$\text{s. t.} \quad p_n \in \underset{p_n}{\arg\max}\, \pi_{OEM}^P(p_n \mid s) = (p_n - \beta s^2)\left[A - \frac{p_n - p_r}{(1-\rho)s}\right] \qquad (13-6)$$

模型求解结果具体见表 13 - 1。

三、NL 模式

当 OEM 和 IR 势力均衡时，市场无领导者，价格博弈模型表达式为：

$$\begin{cases} \max\limits_{p_n} \pi_{OEM}^P(p_n \mid s) = (p_n - \beta s^2)\left[A - \dfrac{p_n - p_r}{(1-\rho)s}\right] \\[4mm] \max\limits_{p_r} \pi_{IR}^P(p_r \mid s) = (p_r - \alpha\beta s^2)\left[\dfrac{\rho p_n - p_r}{\rho(1-\rho)s}\right] \end{cases} \qquad (13-7)$$

模型求解结果具体见表 13 - 1。

第四节　数量博弈模型

当市场处于不饱和状态时，竞争者往往通过数量博弈获取竞争优势。OEM 和 IR 进行数量博弈时，两者的决策变量分别为 q_n 和 q_r，新产品价格 p_n 和再制品价格 p_r 由式（13 - 2）决定。仍考虑 OL、IRL 和 NL 三种模式。

一、OL 模式

当 OEM 为市场领导者时，数量博弈模型表达式为：

$$\max_{q_n} \pi_{OEM}^Q(q_n \mid q_r, s) = \left[s(A - q_n - \rho q_r) - \beta s^2\right]q_n$$

$$\text{s. t.} \quad q_r \in \underset{q_r}{\arg\max}\, \pi_{IR}^Q(q_r \mid s) = \left[\rho s(A - q_n - q_r) - \alpha\beta s^2\right]q_r \qquad (13-8)$$

用逆向归纳法进行求解。得到 OL 模式下新产品和再制品关于质量水平 s 的均衡数量及价格表达式为：

$$q_n^{QOL*}(s) = \frac{(2-\rho)A - (2-\alpha)\beta s}{2(2-\rho)}, \quad q_r^{QOL*}(s) = \frac{\rho(2-\rho)A - (4\alpha - \rho\alpha - 2\rho)\beta s}{4\rho(2-\rho)}$$

$$p_n^{QOL*}(s) = \frac{s\left[(2-\rho)A + (2+\alpha)\beta s\right]}{4}, \quad p_r^{QOL*}(s) = \frac{s\left[\rho(2-\rho)A + (4\alpha + 2\rho - 3\alpha\rho)\beta s\right]}{4(2-\rho)}$$

$$(13-9)$$

代回式（13 - 8）中的 OEM 利润函数，可以得到 OL 模式下 OEM 质量决策的利润目标表达式为：

$$\max_{s} \pi_{OEM}^{QOL}(s) = \frac{s\left[(2-\rho)A - (2-\alpha)\beta s\right]^2}{8(2-\rho)^2} \qquad (13 - 10)$$

求解得到均衡质量水平，将式（13 - 10）代回式（13 - 8）和式（13 - 9）可求得数量博弈 OL 模式下新产品和再制品的价格、数量表达式以及 OEM 和 IR 的利润表达式。具体结果见表 13 - 2。

表 13 - 2　数量博弈下三种模式的最优解和最优利润

	OL	IRL	NL
s^{Qi*}	$\dfrac{(2-\rho)A}{3(2-\alpha)\beta}$	$\dfrac{(4-3\rho)A}{3(4-\rho-2\alpha)\beta}$	$\dfrac{(2-\rho)A}{3(2-\alpha)\beta}$
q_n^{Qi*}	$\dfrac{A}{3}$	$\dfrac{(4-3\rho)A}{6(2-\rho)}$	$\dfrac{2(2-\rho)A}{3(4-\rho)}$
q_r^{Qi*}	$\dfrac{[4\rho-(2+\rho)\alpha]A}{6(2-\alpha)\rho}$	$\dfrac{[\rho(8-3\rho)-4\alpha]A}{3(2-\rho)(4-\rho-2\alpha)\rho}$	$\dfrac{[(8-\rho)\rho-(4+\rho)\alpha]A}{3(2-\alpha)(4-\rho)\rho}$
p_n^{Qi*}	$\dfrac{(2-\rho)^2A^2(4-\alpha)}{18(2-\alpha)^2\beta}$	$\dfrac{(4-3\rho)A^2[32-36\rho+9\rho^2-(8-6\rho)\alpha]}{18(2-\rho)(4-\rho-2\alpha)^2\beta}$	$\dfrac{(2-\rho)A^2[16-10\rho+\rho^2-(4-2\rho)\alpha]}{9(4-\rho)(2-\alpha)^2\beta}$
p_r^{Qi*}	$\dfrac{A^2[4\rho(2-\rho)-(8\rho-3\rho^2-4)\alpha]}{18(2-\alpha)^2\beta}$	$\dfrac{(4-3\rho)A^2[(8-3\rho)\rho-(6\rho-4)\alpha]}{18(4-\rho-2\alpha)^2\beta}$	$\dfrac{(2-\rho)A^2[(8-\rho)\rho-(7\rho-\rho^2-4)\alpha]}{9(4-\rho)(2-\alpha)^2\beta}$
π_{OEM}^{Qi*}	$\dfrac{(2-\rho)^2A^3}{54(2-\alpha)\beta}$	$\dfrac{(4-3\rho)^3A^3}{108(2-\rho)^2(4-\rho-2\alpha)\beta}$	$\dfrac{4(2-\rho)^3A^3}{27(4-\rho)^2(2-\alpha)\beta}$
π_{IR}^{Qi*}	$\dfrac{(2-\rho)A^3(4\rho-\rho\alpha-2\alpha)^2}{108\rho(2-\alpha)^3\beta}$	$\dfrac{(4-3\rho)A^3(8\rho-3\rho^2-4\alpha)^2}{54\rho(2-\rho)(4-\rho-2\alpha)^3\beta}$	$\dfrac{(2-\rho)A^3(8\rho-\rho^2-\rho\alpha-4\alpha)^2}{27\rho(4-\rho)^2(2-\alpha)^3\beta}$

二、IRL 模式

当 IR 为市场领导者时，数量博弈模型表达式为：

$$\max_{q_r} \pi_{IR}^Q(q_r \mid q_n, s) = \left[\rho s(A-q_n-q_r) - \alpha\beta s^2\right]q_r$$

$$\text{s. t.} \quad q_n \in \underset{q_n}{\mathrm{argmax}}\,\pi_{OEM}^Q(q_n \mid s) = \left[s(A-q_n-\rho q_r) - \beta s^2\right]q_n \qquad (13 - 11)$$

模型求解结果具体见表 13 - 2。

三、NL 模式

当市场无领导者时，数量博弈模型表达式为：

$$\begin{cases} \max_{q_n} \pi_{OEM}^{Q}(q_n \mid s) = [s(A - q_n - \rho q_r) - \beta s^2] q_n \\ \max_{q_r} \pi_{IR}^{Q}(q_r \mid s) = [\rho s(A - q_n - q_r) - \alpha \beta s^2] q_r \end{cases} \tag{13-12}$$

模型求解结果具体见表 13-2。

第五节 结果分析

命题 13-1：无论价格博弈还是数量博弈，也无论市场领导结构如何：

（1）p_n 与 p_r 均与质量水平正相关。

（2）q_n 与质量水平负相关。

（3）每种模式存在一个阈值，当 α/ρ 小于该阈值时，q_r 与质量水平正相关；当 α/ρ 大于该阈值时，q_r 与质量水平负相关。

证明：由各模型中 p_n、p_r、q_n、q_r 表达式对 s 求一阶导数可得，具体过程略。

该命题表明，当质量为供应链外生变量时，质量水平越高越能提升新产品和再制品价格，但会降低新产品的需求。而再制品需求与质量之间的关系受制于再制品的成本价值比。当该比值较小时表示只用较小的成本，即可引起消费者对再制品较高的接受度，再制造活动比较经济。此时质量水平提升对消费者的吸引力超过价格提高带来的负面影响，故再制品需求上升。而成本价值比较高时，再制造活动由于效率较低而变得不再经济，此时产品质量提升时再制造商必须用高价来抵消质量提升引起的成本增加，这必然会降低消费者的需求。

命题 13-2：比较各种博弈模型和领导结构下的产品均衡质量水平：

（1）无论哪种模式，均衡质量水平 s^* 均与 α/ρ 正相关。

（2）当 $\alpha > \rho$ 时，$s^{POL*} = s^{PNL*} > s^{PIRL*}$，$s^{QOL*} = s^{QNL*} < s^{QIRL*}$。

（3）当 $\alpha < \rho$ 时，$s^{PIRL*} > s^{POL*} = s^{PNL*}$，$s^{QOL*} = s^{QNL*} > s^{QIRL*}$。

证明：由表 13-1 和表 13-2 中各 s^* 表达式对 α/ρ 求一阶导数可得命题13-2（1）。具体过程略。命题 13-2（2）（3）用作差法得到：

$$s^{POL*} - s^{PIRL*} = \frac{\rho(1-\rho)A(\alpha-\rho)}{3(2-\alpha-\rho)[4-3\rho-(2-\rho)\alpha]\beta}, \quad s^{POL*} - s^{PNL*} = 0$$

$$s^{QOL*} - s^{QIRL*} = \frac{\rho A(\rho-\alpha)}{3(2-\alpha)(4-\rho-2\alpha)\beta}, \quad s^{QOL*} - s^{QNL*} = 0 \tag{13-13}$$

该命题表明，当供应链进行质量决策时，再制造活动效率越低，OEM 制定的均衡质量水平越高。因而质量是 OEM 获取高利润，增强其竞争优势的重要武器。另外，不同市场领导结构下的均衡质量水平是不一样的。在价格博弈环境下，若再制品成本价值比相对较大，OL 模式下产品质量较高，而当该比值较低时 IRL 模式下产品质量较高。这是由于 OEM 质量决策的收益主要来源于高利润产品价格的提升，当再制造活动不再是一种经济的社会活动时，新产品利润较高。相对于 IRL 模式，OL 模式下质量水平的提高对新产品价格的刺激作用显得更加明显，故该模式质量水平高于 IRL 模式。相反，当再制造成本价值比较低时，再制造活动较"经济"，故 IRL 模式产品质量高于 OL 模式。因此，我们可以知道，价格博弈下，"经济"产品制造商主导的供应链更有利于产品质量的提升。而数量博弈时的结论正好相反，即再制造活动较经济时 OL 模式下的产品质量较高，再制造活动不经济时 IRL 模式下的产品质量较高。该命题还表明，无论再制造是否经济，NL 模式和 OL 模式的质量水平相同，与无领导的市场相比，OEM 为市场领导者并不会显著提升产品的质量。

命题 13 – 3：比较数量博弈和价格博弈下的新产品需求：

（1）$q_n^{QOL*} > q_n^{QNL*} > q_n^{QIRL*}$。

（2）$q_n^{PIRL*} > q_n^{PNL*} > q_n^{POL*}$。

证明：由表 13 – 1、表 13 – 2 中各种模式下 q_n^{i*} 的表达式，用作差法得到：

$$q_n^{PIRL*} - q_n^{PNL*} = \frac{\rho^2 A}{6(2-\rho)(4-\rho)} > 0, \quad q_n^{PNL*} - q_n^{POL*} = \frac{\rho A}{3(4-\rho)} > 0$$

$$q_n^{QOL*} - q_n^{QNL*} = \frac{\rho A}{3(4-\rho)} > 0, \quad q_n^{QNL*} - q_n^{QIRL*} = \frac{\rho^2 A}{6(4-\rho)(2-\rho)} > 0 \quad (13-14)$$

该命题表明，数量博弈下新产品数量在 OL 模式最高，NL 模式次之，IRL 模式最低，说明数量博弈下 OEM 的垄断地位可以帮助其获取更多的新产品销量。而价格博弈下结论正好相反，消费者对新产品的需求在 IR 为领导者时最高，在 OEM 为领导者时反而最低。这说明价格博弈下 OEM 处于领导地位时主要通过质量和价格武器来获取竞争优势，新产品需求反而不如 IRL 模式。

命题 13 – 4：比较数量博弈下各模式再制品数量：

（1）当 $\dfrac{\alpha}{\rho} < \dfrac{(8 + 2\rho - 2\sqrt{16 + 8\rho - 31\rho^2 + 16\rho^3 - 2\rho^4})}{4} A$ 时，$q_r^{QIRL*} > q_r^{QNL*} > q_r^{QOL*}$。

（2）当 $\dfrac{\alpha}{\rho} > \dfrac{(8 + 2\rho - 2\sqrt{16 + 8\rho - 31\rho^2 + 16\rho^3 - 2\rho^4})}{4} A$ 时，$q_r^{QNL*} > q_r^{QIRL*} > q_r^{QOL*}$。

证明： 由表 13 - 2 中各种模式下 q_r^{Qi*} 用作差法得到：

$$q_r^{QNL*} - q_r^{QOL*} = \frac{\rho A}{6(4-\rho)} > 0$$

$$q_r^{QIRL*} - q_r^{QNL*} = \frac{\left[\rho(16 - 8\rho + \rho^2) - (8 + 2\rho)\alpha + 2\rho\alpha^2\right]A}{3(2-\alpha)(4-\rho)(2-\rho)(4-\rho-2\alpha)}$$

$$q_r^{QIRL*} - q_r^{QOL*} = \frac{\left[\rho(12 - 4\rho) - (4 + 6\rho - \rho^2)\alpha + 2\rho\alpha^2\right]A}{3(2-\alpha)(4-\rho)(2-\rho)(4-\rho-2\alpha)} \qquad (13-15)$$

求解不等式 $q_r^{QIRL*} - q_r^{QNL*} > 0$，得到 $\dfrac{\alpha}{\rho} < \dfrac{\left(\dfrac{8 + 2\rho - 2}{\sqrt{16 + 8\rho - 31\rho^2 + 16\rho^3 - 2\rho^4}}\right)A}{4}$，求解

不等式 $q_r^{QIRL*} - q_r^{QOL*} > 0$，得到 $\dfrac{\alpha}{\rho} < \dfrac{(4 + 6\rho - \rho^2 - \sqrt{16 + 48\rho - 68\rho^2 + 20\rho^3 + \rho^4})A}{4}$。

结合 $q_r^{QIRL*} > 0$，$q_r^{QNL*} > 0$，$q_r^{QOL*} > 0$ 可得到 $q_r^{QIRL*} - q_r^{QOL*} > 0$ 恒成立，证毕。

该命题表明只要成本价值比小于阈值 $\dfrac{\left(\dfrac{8 + 2\rho - 2}{\sqrt{16 + 8\rho - 31\rho^2 + 16\rho^3 - 2\rho^4}}\right)A}{4}$，IRL

模式下再制品数量高于 NL 模式，NL 模式高于 OL 模式。结合命题 13 - 3 的结论 (2) 可以知道数量博弈下某种产品的数量在该产品的制造者为市场领导者时达到最高，其次是无领导市场，最后是竞争者领导市场。这进一步说明数量博弈下领导者的地位主要通过数量优势来体现。然而从该命题的（2）可知，在 α/ρ 很高时 IRL 模式下的再制品数量开始小于 NL，表明当再制造低效率时，OEM 可通过提升质量的方法削弱 IR 的领导地位。

命题 13 - 5： 比较各种博弈模型和领导结构下的 OEM 的利润：

（1）无论哪种模式，OEM 的利润均与 α/ρ 正相关。

（2）当 $\dfrac{\alpha}{\rho} < \dfrac{24 - 14\rho + \rho^2}{16 - 4\rho - \rho^2}$ 时，$\pi_{OEM}^{PIRL*} > \pi_{OEM}^{POL*} > \pi_{OEM}^{PNL*}$，其余 $\pi_{OEM}^{POL*} > \pi_{OEM}^{PIRL*} > \pi_{OEM}^{PNL*}$。

（3）当 $\dfrac{\alpha}{\rho} < \dfrac{512 - 960\rho + 632\rho^2 - 170\rho^3 + 16\rho^4}{256 - 384\rho + 160\rho^2 - 4\rho^3 - 5\rho^4}$ 时，$\pi_{OEM}^{QOL*} > \pi_{OEM}^{QNL*} > \pi_{OEM}^{QIRL*}$，

其余 $\pi_{OEM}^{QOL*} > \pi_{OEM}^{QIRL*} > \pi_{OEM}^{QNL*}$。

证明： 由表 13 - 1 和表 13 - 2 各模式下 π_{OEM}^{i*} 表达式对 α/ρ 求一阶导数可得命题 13 - 5 中的（1）。具体过程略。命题 13 - 5 中的（2）由表 13 - 1 中各种模式下 OEM 利润表达式用作差法得到：

$$\pi_{OEM}^{POL*} - \pi_{OEM}^{PNL*} = \frac{4\rho^2(1-\rho)^2 A^3}{27(2-\rho)(2-\alpha-\rho)(4-\rho)^2\beta} > 0$$

$$\pi_{OEM}^{PIRL*} - \pi_{OEM}^{POL*} = \frac{\rho(1-\rho)^2[\rho(24-14\rho+\rho^2)-(16-4\rho-\rho^2)\alpha]A^3}{108(2-\rho)^2[2-\alpha-\rho][4-3\rho-(2-\rho)\alpha]\beta}$$

$$\pi_{OEM}^{PNL*} - \pi_{OEM}^{PIRL*} = \frac{\rho(1-\rho)^2[(256-128\rho-32\rho^2+20\rho^3-\rho^4)}{108(\rho-4)^2(\rho-2)^2(2-\alpha-\rho)[4-3\rho-(2-\rho)\alpha]\beta}$$

$$\alpha - \rho(512-576\rho+200\rho^2-22\rho^3+\rho^4)]A^3$$

$$(13-16)$$

分别求解不等式 $\pi_{OEM}^{PIRL*} - \pi_{OEM}^{POL*} > 0$ 和 $\pi_{OEM}^{PNL*} - \pi_{OEM}^{PIRL*} > 0$ 得到成本价值比的两个阈值，再结合 $q_r^{PIRL*} > 0$，$q_r^{PNL*} > 0$，$q_r^{POL*} > 0$，可知 $(256-128\rho-32\rho^2+20\rho^3-\rho^4)\alpha - \rho(512-576\rho+200\rho^2-22\rho^3+\rho^4) < 0$ 恒成立，即 $\pi_{OEM}^{PNL*} - \pi_{OEM}^{PIRL*} < 0$ 恒成立，即得命题 13-5 中的（2）。命题 13-5 中的（3）由表 13-2 中各种模式下 OEM 利润表达式用作差法得到：

$$\pi_{OEM}^{QOL*} - \pi_{OEM}^{QNL*} = \frac{\rho^2(2-\rho)^2 A^3}{54(2-\alpha)(4-\rho)^2\beta} > 0$$

$$\pi_{OEM}^{QIRL*} - \pi_{OEM}^{QOL*} = \frac{\rho[(16-12\rho-5\rho^2+4\rho^3)\alpha-\rho(40-58\rho+24\rho^2-2\rho^3)]A^3}{108(2-\alpha)(4-\rho-2\alpha)(2-\rho)^2\beta}$$

$$\pi_{OEM}^{QNL*} - \pi_{OEM}^{QIRL*} = \frac{\rho[\rho(512-960\rho+632\rho^2-170\rho^3+16\rho^4)-}{108(2-\alpha)(4-\rho-2\alpha)(2-\rho)^2(4-\rho)^2\beta}$$

$$(256-384\rho+160\rho^2-4\rho^3-5\rho^4)\alpha]A^3$$

$$(13-17)$$

分别求解不等式 $\pi_{OEM}^{QIRL*} - \pi_{OEM}^{QOL*} > 0$ 和 $\pi_{OEM}^{QNL*} - \pi_{OEM}^{QIRL*} > 0$ 可得到成本价值比的两个阈值，再结合 $q_r^{QIRL*} > 0$，$q_r^{QNL*} > 0$，$q_r^{QOL*} > 0$ 可得 $(16-12\rho-5\rho^2+4\rho^3)\alpha - \rho(40-58\rho+24\rho^2-2\rho^3) < 0$ 恒成立，即 $\pi_{OEM}^{QIRL*} - \pi_{OEM}^{QOL*} < 0$ 在有意义的范围内恒成立。得到命题 13-5 中（3），证毕。

该命题表明，无论是价格博弈还是数量博弈，也不管市场领导结构如何，随着成本价值比的增大，OEM 的利润均不断上升。这说明再制造活动效率越低反而对 OEM 越有利。OEM 无动力帮助 IR 降低再制造成本，也不会积极提高消费者对再制品的接受度。该命题还表明价格博弈和数量博弈下 OEM 的模式偏好是不一样的。在价格博弈下，大多数情况时（成本价值比小于阈值 $\frac{24-14\rho+\rho^2}{16-4\rho-\rho^2}$）OL 模式的利润低于 IRL 模式，只有当成本价值比很高时，OL 模式的利润才会高于 IRL，而无领导模式的利润始终小于两种有领导模式。在数量博弈时，OL 模式下的利润始终高于 IRL 模式, 在大多数情况 $\left(\text{成本价值比小于阈值} \dfrac{512-960\rho+632\rho^2-170\rho^3+16\rho^4}{256-384\rho+160\rho^2-4\rho^3-5\rho^4}\right)$ 下 IRL 模式的利润甚至低于 NL 模式。因而,价格博弈下 OEM 将更希望 IR 成为领导者,数量博弈下 OEM 则有成为市场领导者的动力。

第六节 数值仿真

由于新产品和再制品价格以及 IR 利润的表达式比较复杂,难以直接进行理论分析,故本部分采用数值仿真的方法进行相关研究。从表 13-1 和表 13-2 中不难看出,市场规模 A 和成本质量系数 β 仅会改变指标大小而不会改变各指标的变化趋势,故标准化为 A=1,β=1。另外设定消费者接受程度 ρ=0.6,研究再制造成本价值比例 (α/ρ) 的变化对新产品价格,再制品价格、IR 利润及供应链总利润的影响。

由本章第一节中的假设 4,再结合表 13-1 和表 13-2 中 q_r 的表达式可知,α/ρ 不能过大,否则不能保证再制品的需求大于 0。由此条件解得六种模式下 α/ρ 的最大取值分别为 1.4、1.37、1.35、1.54、1.55 和 1.61。为保证所有范围内的曲线均能被完整观察,本章选取最大横坐标为 [0,1.65]。为使结果有意义,选取两种模式利润曲线横坐标范围分别为 [0,1.35] 以及 [0,1.54]。分析价格博弈下新产品价格、再制品价格的变化,得到图 13-1 和图 13-2,仔细观察得到如下结论:

(1) 无论哪种领导结构,新产品的价格和再制品价格随着 α/ρ 的增大而上升,并且上升的趋势越来越快。这说明再制造成本效率的下降将激励 OEM 改善产品质量,通过走高价高品质的"品牌"路线来获取更大的利润。

(2) 当再制造成本价值比较小时,新产品价格和再制品价格在 IRL 模式下最高;当成本价值比较小时,新产品和再制品价格在 IRL 模式下最低,在 OL 模式下最高。结合命题 13-2 可以知道在价格博弈下,"经济"产品制造商领导的供应链不仅有利于产品质量的提升,还有利于新产品和再制品价格的提升,产品更显高档化。无领导的市场与 OEM 为领导的市场相比产品质量相同但价格要更低,因而更受消费者青睐。

然后分析再制造成本价值比对 IR 以及供应链利润的影响。用 Matlab 作图得到图 13 - 3 至图 13 - 4。得到以下结论：

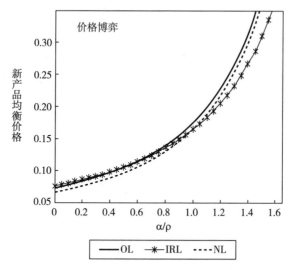

图 13 - 1　三种模式下新产品价格比较

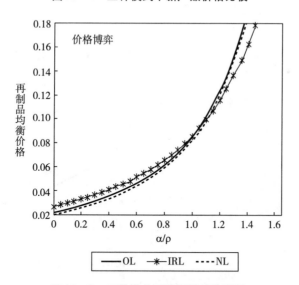

图 13 - 2　三种模式下再制品价格比较

无论哪种模式，随着 α/ρ 的增大，IRL 的利润不断下降。这是由于再制造活动成本价值比越大 OEM 制定的产品质量越高，导致再制造成本加速上升。在价格博弈下，供应链总利润随着 α/ρ 的增大而增大，在数量博弈下总利润随着 α/ρ

的增大而先减小后增大。这是由 OEM 和 IR 利润变化速度不同引起的。总结以上结论我们可以知道，竞争型再制造供应链中 IR 始终有动力提高再制造效率，OEM 始终无动力提高再制造效率。而对于供应链而言，只有在数量博弈且再制造效率本身较高时才有此动力。

最后研究 IR 以及供应链的模式偏好，从图 13 - 3 至图 13 - 4 可以得到如下结论：

（1）价格博弈时，IR 的利润在 OL 模式下最高，其次是 IRL，最后为 NL。数量博弈时，IR 利润在 IRL 模式始终高于 OL 模式，并且在成本价值比适中时也高于 NL 模式。结合本章命题 7 可知，相比于无领导者的市场，OEM 和 IRL 都偏好有领导者的市场，并且两者都偏好对方为领导者，也就是决策者具有"后动优势"。这是由于在质量决策的作用下，领导者制定的垄断价格尚不足以抵消质量上升引起的成本增加。而数量博弈下由于领导者具有的数量优势对利润的提升作用比较明显，因而决策者变成"先动优势"，决策双方均有动力成为市场领导者。

（2）供应链在价格博弈和数量博弈下的模式偏好也是不一样的。在价格博弈下，α/ρ 较小时偏好关系为 IRL>OL>NL，α/ρ 较大时为 OL>IRL>NL。这说明价格竞争下供应链偏好有领导者的市场结构。当成本价值比较小时，IR 领导对供应链最有利，而当该比值较大时 OEM 领导对供应链更有利。在数量博弈下，α/ρ 较小时供应链偏好关系为 NL>OL>IRL，较大时为 OL>NL>IRL。这说明数量竞争时供应链最不希望 IR 成为市场领导。当再制造活动效率较高时供应链最受益于无领导结构的市场。

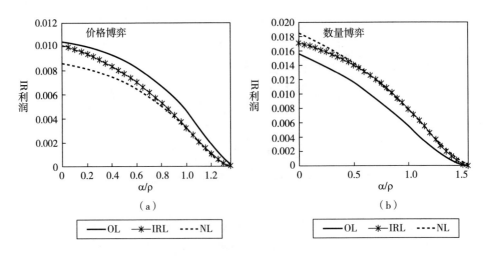

图 13 - 3　三种模式下 IR 利润比较

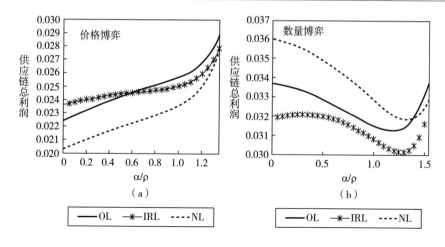

图 13 - 4　三种模式下供应链总利润比较

第七节　本章小结

本章通过博弈论及数值仿真研究由一个原制造商（OEM）和一个独立再制造商（IR）构成的再制造供应链系统，在该系统下，OEM 首先进行质量决策，然后由 OEM 和 IR 进行价格博弈或数量博弈。研究得出的主要结论有：

（1）再制品活动成本价值比越高，OEM 制定的产品均衡质量水平越高。

（2）价格博弈下，"经济"产品制造商主导的供应链不仅最利于质量的提升，也最有利于新产品和再制品价格的提升。

（3）数量博弈下某种产品制造商领导的供应链最有利于提高该产品数量，其次是无领导市场，最后是竞争者领导模式。

（4）价格博弈下决策者在对方为领导者时利润最高，后动优势明显。而数量博弈下决策者则有先动优势。

（5）在价格博弈下，供应链偏好有领导者的市场，成本价值比较小时偏好 IR 领导模式，较大时偏好 OEM 领导模式。在数量博弈下，供应链最不偏好 IR 领导模式，当成本价值比较小时最偏好无领导结构的市场，较大时最偏好 OEM 领导模式。

第十四章　消费者后悔预期对再制造供应链竞争策略的影响[①]

消费者心理特征与供应链运作管理的结合是现代供应链管理理论的最新热点问题。作为全书运作策略部分的最后一章，本章重点关注消费者后悔预期这种特殊心理特征对再制造供应链价格竞争造成的影响。基于消费者效用理论，推导了消费者具有异质性和后悔预期时的再制品和新产品需求函数，在此基础上建立OEM 领导、IR 领导以及无领导三种竞争模式，研究消费者后悔预期系数的大小对供应链成员后动优势、消费者剩余以及社会模式偏好的影响。

第一节　引　言

前人以及上一章已经对再制造供应链竞争理论进行全面而充分的研究，但它们都基于一个共同的假设，即市场上的消费者对于再制品的支付意愿是一致的，并且所有消费者都清楚自己的支付意愿。但是像我国这样再制造实践开展时间不长的国家，由于各级政府对再制品环保度、耐用度、功能等重要属性的宣传力度不够，再加上消费者个性化的原因，众多消费者并不十分清楚购买再制品带来的实际功效，对再制品的接受程度也存在异质性。这些因素使消费者在作购买决策时很可能会产生后悔。消费者后悔预期（Anticipated Regret）将会显著影响其购买行为，也必然会对竞争型再制造供应链的运作带来重要影响。

在消费者后悔预期这一研究领域，实证学者们首先迈开步伐。Simonson（1992）、Zeelenberg 等（1996）的实证研究发现后悔预期会引起消费者的风险规

---

① 本章主要内容经修改发表在《中国管理科学》2017 年第 25 卷第 1 期。

避，促使他们选择较安全的选项。Larrick 和 Boles（1995）却发现，后悔预期会驱使人们追逐高风险。银成钺和于洪彦（2009）将预期后悔引入冲动性购买研究体系，通过 2×2 被试间实验设计的方式发现预期后悔的方向不仅能直接影响冲动性购买行为，而且在冲动性特质和购物情境对冲动性购买的影响中具有调解作用。近年来，运作管理领域的学者也开始关注这一问题。Irons 和 Hepburn（2007）用后悔预期理论解释过多的行为选择为何会降低整个社会财富。Syam 等（2008）用博弈模型研究消费者后悔预期与产品标准化之间的关系，他们发现后悔预期越强烈，消费者越倾向于购买标准化产品，并且这种效应会随着产品数量的增加而减弱。Nasiry 和 Popescu（2012）成功描述"行动后悔"和"放弃后悔"两种后悔预期，分析这两种后悔预期对消费者提前购买决策的影响，为企业制定销售策略提供依据。在此基础上，Baojun 等（2014）进一步提出具有这两种后悔预期的消费者效用计算公式，分析后悔预期敏感度以及消费者异质性对企业新产品研发策略的影响。Sarangee 等（2013）则把研究视角切换到项目决策者的后悔预期，分析这种后悔预期在新项目开发决策中的重要作用。

由以上分析可以知道现有的消费者后悔预期的研究很少涉及产品竞争领域。Nasiry、Popescu（2012）和 Baojun 等（2014）提出后悔预期下消费者效用的计算公式，但并没有据此分析后悔预期下两种替代型产品的需求函数如何发生变化，更没有把这些理论应用于竞争型再制造供应链。鉴于此，本章首先根据消费者效用理论推导出后悔预期下再制品和新产品的需求函数，在此基础上研究各种市场领导模式下再制造供应链的定价策略，分析消费者后悔预期敏感度和消费者异质性对再制品价格、需求、各方利润产生的影响，并分别从决策者、消费者以及整个社会角度研究它们对各种市场领导模式的偏好问题。

第二节　问题描述和需求函数

本章考虑由一个 OEM 和一个 IR 构成的再制造供应链。OEM 负责新产品的生产和销售，IR 负责废旧品的回收再制造，并负责再制品的销售。新产品和再制品在市场上展开价格竞争。市场定价权可能由 OEM 主导（OL 模型），也可能由 IR 主导（IRL 模式），或者市场无价格主导者，双方开展自由竞争（NL 模式）。

市场消费者按照对再制品的偏好程度（估值）不同可以分为两种类型：高偏好型（θ_H 型）和低偏好型（θ_L 型）。其中 θ_H 和 θ_L 分别表示这两类消费者对再制品的估值占新产品估值的比值，设 $\theta_L < \theta_H < 1$。由于消费者对再制品的性能、环保程度、耐用程度等属性的了解程度不够，因此在购买前并不确定自己的真实类型，只了解属于 θ_H 型和 θ_L 型的概率各为 $1/2$。根据很多研究的结果，本章设消费者购买新产品获得的效用为 v，$v \in [0, 1]$ 并服从 $[0, 1]$ 上的均匀分布。则偏好不确定型消费者购买再制品的期望效用可以表示为 $\frac{\theta_H + \theta_L}{2} v$。

由于消费者在购买前对再制品的偏好存在不确定性，而当购买后才会真正了解自己的类型，因此无论消费者购买新产品还是再制品可能会产生后悔。例如在购买前预计购买新产品的净效用较高，但购买后发现购买再制品更合算，于是后悔便产生了。由于消费者对后悔有一定的恐惧心理，因此预期后悔会产生一定的负效用。类似于 Jiang 的研究（2014），本章把预期后悔的负效用表示如下：

A. R. $= -\gamma_i \times \text{prob}(U_f > U_c) \times (U_f - U_c)$

其中 U_f 为放弃（Forgone）购买某种产品产生的净效用，U_c 为选择（Chosen）购买某种产品产生的净效用；$\text{prob}(U_f > U_c)$ 表示产生后悔的可能性；γ_i（$i \in \{f, c\}$）为后悔敏感系数，用来度量消费者对后悔预期敏感的程度。根据银成钺和于洪彦（2009）的研究结果，消费者对放弃购买或选择购买后悔预期的敏感程度可以不同。本章暂不考虑这种差异，设定 $\gamma_c = \gamma_f = \gamma$，并且满足条件 $0 < \gamma < 1$。

由于 θ_H 型的消费者对再制品的认可度高于 θ_L 型，因此实际为 θ_H 型的消费者更倾向于购买再制品，而实际为 θ_L 型的消费者更倾向于购买再制品。于是，对于消费者购买新产品这一决策，有 $1/2$ 的可能性（实际为 θ_H 型的消费者）会产生后悔，且放弃购买新产品（购买再制品）的净效用 $U_f = \theta_H v - p_r$，选择购买新产品的实际净效用为 $U_c = v - p_n$。类似地，对于消费者购买再制品这一行为，有 $1/2$ 的可能性（实际为 θ_L 型的消费者）会产生后悔，且放弃购买再制品（购买新产品）的净效用 $U_f = v - p_r$，选择购买再制品的实际净效用为 $U_c = \theta_L v - p_r$。

基于以上分析，参考 Baojun 等（2014）的研究过程，具有后悔预期的消费者购买新产品和再制品的预期净效用可分别表示为：

$$U_n = v - p_n - \frac{\gamma}{2}[(\theta_H v - p_r) - (v - p_n)] = \frac{[2 + \gamma(1 - \theta_H)]v - (2 + \gamma)p_n + \gamma p_r}{2}$$

$$(14-1)$$

$$U_r = \frac{\theta_H + \theta_L}{2}v - p_r - \frac{\gamma}{2}\left[v - p_n - (\theta_L v - p_r)\right] = \frac{\left[\theta_H + (1+\gamma)\theta_L - \gamma\right]v + \gamma p_n - (2+\gamma)p_r}{2}$$

$$(14-2)$$

为保证价格均为零时再制品有一定需求，需要满足条件 $\gamma < \dfrac{\theta_H + \theta_L}{1 - \theta_L}$，即消费者的后悔敏感度不是太大。根据很多文献的描述，当满足 $U_n > U_c$ 和 $U_n > 0$ 时消费者购买新产品；当满足 $U_c > U_n$ 和 $U_c > 0$ 时消费者购买再制品。根据消费者效用原理，推导出消费者对新产品和再制品的需求函数分别为：

$$D_n = \int\limits_{\substack{U_n > U_r \\ U_n > 0}} f(v)dv = \begin{cases} 1 - \dfrac{(2+\gamma)p_n - \gamma p_r}{2 + \gamma(1 - \theta_H)} & \text{if } p_n \leqslant \dfrac{4 - \gamma\theta_H + \gamma\theta_L}{(2-\gamma)\theta_H + (2+\gamma)\theta_L}p_r \\[4mm] 1 - \dfrac{2(p_n - p_r)}{2 - \theta_H - \theta_L} & \text{if } \dfrac{4 - \gamma\theta_H + \gamma\theta_L}{(2-\gamma)\theta_H + (2+\gamma)\theta_L}p_r \leqslant p_n \leqslant p_r + 1 - \dfrac{\theta_H + \theta_L}{2} \\[4mm] 0 & \text{if } p_n \geqslant p_r + 1 - \dfrac{\theta_H + \theta_L}{2} \end{cases}$$

$$(14-3)$$

$$D_r = \int\limits_{\substack{U_r > U_n \\ U_r > 0}} f(v)dv = \begin{cases} 0 & \text{if } p_n \leqslant \dfrac{4 - \gamma\theta_H + \gamma\theta_L}{(2-\gamma)\theta_H + (2+\gamma)\theta_L}p_r \\[4mm] \dfrac{2(p_n - p_r)}{2 - \theta_H - \theta_L} - \dfrac{(2+\gamma)p_r - \gamma p_n}{\theta_H + (1+\gamma)\theta_L - \gamma} & \text{if } \dfrac{4 - \gamma\theta_H + \gamma\theta_L}{(2-\gamma)\theta_H + (2+\gamma)\theta_L}p_r \leqslant p_n \leqslant p_r + 1 - \dfrac{\theta_H + \theta_L}{2} \\[4mm] 1 - \dfrac{(2+\gamma)p_r - \gamma p_n}{\theta_H + (1+\gamma)\theta_L - \gamma} & \text{if } p_n \geqslant p_r + 1 - \dfrac{\theta_H + \theta_L}{2} \end{cases}$$

$$(14-4)$$

本章仅考虑新产品和再制品存在价格竞争，不考虑有一方不参与市场的特殊情况。即产品价格满足条件 $\dfrac{4 - \gamma\theta_H + \gamma\theta_L}{(2-\gamma)\ \theta_H + \ (2+\gamma)\ \theta_L}p_r \leqslant p_n \leqslant p_r + 1 - \dfrac{\theta_H + \theta_L}{2}$。类似与前面章节，本章还假设：

（1）不考虑 OEM 和 IR 的单位变动成本和其他任何固定成本。

（2）再制品数量不受制于新产品数量的约束。

（3）上述所有信息均为 OEM 和 IR 的共同知识，所有决策者都是风险中性。

以下分别就三种市场领导模式下的再制造竞争策略展开具体分析。

第三节 无领导市场 （NL）

在这种市场下，OEM 和 IR 势均力敌，谁也不能成为价格主导者，两者之间为静态博弈。根据静态博弈理论，OEM 和 IR 分别同时制定适当的 p_n 和 p_r 使自身利益最大化。由此得到考虑消费者后悔预期的再制造供应链博弈模型为：

$$\max_{p_n} \pi_{OEM} = p_n \left(1 - \frac{2}{2 - \theta_H - \theta_L} p_n + \frac{2}{2 - \theta_H - \theta_L} p_r \right) \tag{14-5}$$

$$\max_{p_r} \pi_{IR} = p_r \left\{ \frac{(2-\gamma)\theta_H + (2+\gamma)\theta_L}{(2 - \theta_H - \theta_L)[\theta_H + (1+\gamma)\theta_L - \gamma]} p_n - \frac{(4 - \gamma\theta_H + \gamma\theta_L)}{(2 - \theta_H - \theta_L)[\theta_H + (1+\gamma)\theta_L - \gamma]} p_r \right\} \tag{14-6}$$

在式 （14-5） 和式 （14-6） 中，分别对 p_n 和 p_r 求一阶导数，令其为 0，求解得到均衡 p_n 和 p_r 为：

$$p_n^{NL*} = \frac{(4 - \gamma\theta_H + \gamma\theta_L)(2 - \theta_H - \theta_L)}{16 - (2+3\gamma)\theta_H - (2-3\gamma)\theta_L}, p_r^{NL*} = \frac{[(2-\gamma)\theta_H + (2+\gamma)\theta_L](2 - \theta_H - \theta_L)}{2[16 - (2+3\gamma)\theta_H - (2-3\gamma)\theta_L]} \tag{14-7}$$

经检验 p_n^{NL*}、p_r^{NL*} 的表达式一定满足条件 $\frac{4 - \gamma\theta_H + \gamma\theta_L}{(2-\gamma)\theta_H + (2+\gamma)\theta_L} p_r \leqslant p_n \leqslant p_r + 1 - \frac{\theta_H + \theta_L}{2}$，其海塞矩阵为负，故 p_n^{NL*}、p_r^{NL*} 为模型的均衡价格。继而得到无领导市场结构下新产品和再制品的需求量分别为：

$$D_n^{NL*} = \frac{2(4 - \gamma\theta_H + \gamma\theta_L)}{16 - (2+3\gamma)\theta_H - (2-3\gamma)\theta_L}, D_r^{NL*} = \frac{(4 - \gamma\theta_H + \gamma\theta_L)[(2-\gamma)\theta_H + (2+\gamma)\theta_L]}{2[16 - (2+3\gamma)\theta_H - (2-3\gamma)\theta_L][\theta_H + (1+\gamma)\theta_L - \gamma]} \tag{14-8}$$

OEM 和 IR 的利润分别为：

$$\pi_{OEM}^{NL*} = \frac{2(2 - \theta_H - \theta_L)(4 - \gamma\theta_H + \gamma\theta_L)^2}{[16 - (2+3\gamma)\theta_H - (2-3\gamma)\theta_L]^2}$$

$$\pi_{IR}^{NL*} = \frac{(2 - \theta_H - \theta_L)(4 - \gamma\theta_H + \gamma\theta_L)[(2-\gamma)\theta_H + (2+\gamma)\theta_L]^2}{4[\theta_H + (1+\gamma)\theta_L - \gamma][16 - (2+3\gamma)\theta_H - (2-3\gamma)\theta_L]^2} \tag{14-9}$$

第四节　OEM 为价格主导者（OL）

在这种市场下，OEM 的资金实力远胜于 IR，在定价过程中拥有主导权。由于很多国家再制造产业仍只是新兴产业，这种市场领导结构最为常见。博弈顺序为：

（1）OEM 制定新产品价格 p_n。

（2）IR 制定再制品价格 p_r。

可以用逆向回溯法进行求解。首先把 IR 的目标函数式（14 - 6）对 p_r 求一阶导数，得到再制品价格对新产品价格的反应函数：

$$p_r = \frac{(2 - \gamma)\theta_H + (2 + \gamma)\theta_L}{2(4 - \gamma\theta_H + \gamma\theta_L)}p_n \tag{14 - 10}$$

将式（14 - 10）代入式（14 - 5）得到 OEM 目标函数关于 p_n 的表达式为：

$$\pi_{OEM} = p_n\left[1 - \frac{8 - (2 + \gamma)\theta_H - (2 - \gamma)\theta_L}{(2 - \theta_H - \theta_L)(4 - \gamma\theta_H + \gamma\theta_L)}p_n\right] \tag{14 - 11}$$

对式（14 - 11）的 p_n 求一阶偏导，从而得到均衡 p_n 的表达式，再代回式（14 - 10）得到均衡 p_r 的表达式。两均衡价格的表达式为：

$$p_n^{OL^*} = \frac{(4 - \gamma\theta_H + \gamma\theta_L)(2 - \theta_H - \theta_L)}{2(8 - (2 + \gamma)\theta_H - (2 - \gamma)\theta_L)}, p_r^{OL^*} = \frac{[(2 - \gamma)\theta_H + (2 + \gamma)\theta_L](2 - \theta_H - \theta_L)}{4[8 - (2 + \gamma)\theta_H - (2 - \gamma)\theta_L]} \tag{14 - 12}$$

经检验 $p_n^{OL^*}$、$p_r^{OL^*}$ 的表达式也一定满足条件 $\frac{4 - \gamma\theta_H + \gamma\theta_L}{(2 - \gamma)\theta_H + (2 + \gamma)\theta_L}p_r \leqslant p_n \leqslant p_r + 1 - \frac{\theta_H + \theta_L}{2}$，其海塞矩阵为负，故 $p_n^{OL^*}$、$p_r^{OL^*}$ 为 OL 模型的均衡解。继而得到 OL 模式下两个产品的需求为：

$$D_n^{OL^*} = \frac{1}{2}, D_r^{OL^*} = \frac{(4 - \gamma\theta_H + \gamma\theta_L)[(2 - \gamma)\theta_H + (2 + \gamma)\theta_L]}{4[8 - (2 + \gamma)\theta_H - (2 - \gamma)\theta_L][\theta_H + (1 + \gamma)\theta_L - \gamma]} \tag{14 - 13}$$

OEM 和 IR 的利润分别为：

$$\pi_{OEM}^{OL^*} = \frac{(4 - \gamma\theta_H + \gamma\theta_L)(2 - \theta_H - \theta_L)}{4[8 - (2 + \gamma)\theta_H - (2 - \gamma)\theta_L]}$$

$$\pi_{IR}^{OL^*} = \frac{(2 - \theta_H - \theta_L)(4 - \gamma\theta_H + \gamma\theta_L)[(2 - \gamma)\theta_H + (2 + \gamma)\theta_L]^2}{16[\theta_H + (1 + \gamma)\theta_L - \gamma][8 - (2 + \gamma)\theta_H - (2 - \gamma)\theta_L]^2} \tag{14 - 14}$$

第五节　IR为价格主导者（IRL）

IRL模式下双方博弈顺序为：

（1）IR制定再制品价格 p_r。

（2）OEM制定新产品价格 p_n。

同样可以用逆向回溯法进行求解。首先把OEM的目标函数式（14-5）对 p_r 求一阶导数，得到新产品价格对再制品价格的反应函数为：

$$p_n = \frac{2(1+p_r) - \theta_H - \theta_L}{4} \tag{14-15}$$

将式（14-15）代入式（14-6）得到IR的利润函数关于 p_r 的表达式为：

$$\pi_{\substack{IR \\ p_r}} = p_r \left\{ \frac{(2-\gamma)\theta_H + (2+\gamma)\theta_L}{4[\theta_H + (1+\gamma)\theta_L - \gamma]} - \frac{8 - (2+\gamma)\theta_H - (2-\gamma)\theta_L}{2(2-\theta_H-\theta_L)[\theta_H + (1+\gamma)\theta_L - \gamma]} p_r \right\} \tag{14-16}$$

对式（14-16）中的 p_r 求一阶偏导，从而得到均衡 p_r 的表达式，再代回式（14-15）得到均衡 p_n 的表达式。两均衡价格的表达式为：

$$p_n^{IRL*} = \frac{[16 - (2+3\gamma)\theta_H - (2-3\gamma)\theta_L](2 - \theta_H - \theta_L)}{8[8 - (2+\gamma)\theta_H - (2-\gamma)\theta_L]},$$

$$p_r^{IRL*} = \frac{[(2-\gamma)\theta_H + (2+\gamma)\theta_L](2 - \theta_H - \theta_L)}{4[8 - (2+\gamma)\theta_H - (2-\gamma)\theta_L]} \tag{14-17}$$

经检验 p_n^{IRL*}、p_r^{IRL*} 的表达式也一定满足条件 $\frac{4 - \gamma\theta_H + \gamma\theta_L}{(2-\gamma)\theta_H + (2+\gamma)\theta_L} p_r \leqslant p_n \leqslant p_r + 1 - \frac{\theta_H + \theta_L}{2}$，其海塞矩阵为负，故 p_n^{IRL*}、p_r^{IRL*} 为IRL模型的均衡价。继而得到IRL结构下两产品的需求为：

$$D_n^{IRL*} = \frac{16 - (2+3\gamma)\theta_H - (2-3\gamma)\theta_L}{4[8 - (2+\gamma)\theta_H - (2-\gamma)\theta_L]}, \quad D_r^{IRL*} = \frac{(2-\gamma)\theta_H + (2+\gamma)\theta_L}{8[\theta_H + (1+\gamma)\theta_L - \gamma]} \tag{14-18}$$

OEM和IR的利润分别为：

$$\pi_{OEM}^{IRL*} = \frac{(2 - \theta_H - \theta_L)[16 - (2+3\gamma)\theta_H - (2-3\gamma)\theta_L]^2}{32[8 - (2+\gamma)\theta_H - (2-\gamma)\theta_L]^2}$$

$$\pi_{IR}^{IRL\,*} = \frac{(2-\theta_H-\theta_L)\left[(2-\gamma)\theta_H+(2+\gamma)\theta_L\right]^2}{32\left[\theta_H+(1+\gamma)\theta_L-\gamma\right]\left[8-(2+\gamma)\theta_H-(2-\gamma)\theta_L\right]} \qquad (14-19)$$

第六节 结果分析

本部分首先分析各种市场结构下消费者后悔预期敏感系数的大小对均衡价格，产品需求以及各方利润的影响。得到以下命题：

命题 14-1：

（1） $p_n^{NL\,*}$ 和 $p_r^{NL\,*}$ 与 γ 负相关。

（2） $p_n^{OL\,*}$ 和 $p_r^{OL\,*}$ 与 γ 负相关。

（3） $p_n^{IRL\,*}$ 和 $p_r^{IRL\,*}$ 与 γ 负相关。

证明： 仅证明（1）。 $p_n^{NL\,*}$ 和 $p_r^{NL\,*}$ 对 γ 求一阶导数，得到：

$$\frac{\partial p_n^{NL\,*}}{\partial \gamma} = \frac{-2(\theta_H-\theta_L)(2-\theta_H-\theta_L)^2}{\left[16-(2+3\gamma)\theta_H-(2-3\gamma)\theta_L\right]^2} < 0, \frac{\partial p_r^{NL\,*}}{\partial \gamma} = \frac{-4(\theta_H-\theta_L)(2-\theta_H-\theta_L)^2}{\left[16-(2+3\gamma)\theta_H-(2-3\gamma)\theta_L\right]^2} < 0$$

（2） 和 （3） 可以用类似的方法得到。证毕。

该命题表明，无论哪种市场结构，消费者对购买后悔预期的敏感程度越强，市场上的新产品价格和再制品价格就越低，市场竞争就越激烈。这是由于后悔预期的增大会降低消费者效用，当 IR 和 OEM 感知消费者购买动力下降时，都会通过降低产品售价来刺激产品需求，努力规避销售风险。这客观上增强消费者的讨价还价能力。

命题 14-2：

（1） $D_n^{NL\,*}$ 与 γ 负相关， $D_r^{NL\,*}$ 与 γ 正相关。

（2） $D_n^{OL\,*}$ 与 γ 不相关， $D_r^{OL\,*}$ 与 γ 正相关。

（3） $D_n^{IRL\,*}$ 与 γ 负相关， $D_r^{IRL\,*}$ 与 γ 正相关。

证明： 仅证明（1）。式（14-8）中 $D_n^{NL\,*}$ 和 $D_r^{NL\,*}$ 对 γ 求一阶导数，得到：

$$\frac{\partial D_n^{NL\,*}}{\partial \gamma} = \frac{-4(\theta_H-\theta_L)(2-\theta_H-\theta_L)}{\left[16-(2+3\gamma)\theta_H-(2-3\gamma)\theta_L\right]^2} < 0,$$

$$\frac{\partial D_r^{NL\,*}}{\partial \gamma} = \frac{(2-\theta_H-\theta_L)\{(\theta_H+\theta_L)[4-\gamma(\theta_H-\theta_L)][16-(2+3\gamma)\theta_H-(2-3\gamma)}{\theta_L]-(\theta_H-\theta_L)[2(\theta_H+\theta_L)-\gamma(\theta_H-\theta_L)][2(\theta_H+\theta_L)-2\gamma(1-\theta_L)]\}}{\left[16-(2+3\gamma)\theta_H-(2-3\gamma)\theta_L\right]^2\left[\theta_H+(1+\gamma)\theta_L-\gamma\right]^2} > 0$$

（2）和（3）可以用类似的方法得到。证毕。

该命题表明，消费者对购买后悔预期敏感程度增强会提高再制品的销售量，但除非 OEM 为价格主导者，否则新产品的需求将受到抑制。这是由于后悔预期其实来自消费者对再制品认可度的不确定性，IR 对后悔预期的反应强于 OEM，造成再制品价格的下降程度相对而言要快于新产品价格。因此当 IR 和 OEM 充分考虑消费者的后悔预期时，新产品需求有一部分向再制品转移，社会绿色效应得到提升。但是 OEM 为价格主导者时新产品需求不变，这说明 OEM 可以利用自己的领导者身份对 IR 的定价过程进行干预。

命题 14 – 3：

（1）π_{OEM}^{NL*}、π_{OEM}^{OL*}、π_{OEM}^{IRL*} 均与 γ 负相关。

（2）π_{IR}^{NL*}、π_{IR}^{OL*}、π_{IR}^{IRL*} 均与 γ 正相关。

证明：（1）由命题 14 – 1 和命题 14 – 2 可以直接得出。

（2）仅证明 π_{IR}^{NL*} 与 γ 的关系：

$$\frac{\partial \pi_{IR}^{NL*}}{\partial \gamma} = \left(\frac{(2-\theta_H-\theta_L)^2[2(\theta_H+\theta_L)-\gamma(\theta_H-\theta_L)]}{\begin{array}{l}\{(\theta_H+\theta_L)[4-\gamma(\theta_H-\theta_L)][16-(2+3\gamma)\theta_H-(2-3\gamma)\theta_L]\\-(\theta_H-\theta_L)[\theta_H+(1+\gamma)\theta_L-\gamma][16+4(\theta_H+\theta_L)-6(\theta_H-\theta_L)\gamma]\}\end{array}} \right) \Big/ 2[16-(2+3\gamma)\theta_H-(2-3\gamma)\theta_L]^3[\theta_H+(1+\gamma)\theta_L-\gamma]^2 > 0$$

π_{IR}^{OL*}、π_{IR}^{IRL*} 与 γ 的关系可以用类似的方法得到。证毕。

该命题表明，无论哪种市场结构，IR 的利润都会随着消费者的后悔预期敏感度的增大而上升。这说明消费者的购买后悔心理对再制造商是有利的，因为 IR 从增大的销量中获得的收益足以抵消价格下降引起的损失，而新产品供应商 OEM 则由于价格和销量的同时下降而利益受损。因此，OEM 将致力于降低消费者的后悔预期，通过向消费者详细介绍新产品、再制品在性能、耐用程度、价格等方面的差异使消费者在购买前就明确自己对再制品的实际接受度（自己的实际类型），从而降低购买的不确定性，尽量减小购买后悔。而 IR 的做法将正好相反。

接下去分析消费者后悔预期敏感系数的大小是否会对市场领导结构选择产生影响，得到如下命题。

命题 14 – 4：

（1）$\pi_{IR}^{OL*} > \pi_{IR}^{IRL*} > \pi_{IR}^{NL*}$，$\pi_{IR}^{OL*} - \pi_{IR}^{IRL*}$ 与 γ 正相关。

（2）$\pi_{OEM}^{IRL*} > \pi_{OEM}^{OL*} > \pi_{OEM}^{NL*}$，$\pi_{OEM}^{IRL*} - \pi_{OEM}^{OL*}$ 与 γ 负相关。

证明：根据式（14 – 9）、式（14 – 14）和式（14 – 19）中各方利润表达式用作差法得到：

$$\pi_{IR}^{OL*} - \pi_{IR}^{IRL*} = \frac{(2-\theta_H-\theta_L)[(2-\gamma)\theta_H+(2+\gamma)\theta_L]^3}{32[\theta_H+(1+\gamma)\theta_L-\gamma][8-(2+\gamma)\theta_H-(2-\gamma)\theta_L]^2} > 0, \frac{\partial(\pi_{IR}^{OL*}-\pi_{IR}^{IRL*})}{\partial\gamma} > 0$$

$$\pi_{IR}^{IRL*} - \pi_{IR}^{NL*} = \frac{(2-\theta_H-\theta_L)[(2-\gamma)\theta_H+(2+\gamma)\theta_L]^4}{32[\theta_H+(1+\gamma)\theta_L-\gamma][8-(2+\gamma)\theta_H-(2-\gamma)\theta_L]} > 0$$
$$[16-(2+3\gamma)\theta_H-(2-3\gamma)\theta_L]^2$$

$$\pi_{OEM}^{IRL*} - \pi_{OEM}^{OL*} = \frac{(2-\theta_H-\theta_L)[(2-\gamma)\theta_H+(2+\gamma)\theta_L]^2}{32[8-(2+\gamma)\theta_H-(2-\gamma)\theta_L]^2} > 0$$

$$\frac{\partial(\pi_{OEM}^{IRL*}-\pi_{OEM}^{OL*})}{\partial\gamma} = \frac{-(\theta_H-\theta_L)(2-\theta_H-\theta_L)^2[(2-\gamma)\theta_H+(2+\gamma)\theta_L]}{4[8-(2+\gamma)\theta_H-(2-\gamma)\theta_L]^3} < 0$$

$$\pi_{OEM}^{OL*} - \pi_{OEM}^{NL*} = \frac{(2-\theta_H-\theta_L)[4-(\theta_H-\theta_L)\gamma][(2-\gamma)\theta_H+(2+\gamma)\theta_L]^2}{4[8-(2+\gamma)\theta_H-(2-\gamma)\theta_L][16-(2+3\gamma)\theta_H-(2-3\gamma)\theta_L]^2} > 0$$

该命题表明，当 OEM 和 IR 均有利可图时，IR 的利润在 OL 模式下为最高，其次是 IRL 模式，最后是 NL 模式。OEM 的利润在 IRL 模式下最高，其次是 OL 模式，最后是 NL 模式。也就是说，无论对于 OEM 还是 IR 来讲，无领导者的市场都是最不利的。在有领导者的市场环境中，再制造商希望原制造商成为价格领导者，而原制造商希望再制造商成为价格领导者。简言之，当再制品和新产品存在竞争时，决策者始终具有"后动优势"，他们都希望自己成为市场追随者而不愿意主导产品定价。该命题还表明，消费者的后悔预期心理尽管不会改变决策者的"后动优势"，但会影响"后动优势"的大小。随着消费者对后悔预期敏感度的增大，OEM 的后动优势会减弱，IR 的后动优势则会增强。因此，当消费者后悔敏感度足够大时，OL 模式将逐渐成为一种双方都能接受的市场结构。

第七节　数值仿真

由于均衡结果及各方利润表达式的复杂性，某些结论不容易直接分析得出。故本部分用数值仿真的方式研究各种领导模式下消费者异质性、后悔预期对供应链运作效率、消费者剩余以及社会福利的影响。

一、消费者异质性对再制造供应链的影响

后悔预期是因不同类型的消费者对再制品接受程度的不同而引起的，因此消费者异质性对再制造供应链有着非常重要的影响。本章用 $R = \theta_H - \theta_L$ 表示消费者异质性。设定 $\theta_H + \theta_L = 1$，研究 R 的变化对再制品价格、再制品需求、IR 利润及供应链成员后动优势的影响，得到图 14-1 至图 14-4。

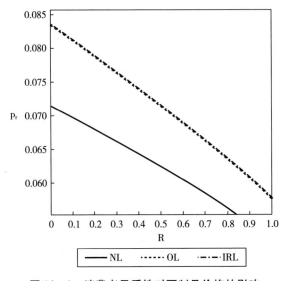

图 14-1　消费者异质性对再制品价格的影响

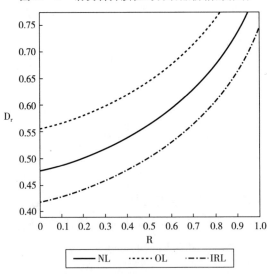

图 14-2　消费者异质性对再制品需求的影响

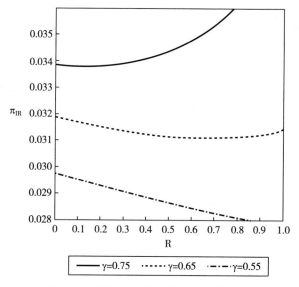

图 14 - 3　消费者异质性对 IR 利润的影响

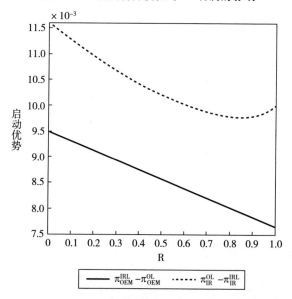

图 14 - 4　消费者异质性对决策者后动优势的影响

从图 14 - 1 和图 14 - 2 可以看出，无论哪种市场结构，再制品价格随消费者异质性的增大而降低，再制品需求随消费者异质性的增大而增大。这是因为在消费者后悔敏感一定的情况下，消费者异质性的增大意味着再制品市场不确定性程度的升高，IR 将制定更低的产品价格以扩大销售量，努力降低由于市场不确定性带来的收益损失。从图 14-2 中还可看出，OEM 为市场领导时再制品销售量始终高于其他两种市场结构。结合本章命题 2 的结论，从提升社会绿色效应（即最大化再制品需求）的角度，政府先应当鼓励 OEM 成为市场定价的主导者。然后当消费者对再制品总体接受度不高的情况下，应适当拉大对再制品的认知差异度并且保持消费者较高的购买后悔心理，这样能刺激 IR 通过低价来扩大再制品销售规模。

从图 14-3 可以看出，消费者异质性对 IR 利润的影响存在不确定性，主要取决于消费者后悔预期敏感度的大小。当后悔预期敏感度较大时（γ=0.75），IR 利润随着消费者异质性的增大而提高；当后悔预期敏感度较小时（γ=0.55），IR 利润随着消费者异质性的增大而降低；当后悔预期敏感度适中时（γ=0.65），IR 利润随着消费者异质性的增大先降低后提升。这说明只有当消费者购买后悔预期较高的情况下，消费者对再制品接受度的趋同才一定会增强市场价格竞争。当后悔预期较低时则情况正好相反。这进一步扩展 Jiang 等（2014）的结论。

从图 14-4 可以看出，与后悔预期敏感度类似，消费者异质性也不会改变决策者的后动优势（始终大于 0），但会影响后动优势大小。随着异质性的增大，IR 的后动优势先缩小后扩大，而 OEM 的后动优势不断缩小。因此，消费者异质性的增大将使 OL 模式逐渐成为供应链双方都能接受的市场结构。

二、消费者剩余（CS）分析

本部分从消费者剩余的角度分析后悔预期敏感程度以及消费者异质性的影响。当市场同时存在新产品和再制品时，消费者剩余为购买新产品的累计净效用和购买再制品的累计净效用之和。根据消费者效用函数式（14-1）和式（14-2），可以推导出消费者剩余公式为：

$$
\begin{aligned}
CS^{i^*} =& \int_{\substack{U_n > U_r \\ U_n > 0}} U_n(v)\,dv + \int_{\substack{U_r > U_n \\ U_r > 0}} U_r(v)\,dv \\[2mm]
=& \frac{[2 + \gamma(1 - \theta_H)]\left(\frac{1}{2} + \frac{p_n^{i^*} - p_r^{i^*}}{2 - \theta_H - \theta_L}\right) - (2 + \gamma)p_n^{i^*} + \gamma p_r^{i^*}}{2} \cdot \\[2mm]
& D_n^{i^*} + \frac{[\theta_H + (1 + \gamma)\theta_L - \gamma]\left\{\frac{(p_n^{i^*} - p_r^{i^*})}{2 - \theta_H - \theta_L} + \frac{(2 + \gamma)p_r^{i^*} - \gamma p_n^{i^*}}{2[\theta_H + (1 + \gamma)\theta_L - \gamma]}\right\} + \gamma p_n^{i^*} - (2 + \gamma)p_r^{i^*}}{2} D_r^{i^*}
\end{aligned}
\tag{14-20}
$$

其中，i∈{NL，OL，IRL}，分别表示三种市场领导结构。以下分别研究 γ 和 R 的变化对 CS 的影响。由于各种领导结构下的变化趋势雷同，因而仅分析 NL 模式下的影响，得到图 14-5 至图 14-6。

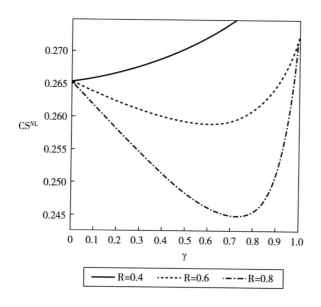

图 14-5　后悔预期对消费者剩余的影响

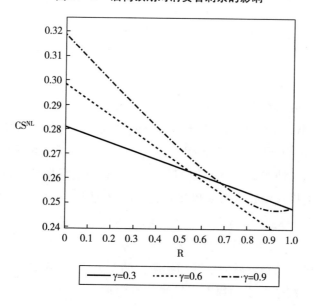

图 14-6　异质性对消费者剩余的影响

从图 14-5 可以看出，消费者剩余受到后悔预期和异质性的交互影响。当消费者异质性较小时，消费者剩余始终与后悔预期敏感度正相关。而当消费者异质性较大时，随着后悔敏感度的增强，消费者剩余先降低再增大，并且消费者剩余变化程度随后悔敏感度增加而愈加激烈。从图 14-6 进一步可以看出，大多数情况下，消费者剩余随异质性的增大而不断降低。因此，从消费者的角度出发，保证所有消费者对再制品的接受程度趋于一致并且增大购买后悔预期将显著提高消费者剩余。

然后分析消费者对各种市场结构的偏好图。用三种领导模式 CS 无差异曲线把可行区域分为 H1、H2、H3 三个区域，如图 14-7 所示。

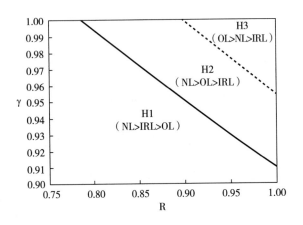

图 14-7　消费者模式偏好区域

从图 14-7 可以看出，大多数情况下（γ≤0.91，R≤0.78）消费者剩余在 NL 模式下为最高，IRL 次之，OL 最低。也就是说，消费者最偏好无领导结构的市场，其次是 IR 为领导，最后是 OL 为领导。这是因为无市场领导时 OEM 和 IR 价格竞争最激烈，消费者获利的机会最高。然而消费者后悔预期和异质性的大小会改变消费者的模式偏好。当 γ 和 R 均较大时（图 14-7 中 H2 区域），尽管消费者仍最偏好 NL 模式，但 OL 模式下的消费者剩余开始高于 IRL。当位于图中 H3 区域，也就是 γ 和 R 均极大时，OL 模式将越来越有可能成为消费者的最佳选择。这是因为随着消费者后悔预期和异质性的变大，OL 模式下再制品需求增加最明显，消费者剩余的变动幅度明显快于另两种模式。因而消费者越来越希望 OEM 成为市场定价的主导者。

三、社会福利（SW）分析

最后从社会福利的角度分析消费者后悔预期、消费者异质性及市场领导结构的影响。社会福利为 OEM 和 IR 的总利润与消费者剩余之和，即

$$SW^{i*} = \pi_{OEM}^{i*} + \pi_{IR}^{i*} + CS^{i*} \tag{14-21}$$

类似于上节消费者剩余的分析方式，分别得到图 14-8 和图 14-9。从图 14-8可以看出，R 越大 SW 曲线的位置越低。这说明社会福利与消费者异质性负相关。因此，在全社会范围内加强对再制品宣传，保证所有消费者对再制品认知的一致性不仅有利于消费者剩余的提高，也有利于整个社会福利的提升。另外从图 14-8 中三条曲线的变化趋势可以看出当消费者异质性较低时，社会福利始终随消费者后悔预期敏感度的增强而增大。而当异质性较低时，社会福利随消费者后悔预期敏感度的增强先减小后增大。这与消费者剩余的变化趋势一致。说明当消费者具有后悔预期时，社会福利的变化主要受消费者剩余变化的影响而与 OEM 和 IR 的利润相关度较小。

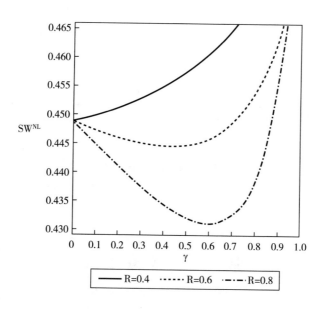

图 14-8　后悔预期、消费者异质性对社会福利的影响

从图 14-9 各区域的形状和位置可以看出，消费者异质性和后悔预期敏感度的组合会显著地影响整个社会对市场领导结构的选择。当 γ 小于 0.38 时，无论

R 如何变化均位于 H1，说明当消费者后悔预期敏感较低时，整个社会的模式偏好始终为 IRL > NL > OL。这是因为消费者后悔预期敏感较低时，IRL 模式下 OEM 的利润要显著高于另外两种模式。除去 H1，区域 H2、H3、H4 的图像与图 14－7 非常类似，说明只要消费者后悔预期敏感不是很小，社会的模式偏好就与消费者的模式偏好基本一致，即大多数情况下（H2 和 H3）社会都会最偏好于 NL 模式，但当 γ 和 R 均极大（H4），OL 模式将成为社会的最佳选择。原因在于随着消费者后悔预期和异质性的变大，OL 模式下社会福利的变动幅度明显快于另两种模式。

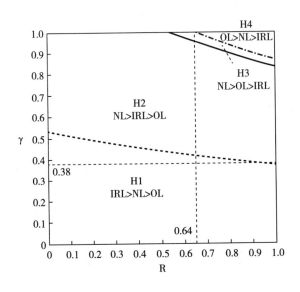

图 14－9　社会模式偏好区域

第八节　本章小结

本章通过博弈论研究市场需求存在不确定情况时，消费者购买后悔预期和消费者异质性对竞争型再制造供应链的影响，并且从供应链决策成员、消费者以及整个社会的角度分析对各种市场领导结构的偏好。研究得出的主要结论有：

（1）新产品价格和需求均与消费者后悔预期负相关；再制品价格与消费者后悔预期敏感度、消费者异质性负相关，但再制品需求与以上两个因素均正相关。

（2）无论哪种市场领导结构，消费者后悔预期敏感度增大均能提升 IR 利润，降低 OEM 利润；消费者异质性对 IR 利润的影响则要取决于后悔预期敏感度的大小。

（3）在市场领导结构的选择方面，OEM 和 IR 均具有"后动优势"，他们都希望对方成为价格主导者。消费者后悔预期尽管不会改变这种"后动优势"，但能增大 IR 的后动优势，减小 OEM 的后动优势。

（4）消费者剩余与消费者异质性负相关；当异质性较小时，消费者剩余始终随后悔预期的增大而变大，否则随后悔预期的增大先变小后变大。大多数情况下消费者最偏好无领导型市场，但当消费者异质性和后悔预期敏感度都极大的情况下，消费者将偏好 OL 型市场。

（5）消费者后悔预期和异质性对社会福利的影响类似于对消费者剩余的影响。在市场领导结构偏好方面，当消费者后悔预期较小时，整个社会最偏好 IRL 型市场；消费者异质性和后悔预期敏感度都极大时，整个社会最偏好 OL 型市场；其余情况最偏好 NL 市场。

第六篇

江苏再制造产业发展战略及具体对策

再制造产业以其出色的环境效应和经济效益越来越引起有远见的国家和企业的重视。如佳能、卡特彼勒、克莱斯勒、戴尔等世界知名企业都是开展再制造的先锋。美国作为世界经济最发达国家，开展再制造已经有 100 多年历史，形成"废旧品回收—拆解—再制造—销售"完整的产业链体系，法律的支持进一步催生独立 IR 的出现，在实际再制造运作过程中通过市场机制结成 OEM 再制造模式、独立再制造模式、OEM 承包再制造模式、联合再制造模式等多种运作方式，并形成针对再制造产品的独立价格体系和技术创新体系，一些著名的再制造企业在全世界（如卡特彼勒和中国玉柴）都建立起长效的技术创新合作机制。这些都使美国再制造产业的发展始终处于世界领先地位。

而在我国，特别是江苏地区，虽然制造业整体水平较高，再制造具有良好的经济基础和政策环境，但由于受到废旧品回收体系不完善、再制造企业间信息共享程度低，再制造研发创新局限于理论范围且总体水平不高、消费者对再制品接受度较低以及政府缺乏必要的宣传和扶持政策等因素的困扰，再制造产业仍然只处于起步阶段。这严重影响国家和地区循环经济发展战略的实现。因此，作为本书的最后一篇，将在考虑江苏实际情况的基础上，借鉴前面章节关于运作策略理论分析得出的结论以及国外先进国家再制造发展的实践经验，构建一套适合江苏再制造产业的发展思路并提出一些具体的对策建议是十分有必要的。

第十五章　江苏再制造产业战略路线及对策建议

第一节　江苏再制造产业发展战略路线图

再制造是一项复杂的系统工程，涉及各类表面工程及工程修复技术，不可能在所有制造业中同时开展，必须有步骤、有重点地选择一些适合开展再制造的产业首先进行试点。特别像江苏这样完整再制造体系几乎为零的地区，更应该确定优先扶持的再制造行业。根据国外开展再制造的实践，结合本地制造业的现状，我们认为可以把装备制造（如轨道交通）零部件、汽车零部件、通信设备（如手机）这三大产业作为优先支持的再制造产业，分别制定产业战略规划。例如，装备制造零部件再制造具体战略发展路线如图 15-1 所示。

由图 15-1 可见，江苏再制造产业发展应该制定总体发展规划目标，即通过 15 年左右的发展建立起完善的再制造回收体系、营销服务体系、质量体系以及再制品标准体系。通过良好的市场引导机制和有效的政府激励机制的支持，实现再制造产业的市场化、规模化和产业化，真正发挥再制造强大的环境效应和经济效益。

再制造是一项复杂的社会工程，既涉及表面技术、清洗技术、修复技术、装配技术等工程技术问题，也涉及回收体系、运作模式、营销服务等管理方面的问题，因此在这两个方面都要进行详细规划。因此，再制造总体战略目标的实现要通过政策探索、重点攻关和关键技术攻关三个方面。

首先，在政策探索方面主要解决理论研究和培养试点企业的任务，政策法规制定及产业基础投入的工作也部分在这一阶段进行。

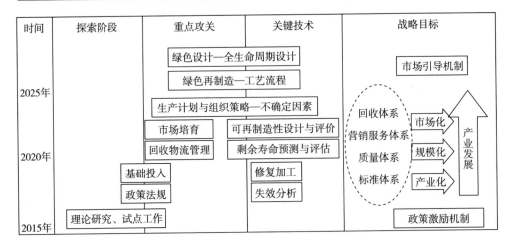

图 15 – 1　江苏再制造产业战略发展路线

其次，重点攻关方面主要要建立管理科学、运转协调的废弃回收物流体系，形成产品制造、使用、回收、再制造、再使用的闭环物流链。针对再制造生产的不确定性，增加再制造生产企业数量，减少回收物流半径，降低企业运作风险。并经过政府宣传和引导，建立完善的再制造产品销售市场。

最后，关键技术攻关方面，要加强技术创新，逐步向以企业为主体、市场为导向、产学研相结合的技术创新体系目标模式转变发展。从再制造产品的整个生命周期，综合考虑其可拆解性、可回收性、可再生性。加强关键技术的研发工作，包括废旧产品的失效分析、剩余寿命预测与评估技术、再制造产品的全寿命周期评价技术及零件表面修复系统工程的关键技术，更要在产品设计初期就把再制造的绿色工艺特性考虑在内。另外，在技术创新模式方面，借鉴本书第四篇的研究结论，政府应该创造条件，比如增加研发财政补贴、加强绿色宣传等方式促进再制造企业之间通过合适的路径结成合作研发联盟并充分共享研发成果，以形成完全合作溢出研发模式，从而实现社会福利的最大化。

值得注意的是，这三个方面的任务可并行实施。第一个五年内主要完成探索阶段的任务，由于现有理论研究的成熟，也可同时进行产品失效分析和修复加工方面的技术攻关。后两个五年主要完成重点攻关、关键技术攻关以及形成研发技术联盟等方面的工作。

第二节　江苏再制造产业发展的具体政策建议

一、建立完善的废旧品回收体系和通畅的营销渠道

江苏政府有关部门应在充分的市场调研和理论学习后，制定合理统一的产品回收和处理标准，建立完善的废旧品回收机制，规范市场秩序。例如，2006 年在学习和参考欧盟 ELV 指令的基础上，国家发改委制定《汽车产品利用技术政策》，制定各阶段目标和时间要求（如图 15－2 所示），规定汽车回收利用技术的标准。江苏有关部门应以此为发展准则，分行业分别制定各阶段发展目标及合理详细的标准。

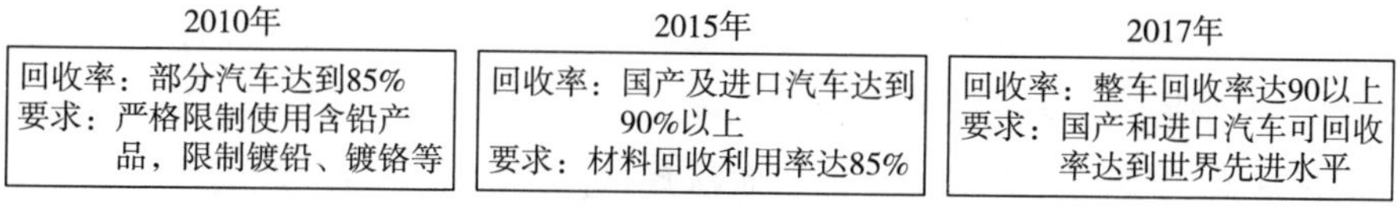

2010年	2015年	2017年
回收率：部分汽车达到85% 要求：严格限制使用含铅产品，限制镀铅、镀铬等	回收率：国产及进口汽车达到90%以上 要求：材料回收利用率达85%	回收率：整车回收率达90以上 要求：国产和进口汽车可回收率达到世界先进水平

图 15－2　我国报废汽车回收标准演进

废旧品回收体系的建立是再制造的第一个环节，必须给予充分重视。参考国外废旧品回收实践，根据产品的不同特性可建立以下三种废旧品回收体系：

（1）秉承"谁生产，谁回收"的原则，通过延伸生产者责任制，促使产品生产企业在报废回收利用过程中发挥主导作用。例如在轨道交通零部件再制造发展的过程中，可以鼓励大型制造商负责废旧零部件的回收。

（2）由产品零售商负责废旧品的回收。这种机制适合于小件产品的回收，可以发挥零售商与客户距离比较近，对客户消费特征比较了解的特性，如手机的回收。

（3）鼓励第三方回收企业进行废旧品零部件的回收，例如废旧汽车轮胎的回收。

营销渠道的完善是实现再制造价值的最后一个环节，也必须引起充分重视。

但这是建立在再制造产业比较成熟和完善的基础上。尽管江苏再制造还处于初级阶段，但相关政府部门也应该未雨绸缪、认真策划，吸收当前营销理论的最新成果，致力于建立再制品通畅的营销渠道。要根据再制品种类选择合适的营销模式，如装备制造零部件等再制品应鼓励由制造商直接销售，因为这些制造商资金实力比较强大，且已经拥有完善的销售渠道。而诸如再制造手机、电脑等家用电器则应鼓励由零售商进行代销，并应积极鼓励通过网络渠道进行销售。另外，借鉴本书第二篇的研究成果，营销体系构建过程中要鼓励再制造企业和销售企业之间建立良好的信息分享机制。两者首先可共同投资建设客户关系管理系统，销售企业通过 ERP、大数据等技术手段对消费者的绿色需求进行精确预测，并把市场需求的数据通过信息系统共享给制造商，制造商再以此作为再制造的生产依据。同时，应鼓励再制造企业和销售商积极构建战略联盟，以共同的利润目标进行产品绿色度、零售价的决策，以此实现绝对利润以及信息分享价值的最大化。

二、不断完善各项再制造法律法规

江苏政府各部门应致力于逐步建立起具有地方特色的废旧产品的法律体系。根据我国再制造产业发展状况，全面梳理现有的政策措施，进一步细化再制品相关的法律法规，逐步形成"法律—行政法规—部门规章—规范性文件—相关标准及技术规定"的形式。具体来讲，当前再制造法律法规重点如下：

（1）制定江苏再制造产品目录，不断丰富目录所覆盖的产品门类及数量。根据江苏再制造产业发展战略规划，装备制造（如轨道交通）零部件、汽车零部件、通信设备（如手机）三大再制造优先产业的产品目录应率先制定。

（2）建立江苏再制造产品质量标准，规范再制造准入门槛。虽然诸如汽车零部件再制造领域已经有国家标准存在，但鉴于常州再制造产业比较薄弱的现状，再制品质量标准可以略低于国家标准。但在质量标准中仍应该强调再制品技术增值的特征，把再制品和"翻修品""二手品"进行区别，从而规范再制造企业的准入门槛，防止假冒产品与再制品相混淆。

（3）形成再制造产品认证体系，明确再制品知识产权方面的独立地位。美国法律明确规定再制造商不需要经过原制造商的授权就能进行再制品的生产。江苏再制造法规可以效仿这一点。适时修改专利法，明确要求汽车初始制造商在一定条件下许可他人再制造其生产的已报废整体设备和零部件。根据本书第三篇的研究成果，由于挤兑效应的存在，新产品的专利授权经营对再制品的发展总体而言是不利的。通过形成再制造产品认证体系，将能有效避免再制品知识产权纠纷，大大提高企业独立开展再制造业务的经济动力。

（4）制定再制品独特的税收政策，对大多数再制品进行免税。

三、加强对再制造产业的扶持范围和力度

江苏政府要从财税政策上扶持再制造企业，培养一些制造业中的龙头企业（如戚机厂）或已开展部分再制造业务的企业（如翔宇再生资源有限公司）为全省再制造试点企业，逐步对再制造产品实行减征或免征增值税政策，继续深化"以旧换新""以旧换再"试点工作，落实试点企业补贴资金的拨付；建议国家完善信贷、担保等投融资渠道，对通过自身销售和维修网络回收旧件的企业、再制造重点建设项目，给予一定比例的资金支持；将再制造产业发展纳入循环经济发展专项资金重点支持。

在对再制造各环节进行财政补贴时，应利用管理科学的方法进行合理的补贴决策，实现政策效益的最大化。在废旧品回收环节，政府的最优奖惩门槛应该为0，对再制品零售商的补贴比对制造商补贴能产生更好的激励效果，因此政府先不应对制造商设置奖惩门槛，而后在加大补贴力度的同时要选择合适的补贴对象，并且要努力保持各方市场力量的均衡；在再制造环节，根据本书第三篇的相关结论，废旧产品回收价格、产品回收量、原制造商利润、回收制造商利润和供应链总体利润是回收制造商再制造率 θ 和再制造节约成本 σ 的增函数，并且集中决策模式优于分散模式，因此政府应先增大单位废旧品回收和再制品生产的奖励力度从而降低再制造单位成本，提高再制造率，并且应鼓励制造商和再制造商形成战略同盟。

四、加强产学研合作，进行科学研发决策，提高企业再制造自主创新水平

再制造研发创新能力较弱所导致的再制品质量低下是制约江苏再制造产业发展的又一重要因素。根据第四篇的相关研究结论，再制品需求及再制造商的利润均与技术创新水平正相关，因此无论对于社会还是再制造企业，都有加大技术创新的内在动力。虽然我国在再制造关键技术上取得显著突破，部分技术已产业化，但由于企业的生产工艺不同，使技术需求不同，关键技术的研发水平仍然比较低下。对于江苏而言，加强再制品技术研发，不断降低单位制造成本，提高再

制品质量更成为发展再制造产业的核心要素。

（1）应该鼓励再制造企业加强从事再制造研究的高校、科研院所和企业的合作，充分发挥再制造研发中心（如前所述的"智能装备与再制造技术协同创新中心"）的作用，通过开展关键共性技术、成套工艺和装备的开发与工程化，建立再制造检测评价体系，构建再制造产学研用技术创新体系。另外，要加强再制造技术和关键技术设备的产业化推广，加快再制造技成果向现实生产力转化，促进再制造产业健康、快速发展。

（2）引导企业进行科学的技术创新决策。根据第四篇再制造技术创新策略的研究结论，为了提高再制品性能和社会绿色效应，应同时考虑再制造企业研发成本、消费者对再制品认可度、研发模式、市场结构等多重因素。首先，可以对开展再制造自主技术创新业务的企业给予一定物质奖励，适当降低其研发成本。其次，应该加强对再制品性能的大力宣传，让消费者理解再制品与新产品的本质区别，提高对再制品的接受度。最后，政府应该鼓励资金实力较强的大企业开展独立再制造业务，增强再制造商在渠道中的定价话语权，从而提升再制造企业开展技术创新的动力。

五、加强社会宣传，增强消费者环保意识，提高公众对再制品接受度

消费者对再制品的接受度是实现再制造营销渠道的另一关键要素，同时也将影响再制品的技术创新水平。江苏再制造产业发展处于起步阶段，政府对再制造的宣传力度不够，再加上常州民众普遍比较富裕的生活水平所引起的"一次性消费"观念，再制造作为一种新的理念还没有被当地消费者及社会广泛认同，不少国内消费者目前还难以接受和使用再制造产品，有些人甚至还把再制造产品与"二手货"混为一谈，对再制造产业的认识不足。因此加强提高再制品认可度对再制造产业极其重要。

首先，要以绿色消费为核心，加大对再制造产业的社会宣传，普及再制造知识，强调再制品不仅质量和性能上达到或超过新产品，更拥有强大的环保节能要素。这里可以学习西方某些国家的做法，在所有再制造商品表面都贴上绿色环保标志，从而引导消费者了解和接受再制造产业，主动积极消费再制造产品。

其次，要积极发挥政府的带头作用，鼓励各级政府在采购过程中选用再制造产品，以政府效用带动消费者选购再制造产品。

最后，可以将循环经济的理念引入基础教育中——对学生从小进行培养，开设环保课程。以实际行动参与环保运动；通过学生影响家庭、以家庭影响社会，形成良性循环系统，最终每个人对循环经济和再制造的理念了如指掌，并付诸行动。

六、深入建设再制造产业园，加强产业集聚

再制造产业可以依托再制造产业园区或基地，实现再制造产业聚集化发展。在欧美国家再制造产业发展中，美国在美墨西边境、欧洲在中东欧、英国在伯明翰周边地区均形成再制造产业相对集中的地区，宽松的产业政策、合理的劳动力成本、便利的旧件来源、完善的配套产业链、成熟的市场环境等因素促进这些地区成为再制造企业的聚集区。集聚化发展有助于专业化回收、拆解、清洗、再制造和公共服务平台的建设，形成完整的产业链，促进企业规范化发展。

我国的再制造产业园区建设也已有先例可以借鉴。2009 年开始，湖南省浏阳市拟建立再制造产业园，目前已建成面积 8 平方千米，规模企业达到 95 家，亿元企业 25 家，各类专业技术人员 2300 多名，产业工人 22000 余人已形成以工程机械和汽车零部件再制造产业为主的国家级再制造产业基地。江苏张家港的再制造产业示范基地被国家发改委批准为全国首批、华东首家"国家再制造产业示范基地"。基地规划面积 4.3 平方千米，其中启动区 1.1 平方千米，目前规划重点项目 37 个、公共服务类项目 9 个、基础设施类项目 6 个、计划总投资超过 100 亿元。基地已经培育富瑞特装、西马克、那智不二越等 10 家从事再制造的骨干企业，初步形成以汽车发动机再制造为主，冶金设备、精密切削工具再制造为辅的产品体系，并成立再制造产业投资有限公司独立运作，在全国同行业具有一定的引领性和示范性。尽管如此，与美国再制造产业集聚地相比，江苏再制造产业园区的建设仍存在规模较小、覆盖范围不广、协同技术研发较弱等缺点。

江苏再制造产业园区应进一步向纵深方面发展。首先，应在再制造发展潜力较大的地区（如南京、常州等）建立多个再制造产业园区，利用有扶持力的政策吸引掌握再制造前沿技术的企业入驻，起到良好的示范相应。其次，建立再制造产业园区的绿色评价标准。对园区内再制造企业进行绿色发展水平的调研和分析，参考国内外低碳产业园区创建指南和生态标准，完成"江苏再制造产业园区评价导则"，从"废旧品利用程度""能源利用和温室气体管理""与新产品性能差异"等维度对产业园区内企业生产绿色化程度进行评价，以此作为对企业绿色

补贴的依据。最后，搭建再制造产业园区绿色公共服务平台。按照"绿色、智能、金融创新"有机融合理念，构建园区两级公共服务平台，建设完成具备废旧品回收 O2O 平台，能源利用、污染排放实时数据传送功能的绿色监控平台；建立分项计量监控网络、废弃物集中回收再制造逆向物流等专项服务平台；探索创建园区诚信服务平台，开展创建相关主体的诚信评价及监督。

第三节　江苏再制造产业发展的保障措施

一、加紧成立行业性再制造产业协会

产业协会是推动产业发展的重要力量，这种非行政机构在对同行业的组织与管理方面具有独到作用。它依据共同制定的章程体现其组织职能：增强企业抵御市场风险的能力，维护企业共同的经济权益，规范市场行为，调配市场资源。根据常州制造业的现状，可以在轨道交通等制造业中率先成立再制造产业协会（同盟），推动再制造产业有序健康的发展。该再制造产业协会可以轨道交通产业协会为依托，集成常州著名轨道交通制造企业，高校科研单位，独立性资源再生企业的相关专家，按照一定的协约共同组建而成，并在产业发展的过程中不断吸收中小再制造企业，协同处理产业发展的各项事务。再制造产业协会的主要功能有：

（1）研究制定再制造目录、技术标准、市场准入条件等方面的法则，对再制造产业的发展情况进行合理预测，为政府制定再制造政策提供支持。

（2）致力于普遍性再制造技术的研究开发，鼓励成员企业通过技术共享的方式攻克再制造关键领域的技术难题，加快成果推广进程，不断完善设备零部件再制造理论。

（3）对再制造产品的营销渠道、价格、售后服务、回收作统一规划，形成完整的销售服务体系，便于再制造产品的营销管理，从而提升再制造产品的市场竞争力。

（4）为协会成员提供各类信息发布和信息咨询。如通过各种方式提供废旧零件、再制品、服务、讲习班以及教育信息，对当地政府的再制造法律进行讲解和宣传等。

（5）关注当地政府的法律，代表制造和再制造行业不断争取各方面的利益，包括税收、人员福利及零部件核心价值等。

（6）借鉴国外再制造协会的做法，定期举办再制品展览，帮助再制造成员企业接触到潜在客户，促进再制造营销体系的构建和完善。

二、制定再制造人才培养战略

再制造产业的发展离不开专业人才。虽然江苏地区人力资源丰富，但与再制造相关的人才目前还处于稀缺状态，无论是专业技术人员，还是工程操作人员。所以，为了保证人才的数量与质量，可以考虑从两种途径培养再制造业所需要的专门人才。一是人力资源技能再培训，这是通过企业内部对员工进行再造技术的培训，提高现有人员的技能。二是在大专院校中开设再制造工程专业或增加再制造工程课程体系，培养研发再制造工程技术和从事其管理的专业人才。

第四节 本章小结

本章在对江苏再制造产业存在问题的基础上，结合上一章理论分析的成果以及国外再制造先进国家的实践经验，提出江苏发展再制造产业的战略路线图以及具体对策。在战略路线图，提出应把装备制造（如轨道交通）零部件、汽车零部件、通信设备（如手机）这三大产业作为再制造优先扶持的产业，分别制定总体规划目标，分政策探索、重点攻关以及关键技术这三个方面，通过 15 年左右的时间实现总体目标；在对策建议层面，提出以下几个方面：

（1）统一产品报废标准，建立完善的废旧品回收体系和通畅的营销渠道。

（2）不断完善各项再制造法律法规。

（3）加强对再制造产业的扶持范围和力度。

（4）加强产学研合作，进行科学研发决策，提高企业再制造自主创新水平。

（5）加强社会宣传，增强消费者环保意识，提高公众对再制品接受度。

（6）建设再制造产业园、加强产业集聚等六条对策建议。

最后从建立行业性再制造协会、制定再制造人才培养战略两个方面提出保障措施。

参考文献

[1] Adem, O. , Eda, K. Z. , Ali, K. P. Competitive Quality Choice and Remanufacturing [J]. Production and Operations Management, 2014, 23 (1): 48 – 64.

[2] Akcali, E. , Karakayali, I. , Emir – Farinas, H. An Analysis of Decentralized Collection and Processing of End – of – life products [J]. Journal of Operations Management, 2007, 25 (6): 1161 – 1183.

[3] Argote, L. Organizational Learning: Creating, Retaining and Transferring Knowledge [D] . Kluwer, Boston, MA, 1999.

[4] Aspermont, C. , Jacquemin, A. Cooperative and Non – cooperative R&D in Duopoly with Spillover [J]. American Economic Review, 1988 (78): 1133 – 1137.

[5] Atalay, A. , Souza, G. C. How Does Product Recovery Affect Quality Choice? [J]. Production & Operations Management, 2013, 22 (4): 991 – 1010.

[6] Atasu, A. , Sarvary, M. , Wassenhove, L. N. V. Remanufacturing As a marketing Strategy [J]. Management Science, 2008, 54 (10): 1731 – 1746.

[7] Bakal, I. S. , Akcali, E. Effects of Random Yield in Remanufacturing with Price – sensitive Supply and demand [J]. Production and Operations Management, 2006, 15 (3): 407 – 420.

[8] Banerjee, S. , Lin, P. Vertical Research Joint Ventures [J] . International Journal of Industrial Organization, 2001 (19): 285 – 302.

[9] Banker, R. D. , Khosla, I. , Sinha, K. K. Quality and Competition [J]. Management Science, 1998, 44 (44): 1179 – 1192.

[10] Baojun, J. , Chakravarthi, N. , Ozge, T. Anticipated Regret and Product Innovation [W] . Washington University, 2014.

[11] Bell, David E. Regret in Decision Making Under Uncertainty [J]. Operations Research, 1982 (3): 961 – 981.

［12］ Bemporad, R. Baranowski, M. , Conscious Consumers Are Changing The Rules Of Marketing. , Are You Ready? Highlights from the BBMG Conscious Consumer Report. Available at http: //www. bbmg. com, 2007.

［13］ Bernstein, F. , Federgruen, A. A General Equilibrium Model For Industries With Price And Service Competition ［J］. Operations Research, 2004, 52 (6): 868 – 886.

［14］ Bhaskaran, S. R. , Krishnan, V. Effort, Revenue, And Cost – sharing Mechanisms For Collaborative New Product Development ［J］. Management Science, 2009, 55 (7): 1152 – 1169.

［15］ Birendra, K. Mishra, Srinivasan Raghunathan, Xiaohang Yue . Demand Forecast Sharing in Supply Chains ［J］. Production and Operations Management, 2009, 40 (5): 1 – 15.

［16］ Boddy, D. , Macbeth, D. , Wagner, B. Implementing Collaboration Between Organizations: An Empirical Study of Supply Chain Partnering ［J］. Journal of Management Studies, 2000, 37 (7): 1003 – 1017.

［17］ Caliskan – Demirag, O. , Chen, Y. , Li, J. Channel Coordination Under Fairness Concerns and Nonlinear Demand ［J］. European Journal of Operational Research, 2010, 207 (3): 1321 – 1326.

［18］ Chan, C. S. Price Competition in a Channel Structure with a Common Retailer ［J］. Management Science , 1991, 10 (4): 271 – 296.

［19］ Chan, C. S. Price Competition in a Duopoly Common Retailer ［J］. Journal of Retailer , 1996, 72 (2): 117 – 134.

［20］ Chen – han, W. Product – design and Pricing Strategies with Remanufacturing ［J］. European Journal of Operational Research, 2012, 218 (2): 1 – 19.

［21］ Choi, T. Y. , Hartley, J. L. An Exploration of Supplier Selection Practices Across The Supply Chain ［J］ . Journal Operations Management, 1996, 14 (4): 324 – 334.

［22］ Conrad, K. Price Competition and Product Differentiation When Consumers Care for The Environment ［J］. Environment and Resource Economics, 2005 (31): 1 – 19.

［23］ Dana, J. D. Jr, Spier, K. E. Revenue Sharing and Vertical Control in The

Video Rental Industry [J]. The Journal of Industrial Economics, 2001, 49 (3): 223 – 245.

[24] Debo, L., Toktay, L., Wassenhove, L. Market Segmentation and Product Technology Selection for Remanufacturable Products [J]. Management Science, 2005, 51 (8): 1193 – 1205.

[25] Desai, P. S. Quality Segmentation in Spatial Markets: When Does Cannibalization Affect Product Line Design [J]. Marketing Science, 2002, 20 (3): 265 – 283.

[26] Ding Xiuhao, Huang Ruihua. Effects of Knowledge Spillover on Inter – organizational Resource Sharing Decision in Collaborative Knowledge Creation [J]. European Journal of Operational Research, 2010, 201 (3): 949 – 959.

[27] Dorroh, J. R., Gulledge, T. R., Womer, N. K. Investment in Knowledge: A Generalization of Learning by Experience [J]. Management Science, 1994, 40 (8): 947 – 958.

[28] Eeckhoudt, L., Gollier, C., Schlesinger, H. The Risk – averse (and prudent) Newsboy [J]. Management Science, 1995, 41 (5): 786 – 794.

[29] Fanelli, D. A Two – stage Duopoly Game with Ethical Labeling and Price competition when consumers differ in preferences [D]. SSE, Ca Foscari University of Venice Economics Department, Venice, Italy, 2005.

[30] Fehr, E., Schmidt, K. M. A Theory of Fairness's Competition and Cooperation [J]. Quarterly Journal of Economics, 1999, 114 (3): 817 – 868.

[31] Ferguson, M., Toktay, L. B. The Effect of Competition on Recovery Strategies [J]. Production and Operations Management, 2006, 15 (3): 351 – 368.

[32] Ferrer, G., Swaminathan, J. M. Managing New and Differentiated Remanufactured Products [J]. European Journal of Operational Research, 2010, 203 (2): 370 – 379.

[33] Ferrer, G., Swaminathan, J. M. Managing New and Remanufactured Products [J]. Management Science, 2006, 52 (1): 15 – 26.

[34] Ferrer, G. The economics of Personal Computer Remanufacturing [J]. Resources Conservation & Recycling, 1997, 21 (2): 79 – 108.

[35] Ge, Z. H., Hu, Q. Y., Xia, Y. S. Firms'R&D Cooperation Behavior

in a Supply Chain [J]. Production and Operations Management, 2014, 23 (4):
599 – 609.

[36] Giannoccaro, I. , Pontrandolfo, P. Supply Chain Coordination By Revenue
Sharing Contracts [J]. International Journal of Production Economics, 2004, 89 (2):
131 – 139.

[37] Groenevelt, H. , Majumder, P. Competition in Remanufacturing [J]. Pro-
duction and Operations Management, 2001, 10 (2): 125 – 141.

[38] Grover, J. M. , The Evolving Role of Collaboration in Biotechnology [J].
Nature Biotechnology, 1998 (16): 31 – 32.

[39] Guide, V. D. R. Production Planning and Control for Remanufacturing: In-
dustry Practice and Research Needs [J]. Journal of Operations Management, 2000, 18
(4): 467 – 483.

[40] Guide, V. D. R. , Srivastava, R. Buffering from Material Recovery Uncer-
tainty in A Recoverable Manufacturing Environment [J]. Journal of the Operational Re-
search Society, 1997, 48 (5): 519 – 529.

[41] Guide, V. D. R. , Teunter, R. , Wassenhove, L. V. N. Matching Supply
and Demand To Maximize Profits From Remanufacturing [J]. Manufacturing & Service
Operations Management, 2003, 5 (4): 303 – 316.

[42] Guide, V. D. R. , Wassenhove, L. N. Managing Product Returns for Reman-
ufacturing [J]. Production & Operations Management, 2001, 10 (10): 142 – 155.

[43] Gupta, Sudheer, Richard Loulou. Process Innovation, Product Differentia-
tion, and Channel Structure: Strategic Incentives In a Duopoly [J]. Marketing Sci-
ence, 1998, 17 (4): 301 – 316.

[44] Heese, H. S. , Cattani, K. , Ferrer, G. , et al. Competitive Advantage
Through Take – back of Used Products [J]. European Journal of Operational Research,
2005, 164 (1): 143 – 157.

[45] Heyman, D. P. Optimal Disposal Policies for a Single – item Inventory System
With Returns [J]. Naval Research Logistics Quarterly, 1977, 24 (3): 385 – 405.

[46] Ho, T. H. , Zhang, J. J. Designing Pricing Contracts For Bounded Rational
Customers: Does the Framing of The Fixed Fee Matter? [J] . Management Science,
2008, 54 (4): 686 – 700.

［47］Holmstrom, B. , Milgrom, P. Aggregation and Linearity in the Provision of Intertemporal Incentives ［J］. Econometrica, 1987, 55: 103 – 128.

［48］Irons, B. , Hepburn, C. Regret Theory and the Tyranny of Choice ［J］. Economic Record, 2007, 83 (261): 191 –203.

［49］Ishii, A. Cooperative R&D Between Vertical Related Firms with Spillovers ［J］. International Journal of Industrial Organization, 2004, 22 (5): 1213 – 1235.

［50］Jeremy Hall. Environmental Supply Chain Dynamics ［J］. Journal of Cleaner Production, 2000, 8: 455 – 471.

［51］John, H. , Robert, G. Remanufacturing a Patented Product: Does "Make" include "Remake?" ［J］. The Rochester Engineer, 2009 (11): 11 – 12.

［52］Kamien, M. , Muller, E. , Zhang, I. Research Joint Venture and R&D Cartels ［J］. American Economic Review, 1992 (82): 1293 – 1306.

［53］Kaya, O. Incentive and Production Decisions for Remanufacturing Operations ［J］. European Journal of Operational Research, 2010, 201 (2): 442 – 453.

［54］Kerr, M. Integrating The Supply Chain Though WEB – enabled CAX System ［J］. The Institution of Electric Engineers, 1999 (3): 1295 – 1297.

［55］Kong, G. , Rajagopalan, S. , Zhang, H. Revenue Sharing and Information Leakage in a Supply Chain ［J］. Management Science, 2013, 59 (3): 556 – 572.

［56］Laan, E. V. D. , Wassenhove, L. V. Inventory Control In Hybrid Systems With Remanufacturing ［J］. Management Science, 1999, 45 (5): 733 – 747.

［57］Larrick, R. P. , Boles, T. L. Avoiding Regret in Decisions with Feedback: A Negotiation Example ［J］. Organizational Behavior and Human Decision Processes, 1995, 63 (7): 87 – 97.

［58］Li, L. Information Sharing in a Supply Chain with Horizontal Competition ［J］. Management Science, 2002, 48 (9): 1196 – 1212.

［59］Liu, Z. , G. , Anderson, T. D. , Cruz, J. M. Consumer Environmental Awareness and Competition in Two – stage Supply Chains ［J］. European Journal of Operational Research, 2012, 218: 602 – 613.

［60］Majumder, P. , Groenevelt, H. Competition in Remanufacturing ［J］. Production and Operations Management, 2001, 10 (2): 125 – 141.

[61] Mitra, S. , Webster, S. Competition in Remanufacturing and The Effects of Government Subsidies [J]. International Journal of Production Economics, 2008, 111 (2): 287 – 298.

[62] Moon, W. , Florkowski, W. J. , Bruckner, B. Willingness to Pay for Environmental Practices: Implications for Eco – labeling [J]. Land Economics , 2002, 78 (1): 88 – 102.

[63] Moorthy, K. S. Product and Price Competition in a Duopoly [J]. Marketing Science, 1988, 7 (2): 141 – 168.

[64] Mortimer, J. H. The Effects of Revenue – Sharing Contracts on Welfare in Vertically – Separated Markets: Evidence from the Video Rental Industry [R] . University of California at Los Angeles, CA, 2002.

[65] Mowery, D. C. International Collaborative Ventures in US Manufacturing [M] . Ballinger: Cambridge, MA, 1988a.

[66] Nasiry, J. , Popescu, I. Advance Selling When Consumers Regret [J]. Management Science, 2012, 58 (6): 1160 – 1177.

[67] Noci, G. Designing "Green" Vender Rating Systems For The Assessment of a Supplier's Environmental Performance [J]. European Journal of Purchasing and Materials Management, 1997, 3 (2): 103 – 114.

[68] Plambeck, E. , Wang, Q. Effects of E – waste Regulation on New Product Introduction [J]. Management Science, 2009, 55 (3): 333 – 347.

[69] Quinn, J. B. Outsourcing innovation: The New Engine for Growth [J]. Sloan Management Review, 2000 , 41 (4): 13 – 28.

[70] Ray, S. , Boyaci, T. , Aras, N. Optimal Prices and Trade – in Rebates for Durable, Remanufacturable Products [J]. Manufacturing & Service Operations Management, 2005, 7 (3): 208 – 228.

[71] Reiko, A. , Tauman, Y. Patent Licensing With Spillovers [J] . Economics Letters, 2001, 73 (2): 125 – 130.

[72] Robotis, A. , Boyaci, T. , Verter, V. Investing in Reusability of Products of Uncertain Remanufacturing Cost: The Role of Inspection Capabilities [J]. International Journal of Production Economics, 2012, 140 (1): 385 – 395.

[73] Rostoker, M. A Survey of Corporate Licensing [J]. The Journal of Law and

Technology, 1984, 24 (2): 59 – 92.

[74] Samaddar, S. , Kadiyala, S. S. An Analysis of Interorganizational Resource Sharing Decisions in Collaborative Knowledge Creation [J]. European Journal of Operational Research, 2006, 170 (1): 192 – 210.

[75] Sarangee, K. , Schmidt, J. B. , Walmann, J. P. Clinging to Slim Chances: Dynamics of Anticipated Regret When Developing New Products [J]. Journal of Product Innovation, 2013, 30 (5): 980 – 993.

[76] Savaskan, R. C. , Bhattacharya, S. , Wassenhove, LV. Closed – loop Supply Chain Models With Product Remanufacturing [J]. Management Science, 2004, 50 (2): 239 – 253.

[77] Savaskan, R. C. Channel Choice and Coordination in Remanufacturing Environment [J]. Discussion Papers, 2001, 20 (35): 749 – 761.

[78] Savaskan, R. C. , Wassenhove, L. V. Reverse Channel Design: The Case Of Competing Retailers [J]. Management Science, 2006, 52 (5): 1 – 14.

[79] Schmitz, P. W. On Monopolistic Licensing Strategies Under Asymmetric Information [J]. Journal of Economic Theory, 2002 (106): 177 – 189.

[80] Sen, D. , Tauman, Y. General Licensing Schemes for a Cost Reducing Innovation [J]. Games and Economic Behavior, 2007, 59: 163 – 186.

[81] Simonson, I. The Influence of Anticipating Regret and Responsibility on Purchase Decisions [J]. Journal of Consumer Research, 1992, 19 (6): 105 – 118.

[82] Simpson, V. P. Optimum Solution Structure for a Repairable Inventory Problem [J]. Operations Research, 1978, 26 (2): 270 – 281.

[83] Sivadas, E. , Dwyer, R. An Examination of Organizational Factor Influencing New Product Success in Internal and Alliance Based Processes [J]. Journal of Marketing, 2000, 64 (1): 31 – 49.

[84] Souza, G. , Bayus, B. , Wagner, H. New Product Atrategy and Industry Clockspeed [J]. Management Science , 2004, 50 (4): 537 – 544.

[85] Spengler, T. Environmental Integrated Production and Recycling Management [J]. European Journal Operation Research, 1997, 97 (6): 307 – 326.

[86] Subramanian, R. , Ferguson, M. E. , Toktay, L. B. Remanufacturing and the Component Commonality Decision [J]. Production & Operations Management,

2013, 22 (1): 36 - 53.

[87] Subramanian, R. , Gupta, S. , Talbot, B. Product Design and Supply Chain Coordination Under Extended Producer Responsibility [J]. Production and Operations Management, 2009, 18 (3): 259 - 277.

[88] Suetens, S. R&D Cooperation in Oligopoly with Spillovers: An Experimental Economics Approach [J]. Working paper, University of Antwerp, Antwerpen, 2004.

[89] Syam, N. , Krishnamurthy, P. , Hess, J. D. That is What I Thought I Wanted? Miswanting and Regret for a Standard Good in a Mass - customized World [J]. Marketing Science, 2008, 27 (3): 379 - 397.

[90] Thierry, M. , Salomon, M. , Nunen, J. V. , et al. Strategie Issues in Product Recovery Management [J]. California Management Review, 1995, 37 (2): 114 - 135.

[91] Tsay, A. , A. Risk Sensitivity in Distribution Channel Partnerships: Implications for Manufacturing Return Policies [J]. Journal of Retaining, 2002, 7 (8): 147 - 160.

[92] Wang, X. H. Fee Versus Royalty Licensing in Differentiated Duopoly [J]. Journal of Economics and Business, 2002, 54 (2): 256 - 266.

[93] Webster, S. Mitra, S. , Competitive Strategy in Remanufacturing and The Impact of Take - back Laws [J]. Journal of Operations Management, 2007, 25 (6): 1123 - 1140.

[94] Wu, C. H. OEM Product Design in a Price Competition With Remanufactured Product [J]. Omega, 2013, 41 (2): 287 - 298.

[95] Xiao, T. J. , Yang, D. Q. Price and Service Competition of Supply Chains With Risk - averse Retailers Under Demand Uncertainty [J]. International Journal of Production Economics, 2008, 114 (1): 187 - 200.

[96] Yao, D. , Yue, X. , Liu, J. Vertical Cost Information Sharing in a Supply Chain with Value Adding Retailers [J]. International Journal of Production Economics, 2008, 36 (5): 838 - 851.

[97] Zeelenberg, M. , Jane, B. , Joop, V. D. P. , Nanne K. , de Vries. Consequences of Regret Aversion: Effects of Expected Feedback on Risky Decision Making

[J]. Organizational Behavior and Human Decision Processes, 1996, 65 (2): 148 – 158.

[98] Zhou, S. X. , Tao, Z. , Chao, X. Optimal Control of Inventory Systems with Multiple Types of Remanufacturable Products [J]. Manufacturing & Service Operations Management, 2011, 13 (1): 20 – 34.

[99] Zhou, S. X. , Yu, Y. Optimal Product Acquisition, Pricing, and Inventory Management for Systems with Remanufacturing [J]. Operations Research, 2011, 59 (2): 514 – 521.

[100] 艾兴政, 唐小我, 马永开. 传统渠道与电子渠道预测信息分享的绩效研究[J]. 管理科学学报, 2008, 11 (1): 12 – 21.

[101] 包海波. 专利许可交易的微观机制分析[J]. 科学学与科学技术进步, 2004, 21 (10): 76 – 80.

[102] 曹俊, 熊中楷, 刘莉莎. 闭环供应链中新件制造商和再制造商的价格及质量水平竞争[J]. 中国管理科学, 2010, 18 (5): 82 – 90.

[103] 陈海威. 再制造产业: 概念、问题与发展对策[J]. 经济理论与经济管理, 2007, 27 (6): 57 – 60.

[104] 陈海威. 中国再制造产业发展问题探讨[J]. 学术论坛, 2007 (3): 87 – 90.

[105] 陈彦如, 唐小平, 肖钦心. 多市场闭环供应链的收入费用共享契约[J]. 西南交通大学学报, 2011, 46 (2): 347 – 353.

[106] 陈宇科, 孟卫东, 邹艳. 竞争条件下纵向合作创新企业的联盟策略[J]. 系统工程理论与实践, 2010, 30 (5): 857 – 864.

[107] 储江伟, 张铜柱. 汽车再制造企业运作模式探讨[J]. 汽车与配件, 2009 (3): 64 – 66.

[108] 达庆利, 黄祖庆, 张钦. 逆向物流系统结构研究的现状及展望[J]. 中国管理科学, 2004, 12 (1): 1 – 17.

[109] 达庆利. 逆向物流系统结构研究的现状及展望[J]. 中国管理科学, 2004, 12 (12): 31 – 38.

[110] 杜少甫, 杜婵. 考虑公平关切的供应链契约与协调[J]. 管理科学学报, 2010, 13 (11): 41 – 48.

[111] 高鹏, 聂佳佳, 陆玉梅等. 不同市场领导下竞争型再制造供应链质量决策研究[J]. 管理工程学报, 2016, 30 (4): 187 – 195.

[112] 高鹏，聂佳佳，谢忠秋．制造商风险规避下闭环供应链专利授权经营策略[J]．计算机集成制造系统，2014，20（3）：680－688.

[113] 葛静燕．基于博弈论的闭环供应链定价策略分析[J]．系统工程学报，2008，23（1）：111－115.

[114] 贡文伟，汪国映，李虎．再制品市场需求信息不对称下逆向供应链协调研究[J]．软科学，2012，26（12）：36－40.

[115] 顾丽娟．基于绿色供应链的石化企业供应商评价体系研究[J]．商业经济，2012（4）：49－51.

[116] 顾巧论，高铁杠，石连栓．基于博弈论的逆向供应链定价策略分析[J]．系统工程理论与实践，2005，25（3）：20－25.

[117] 韩小花，薛声家．不对称信息下闭环供应链合作机制研究[J]．计算机集成制造系统，2008，14（4）：731－736.

[118] 韩小花，薛声家．强零售商的竞争型闭环供应链回收渠道的决策[J]．计算机集成制造系统，2009，15（11）：2247－2253.

[119] 胡开忠．专利产品的修理、再造与专利侵权的认定——从再生墨盒案谈起[J]．法学，2006（12）：145－161.

[120] 黄永，孙浩，达庆利．制造商竞争环境下基于产品生命周期的闭环供应链的定价和生产策略研究[J]．中国管理科学，2013，21（3）：96－103.

[121] 黄宗盛，聂佳佳，胡培．基于微分对策的再制造闭环供应链回收渠道选择策略[J]．管理工程学报，2013，27（3）：93－102.

[122] 黄祖庆，达庆利．直线型再制造供应链决策结构的效率分析[J]．管理科学学报，2006，9（4）：51－57.

[123] 黄祖庆，易荣华，达庆利．第三方负责回收的再制造闭环供应链决策结构的效率分析[J]．中国管理科学，2008，16（3）：73－77.

[124] 霍沛军，陈剑，陈继祥．双寡头R&D合作与非合作时的最优溢出[J]．中国管理科学，2002，10（6）：92－96.

[125] 卡车之家．卡特彼勒宣布与玉柴合资建立再制造企业［EB/OL］．http://www.360che.com/news/091216/8371.html.

[126] 孔晓莉，杨益民．中国汽车零部件再制造现状及发展[J]．汽车工艺与材料，2011，26（7）：9－12.

[127] 李红，陈君．食品企业实施绿色营销的消费者博弈分析[J]．企业物

流，2009（6）：36-38.

［128］李纪珍. 研究开发合作的原因及组织［J］. 科研管理，2000，21（1）：106-112.

［129］李晓莉. 循环经济下制造商竞争的闭环供应链定价策略［J］. 科技管理研究，2012（15）：236-241.

［130］李勇，张昇，杨秀苔，但斌，朱涛. 供应链中制造商—供应商合作研发博弈模型［J］. 系统工程学报，2005，20（1）：12-18.

［131］刘继伟. 中国汽车再制造产业发展战略研究［J］. 改革与战略，2011，27（4）：134-136.

［132］刘向阳. 湖南再制造产业发展问题与对策分析［J］. 企业家天地月刊，2012（11）：13-14.

［133］刘友金，胡黎明. 再制造产业：研究现状、基本内涵及若干理论问题［J］. 求索，2011，31（3）：9-11.

［134］鲁其辉，朱道立. 质量与价格竞争供应链的均衡与协调策略研究［J］. 管理科学学报，2009，12（3）：56-64.

［135］骆品亮，吴一静，刘明宇. 纵向研发联盟的竞争效应：基于有效市场规模增长率的分析［J］. 研究与发展管理，2013，25（4）：1-9.

［136］骆品亮，殷华祥. 纵向研发联盟的成本分担契约与规模选择的有效性分析［R］. 上海：复旦大学管理学院工作论文，2007.

［137］马道明，左玉辉，倪天华. 常州制造业循环经济建设研究［J］. 生态经济，2005（12）：88-91.

［138］孟卫东，邱冬阳，赵世海. 网络外部性下基于溢出效应的供应链合作研发模型［J］. 系统管理学报，2011，20（6）：670-676.

［139］聂佳佳，熊中楷. 信息分享对第三方负责回收闭环供应链的影响［J］. 管理工程学报，2011，25（2）：74-81.

［140］聂佳佳. 存在强势零售商的回收再制造闭环供应链模型［J］. 预测，2011，30（5）：36-41.

［141］聂佳佳. 零售商信息分享对闭环供应链回收模式的影响［J］. 管理科学学报，2013，16（5）：69-82.

［142］聂佳佳. 需求信息预测对制造商回收再制造策略的价值［J］. 管理科学学报，2014，17（1）：35-47.

[143] 聂佳佳. 预测信息分享对制造商开通直销渠道的影响[J]. 管理工程学报, 2012, 26 (2)：106 – 111.

[144] 彭白水. 武汉千里马工程机械再制造基地竣工[J]. 建设机械技术与管理, 2010 (5)：21 – 23.

[145] 彭志强, 厉华杰, 申成然. 专利产品再制造下闭环供应链的决策优化与授权许可策略[J]. 重庆理工大学学报, 2010, 24 (10)：88 – 91.

[146] 邱若臻, 黄小原. 具有产品回收的闭环供应链协调模型[J]. 东北大学学报 (自然科学版), 2007, 28 (6)：883 – 886.

[147] 上汽集团. 泛亚汽车技术中心有限公司简介 [EB/OL]. (2012 – 12 – 5). http：//www. saicmotor. com/chinese/gsgk/qyml/gtkzqy/1836. shtml.

[148] 邵宝玉, 石岿然. 再制造过程中再制造品的质量选择及其影响[J]. 工业工程, 2012, V15 (3)：83 – 86.

[149] 申成然, 熊中楷, 彭志强. 专利许可经销商再制造的供应链决策及协调[J]. 工业工程与管理, 2011, 16 (6)：10 – 15.

[150] 申悦, 于瑞峰, 刘丽文. 零售商 Bertrand 竞争下供应链成本信息共享价值[J]. 清华大学学报, 2005, 45 (11)：1581 – 1584.

[151] 沈建民. 为产品制造"来生"[J]. 21 世纪商业评论, 2009 (6)：68 – 71.

[152] 史成东, 陈菊红. 产品再生产闭环供应链的协调研究[J]. 软科学, 2009, 5 (23)：60 – 62.

[153] 世界工厂装备制造网. 产业联盟搭建汽车再制造技术创新平台 [EB/OL]. 2011 – 5 – 23. http：//info. gongchang. com/a/zhuangbei – 2011 – 05 – 23 – 339057. html.

[154] 苏平, 彭志强. 基于动态博弈的专利许可模式的选择与绩效分析 [J]. 科技进步与对策, 2010, 27 (24)：20 – 23.

[155] 孙浩, 达庆利. 电子类产品回收再制造能力与二手市场需求相协调的研究——以电视机为例 [J]. 管理工程学报, 2010, 24 (3)：90 – 97.

[156] 孙晓华, 郑辉. 水平溢出, 垂直溢出与研发合作[J]. 系统工程学报, 2012, 27 (1)：79 – 87.

[157] 陶宇红, 井绍平, 周庆元. 基于 BP 模型的消费者绿色品牌偏好变化趋势分析[J]. 消费经济, 2011, 27 (4)：19 – 23.

[158] 田真平，高鹏，聂佳佳. 不同市场结构政府奖惩的再制造闭环供应链比较研究[J]. 科技管理研究，2013，33（24）：118-123.

[159] 王发鸿，达庆利. 电子行业再制造逆向物流模式选择决策分析[J]. 中国管理科学，2006，14（6）：44-49.

[160] 王桂萍，贾亚洲，周广文. 基于模糊可拓层次分析法的数控机床绿色度评价方法及应用[J]. 机械工程学报，2010（3）：141-147.

[161] 王凯，熊中楷，熊榆. 制造商经销再制造商产品的合作模式研究[J]. 中国管理科学，2012，20（1）：145-151.

[162] 王凯. 再制造产品生产与销售模式研究［D］. 重庆大学学位论文，2011.

[163] 王能民，孙林岩，杨彤. 绿色制造战略的障碍性因素分析［J］. 中国机械工程，2015，16（8）：693-691.

[164] 王文宾，陈琴，达庆利. 奖惩机制下制造商竞争的闭环供应链决策模型[J]. 中国管理科学，2013，21（6）：57-63.

[165] 王文宾，达庆利. 奖惩机制下电子类产品制造商回收再制造决策模型［J］. 中国管理科学，2008，16（5）：57-63.

[166] 王文宾，达庆利. 考虑政府引导的电子类产品逆向供应链奖惩机制设计[J]. 中国管理科学，2010，18（2）：62-67.

[167] 王玉燕，李帮义. 供应链、逆向供应链的定价策略模型[J]. 中国管理科学，2006，14（4）：40-45.

[168] 王玉燕，李帮义. 逆向供应链的定价策略型[J]. 中国管理科学，2006，14（4）：40-45.

[169] 王玉燕，申亮. 潜在绿色产品制造商进入市场的生产策略研究[J]. 运筹与管理，2012，21（5）：242-246.

[170] 肖复东，聂佳佳，赵冬梅. 考虑零售商风险规避的闭环供应链回收策略研究[J]. 工业工程与管理，2011，16（5）：60-65.

[171] 谢家平，孔令丞，陈荣秋. 基于环境价值链的绿色产品设计成本分析模型[J]. 中南财经政法大学学报，2003（3）：126-130.

[172] 熊榆，张雪斌，熊中楷. 合作新产品开发资金及知识投入决策研究［J］. 管理科学学报，2013，16（9）：53-63.

[173] 熊中楷，黎雪. 专利保护对考市场细分闭环供应链的影响[J]. 工业

工程，2013，16（3）：1 – 7.

［174］熊中楷，申成然，彭志强．专利保护下再制造闭环供应链协调机制研究［J］.管理科学学报，2011，14（6）：76 – 83.

［175］熊中楷，王凯，熊榆．经销商从事再制造的闭环供应链模式研究［J］.管理科学学报，2011，14（11）：1 – 9.

［176］熊中楷，王凯．经销商从事再制造的闭环供应链研究［J］.管理科学学报，2011，14（11）：1 – 8.

［177］徐滨士，刘世参，史佩京等．汽车发动机再制造效益分析及对循环经济贡献研究［J］.中国表面工程，2005，18（1）：1 – 7.

［178］徐滨士．我国再制造工程及其产业发展［J］.表面工程与再制造，2015（2）：6 – 10.

［179］徐滨士等．我国再制造产业现状及发展对策［J］.中国经贸导刊，2015（15）：77 – 79.

［180］徐滨士等．再制造技术与应用［M］.北京：化学工业出版社，2015.

［181］徐滨士等．再制造与循环经济［M］.北京：科学出版社，2007.

［182］徐峰，盛昭瀚，陈国华．基于异质性消费群体的再制造产品的定价策略研究［J］.中国管理科学，2008，16（6）：130 – 136.

［183］徐红，施国洪．弹性需求下的闭环供应链收入费用共享契约研究［J］.统计与决策，2012（7）：55 – 58.

［184］姚卫新．再制造条件下逆向物流回收模式的研究［J］.管理科学，2004，17（2）：76 – 80.

［185］叶飞，林强．风险规避型供应链的收益共享机制［J］.管理工程学报，2012，26（1）：113 – 117.

［186］易余胤，阳小栋．不同专利许可模式下的再制造闭环供应链模型［J］.计算机集成制造系统，2014，20（9）：2305 – 2312.

［187］易余胤，袁江．渠道冲突环境下的闭环供应链协调定价模型［J］.管理科学学报，2012，15（1）：54 – 65.

［188］易余胤．基于再制造的闭环供应链博弈模型［J］.系统工程理论与实践，2009，29（8）：28 – 35.

［189］易余胤．基于再制造的闭环供应链博弈研究［J］.系统工程理论与实

践, 2009, 29 (8): 12 – 18.

[190] 易余胤. 具竞争零售商的再制造闭环供应链模型研究[J]. 管理科学学报, 2009, 12 (6): 45 – 54.

[191] 银成钺, 于洪彦. 预期后悔对消费者冲动性购买行为的影响研究[J]. 管理评论, 2009, 21 (12): 71 – 79.

[192] 于惊涛, 武春友. 关于企业合作研发项目运作管理的案例分析[J]. 科研管理, 2005, 26 (3): 65 – 72.

[193] 张建华, 王述洋, 李滨等. 绿色产品的概念、基本特征及绿色设计理论体系 [J]. 东北林业大学学报, 2000, 28 (4): 84 – 86.

[194] 张建军, 霍佳震, 张艳霞. 基于价格博弈的闭环供应链协调策略设计[J]. 管理工程学报, 2009, 23 (2): 119 – 124.

[195] 张建军. 基于价格博弈的闭环供应链协调策略设计[J]. 管理工程学报, 2009, 23 (2): 19 – 25.

[196] 张克勇, 吴燕, 侯世旺. 零售商公平关切下闭环供应链定价策略研究[J]. 山东大学学报 (理学版), 2013, 48 (5): 83 – 91.

[197] 张克勇, 周国华. 第三方负责回收的闭环供应链差别定价协调契约设计[J]. 工业工程, 2011, 14 (1): 28 – 32.

[198] 张培红, 刘辉. 我国机械工程再制造行业的现状及出路探讨[J]. 建设机械技术与管理, 2012 (10): 113 – 114.

[199] 张麒, 卜小芮. 上海绿色产业园区建设现状研究及建议[J]. 上海节能, 2016 (8): 411 – 414.

[200] 张铜铸, 储江伟. 汽车产品再制造中的知识产权问题分析[J]. 科技进步与对策, 2010, 27 (2): 91 – 94.

[201] 赵道致, 原白云, 夏良杰, 谢鑫鹏. 碳排放约束下考虑制造商竞争的供应链动态博弈[J]. 工业工程与管理, 2014, 19 (2): 65 – 71.

[202] 周航, 余晓华, 杨蕴敏. 常州制造业对资源、环境的影响分析[J]. 常州工学院学报, 2009 (12): 30 – 35.

[203] 朱庆华, 窦一杰. 基于政府补贴分析的绿色供应链管理博弈模型[J]. 管理科学学报, 2011, 14 (6): 36 – 43.

[204] 朱坦, 冯昱, 汲奕君等. 我国低碳产业园区建设与发展的推进路径探索[J]. 环境保护, 2014, 42 (Z1): 43 – 45.